기독교문서선교회(Christian Literature Center: 약칭 CLC)는 1941년 영국 콜체스터에서 켄 아담스에 의해 시작되었으며 국제 본부는 미국 필라델피아에 있습니다.
국제 CLC는 약 650여 명의 선교사들이 59개 나라에서 180개의 서점을 운영하며 이동 도서 차량 40대를 이용하여 문서 보급에 힘쓰고 있으며 이메일 주문을 통해 130여 국으로 책을 공급하고 있는 국제적 문서선교 기관입니다.

추천사 1

김 성 욱 박사

(전) 총신대학교 통합대학원장
총신대학교 선교대학원 명예교수
대신대학교 특임교수
한국복음과선교연구소 소장
리폼드신학교 신학대학원 Ph.D.

『Rebirth: 만물을 새롭게』의 출간을 축하드립니다. 거듭남의 진리에 대해 성경에 철저하게 근거하여 활기찬 목소리로 강해하여 감동을 주는 책입니다. 한국 교회와 한국 선교 사역을 위해 큰 감동과 부흥의 목소리를 담고 있는 이 책은 핵심 주제인 거듭남의 정의, 필요성, 거듭남의 방법, 특징 그리고 거듭남의 결과에 관해 성경적 근거를 가지고 젊은 목회자의 언어로 표현되고 기록된 살아 있는 설교의 보고(寶庫)와 같다고 봅니다.

책의 처음부터 마지막까지 거듭남의 진리가 생생하게 점철되어 묻어나고 있습니다. 혼란스러운 현대 사회 속에서 거듭난 성도의 분명한 정체성을 확립함으로 승리하는 그리스도인의 삶을 살아가는 데 필요한 교훈을 담고 있습니다.

거듭남의 체험과 축복은 제 인생과 사역에도 전환점이 되었습니다. 제가 체험하고 깨달은 거듭남에 관한 큰 주제는 세 가지입니다.

첫째, 사도행전에 나타난 사도 바울의 거듭남에 관한 기록입니다. 잘못된 지식과 불신앙에 사로잡혔던 사울은 초대 교회 제자들을 핍박하고 그들을 사로잡아 감옥에 가두거나 죽여야 한다고 믿었지만(행 9:1-2), 그들을 잡으려고 다메섹에 가까이 이르렀을 때에 부활하신 그리스도께서 그에게 나타나시고, "사울아! 사울아! 네가 어찌하여 나를 박해하느냐?"(행 9:4)라고 말씀하실 때, 주 예수께서 "나는 네가 박해하는 예수라"(행 9:5)는 말씀을 듣고 거듭나는 체험을 하고 주님의 큰 사도가 되었습니다. 예수 그리스도와의 단 한 번의 만남을 통해 그의 마음과 생각이 획기적으로 바뀌었고, 그의 삶도 철저히 변화되었습니다.

둘째, 위대한 종교개혁자 존 칼빈(John Calvin, 1509-1564)의 거듭남입니다. 칼빈의 갑작스러운 거듭남의 고백으로 위대한 종교개혁의 사역을 이룰 수 있었습니다. 하나님의 특별하신 은총 가운데 칼빈은 자신에게 임한 거듭남의 사실에 대해 『시편 주석』에서 이렇게 기록했습니다.

> 너무나 완고하게 이 로마교의 미신에 몸과 마음을 바쳤기 때문에 그 깊은 수렁에서 빠져나오기란 실로 불가능한 일이었다. 그러나 하나님께서는 갑작스러운 회개를 통하여 마음이 완악하기로는 누구보다 더 강하였던 나의 모든 생애를 정복하여 복음을 가르치는 마음이 불붙게 하였다. … 나는 오랫동안 자기반성을 하고 있었는데 진리의 빛이 갑자기 임해서 내가 이전에 갖고 있던 온갖 거짓과 죄악을 보게 됐다. 나는 자신의 불쌍한 상태와 내 앞에 놓인 재앙을 자각했을 때에 전율을 느꼈던 것이다.

셋째, 현재 미국 교도소 선교의 거장인 찰스 콜슨(Charles W. Colson)의 『거듭나기』(Born Again)는 지금까지 수백만 독자가 읽은 베스트셀러가 되었습니다. 미국 대통령 리처드 닉슨(Richard Nixon, 1913-1994)의 보좌관으로서 감옥에 수감되면서, 경험한 거듭남의 체험을 기록하였으며, 그 후 1976년에 시작한 '재소자선교회'(Prison Fellowship Ministries)를 통해 범죄자와 피해자 가족들을 돌보는 사역을 하고 있습니다.

한국 교회의 초기 선교 역사에서 나타난 특별한 선교 사역의 형태는 거듭남과 회심을 중심으로 하는 선교 사역이었습니다. 예수 그리스도의 복음을 선포함으로 한국을 미신과 어둠에서 벗어나 광명의 세계로 나아가게 했습니다. 지금 한국 사회는 그 어느 사회보다도 복음 선교의 결과로써 거듭남과 회심의 열매를 누리고 있으며, 이제는 세계 선교지에 한국 선교사를 파송하여 이런 회심과 혁신의 선교 사역에 미국 교회와 함께 선두 주자로 섬기고 있습니다.

임동현 목사님이 저술한 『Rebirth: 만물을 새롭게』가 거듭남의 복음으로 한국 교회에 새롭게 생명력을 불어넣고, 다음 세대의 그리스도인들에게 복음의 진리를 바르게 전달하여 교회의 영적인 부흥과 생명력을 일으키는 데 크게 사용되기를 기도합니다.

추천사 2

유 해 석 박사
총신대학교 선교대학원 주임교수
F.I.M. 국제선교회 대표
영국 웨일스대학교 신학대학원 Ph.D.

  임동현 박사님은 선교적 비전이 확실하고 목회적 열정이 넘치는 신학자이며 목회자입니다. 그는 첫 번째 책 『성령으로 걸어가라』에서 평신도를 선교사로 세우도록 영적 도전과 감동을 준 바 있습니다. 이번에는 거듭남을 주제로 두 번째 책인 『Rebirth: 만물을 새롭게』를 출간하게 되었습니다.
  기독교 서적 가운데 그리스도인들의 성장과 성숙에 대한 서적은 넘쳐나지만 우리가 어떻게 구원받게 되었는지 정체성을 확립하기 위한 조직신학 분야인 거듭남을 중심적으로 다룬 책은 미미한 실정입니다. 그렇기에 어려운 주제를 성경에 입각해 깊이 있게 써 내려갔다는 점은 매우 의미가 있습니다.
  구원의 전 과정(구원의 서정)은 인간의 노력과 열심으로 이루어질 수 있는 것이 하나도 없습니다. 우리가 하나님의 섭리에 의해 혈육의 부모에게 태어났듯이 하나님의 자녀로 거듭나게 된 사실도 우리의 의지와는 상관이 없습니다. 하나님의 은혜로 믿음으로 말미암아 구원받은 우리는 성령에 의해 거듭남이 일방적으로 이루어진다는 사실을 알아야 합니다. 기독교인이라면 하나님의 지혜와 신적인 탁월함을 담은 거듭남의 영적 진리를 알고 이를 실제 삶에 적용해야 합니다.

이 한 권의 책으로 거듭남을 이해하고 깨우칠 수 있다는 점에서 매우 탁월합니다.

저자인 임 박사님의 삶은 하나님과 이웃을 사랑하며 선행을 도모하고 의로운 행실로 좋은 믿음의 본이 되어주고 있습니다. 저자는 목회를 하면서 성도가 거듭난 자로서 어떤 실천을 해야 하는지에 대한 고민을 많이 하였고 그에 대한 압축된 내용을 설교문으로 정리했습니다.

이 책을 통해 거듭남의 본질이 무엇인지 알고 삶의 현장에서 그리스도인만이 드러낼 수 있는 빛과 소금으로서의 역할과 사명을 잘 감당하기를 바랍니다.

한국 교회와 성도들에게 우리의 구원과 신앙 생활의 지표가 되어줄 『Rebirth: 만물을 새롭게』를 적극적으로 추천합니다.

추천사 3

성 남 용 박사
총신대학교 목회신학전문대학원 은퇴교수
KMQ 편집인
삼광교회 담임목사

저자 임동현 목사님은 이 책에서 거듭남의 정의와 필요성에서부터 거듭남의 결과까지 거듭남에 관한 모든 내용을 21개의 소주제로 분류하여 잘 주해해 주었습니다. 누구든지 이 책을 읽으면 일목요연하게 정리된 거듭남에 관한 모든 것을 알게 될 것입니다.

이 책은 거듭남은 무엇이고 왜 필요한지 성도의 관점에서 생길 수 있는 궁금증을 해소해 주며, 거듭남의 각 요소들과 표현들, 거듭나면 얻게 될 유익과 결과를 도출하여 우리의 믿음을 고양하고 증진시켜 줄 것입니다. 그리스도인으로서의 새로운 삶과 그리스도의 길을 따르기를 원하는 독자들에게 일독을 권합니다.

거듭남이란 하나님의 형상을 품은 새 생명으로 다시 태어나는 것이며, 그리스도 안에서 옛것이 가고 새것이 오는 것입니다(고후 5:17). 그런데 거듭남은 하나님의 은혜와 긍휼을 통해서 주어지는 것이니, 구원처럼 하나님의 선물입니다(엡 2:8). 사람들은 죄악 중에서 출생하기 때문에(시 51:5), 본질상 하나님의 진노와(엡 2:3), 죽음을 피할 수 없습니다(롬 5:1; 6:23).

죄의 권세는 생각하는 것보다 더 크고 더 강합니다. 그래서 사람들은 죄를 범하고, 죄 때문에 탄식하며, 죄로 인해 신음하다가, 죄 가운데서 죽습니다. 이 절망의 늪에서 빠져나오려면, 거듭나야 합니다(요 3:3).

예수님은 물과 성령으로 나게 될 새 생명을 말씀하셨습니다(요 3:5). 성령으로 난다는 것은 하나님의 새 창조입니다. 사람은 모두 허물과 죄로 죽었으나 하나님의 말씀을 들으면 살아날 수 있습니다(벧전 1:23; 요 5:25).

예수님은 '바람'으로 거듭남을 설명하셨습니다(요 3:8). 예측할 수 없다는 뜻입니다. 그런데 당대의 최고 지성인이었던 니고데모도 그 말씀을 잘 이해하지 못했습니다. 거듭남은 지성을 넘는 초월적 지식이기 때문입니다. 거듭남의 비밀은 예수 그리스도의 십자가에 대한 믿음입니다.

누구든지 예수를 그리스도로 고백하는 믿음을 통해서 새 생명의 신비와 중생의 혁명적 변화를 체험할 수 있습니다. 거듭난 사람들은 새 생명의 갈망 때문에, 선한 생각으로 세상을 축복하려는 열망을 갖습니다. 그래서 거듭난 사람들이 온 세상의 소망입니다. 저들이 사랑과 희생과 헌신으로 열방에 하나님 나라를 세우기 위해 힘쓸 것이기 때문입니다.

진정으로 거듭나길 원하는 많은 이가 이 책을 통해 참된 거듭남의 의미를 깊이 새기고 자신의 삶에서 새 생명이 주는 기쁨을 오롯이 느낄 수 있기를 바랍니다.

열정적으로 하나님 나라를 꿈꾸고, 그 꿈을 향해 힘써 달려 나가는 임동현 목사님의 두 번째 책 『Rebirth: 만물을 새롭게』의 출간을 축하하며, 이 책을 통해서 거듭남의 충만한 은혜를 체험할 독자들에게 하나님의 은혜가 풍성히 임하길 기도합니다.

Rebirth: 만물을 새롭게

Rebirth: All Things New
Written by Lim dong hyun
All rights reserved.
Korean Edition Copyright ⓒ 2025 by Christian Literature Center, Seoul, Korea.

Rebirth: 만물을 새롭게

2025년 4월 30일 초판 발행

| 지 은 이 | 임동현

| 편 집 | 이신영
| 디 자 인 | 서민정
| 펴 낸 곳 | (사)기독교문서선교회
| 등 록 | 제16-25호(1980. 1. 18.)
| 주 소 | 서울특별시 동대문구 천호대로71길 39
| 전 화 | 02-586-8761~3(본사) 031-942-8761(영업부)
| 팩 스 | 02-523-0131(본사) 031-942-8763(영업부)
| 이 메 일 | clckor@gmail.com
| 홈페이지 | www.clcbook.com
| 송금계좌 | 기업은행 073-000308-04-020 (사)기독교문서선교회
| 일련번호 | 2025-40

ISBN 978-89-341-2813-7 (03230)

이 책의 출판권은 (사)기독교문서선교회가 소유합니다.
신저작권법에 의하여 한국 내에서 보호를 받는 저작물이므로 무단 전재와 무단 복제를 금합니다.

거듭남에 관한 스물한 개의 신학적 정리

Rebirth: 만물을 새롭게

임동현 지음

CLC

목차

추천사 1 **김성욱 박사** | (전) 총신대학교 통합대학원장   1

추천사 2 **유해석 박사** | 총신대학교 선교대학원 주임교수   4

추천사 3 **성남용 박사** | 총신대학교 목회신학전문대학원 은퇴교수   6

프롤로그   14

제1부 거듭남의 정의   16

1. 새로운 창조 [고린도후서 5장 17절]   17
2. 사망에서 생명으로 [요한일서 3장 14절]   28
3. 새로운 마음의 창조 [로마서 12장 2절]   41
4. 신성한 성품 [베드로후서 1장 4절]   53

제2부 거듭남의 필요성   65

5. 하나님의 백성 [요한복음 3장 3-5절]   66
6. 죄로 죽었던 우리 [에베소서 2장 1절]   79

제3부 거듭남의 중요한 요소   91

7. 성령 [에스겔 11장 19절]   92
8. 하나님 [시편 51편 10절]   105
9. 여호와를 앙망 [이사야 40장 31절]   117

제4부 거듭남의 표현　　　　　　　　　　　　　　130

10. 새 생명 [로마서 6장 4절]　　　　　　　　　　131
11. 마음의 할례 [신명기 30장 6절]　　　　　　　146
12. 하나님의 씨 [요한일서 3장 9절]　　　　　　　160
13. 중생 [베드로전서 1장 3절]　　　　　　　　　171
14. 영원한 생명 [누가복음 10장 20절]　　　　　184

제5부 거듭남의 결과　　　　　　　　　　　　　　198

15. 영적으로 성장하라 [베드로전서 2장 1-2절]　　　199
16. 의를 행하라 [요한일서 2장 29절]　　　　　　211
17. 성도를 사랑하라 [요한일서 3장 10절]　　　　224
18. 주님의 형상을 닮아 가라 [고린도후서 3장 18절]　238
19. 신령한 열매를 맺으라 [요한복음 15장 1-8절]　250
20. 세상을 이기는 승리를 얻으라 [요한일서 5장 4절]　263
21. 그리스도 안에서 새로운 삶을 살라 [로마서 6장 4-11절]　275

에필로그　　　　　　　　　　　　　　　　　　287

프롤로그

임 동 현 박사
아델포이교회 담임목사

새로움을 추구하는 현대인들은 '새것', '새로움'에는 관심이 많지만, 정작 자신의 내면을 새롭게 가꾸는 일에는 몰두하지 않는 경향을 보입니다. 예나 지금이나 자신은 변하지 않으려 하고 대신에 나를 둘러싼 환경과 사람, 물건들이 바뀌기를 바랍니다.

현대 그리스도인들은 무엇을 위해 달려나가고 있을까요?

어제보다 나은 오늘, 오늘보다 나은 미래를 꿈꾸지만, 여전히 예전 모습 그대로 살아가고 있지는 않습니까?

그리스도인들을 한마디로 정의한다면, '날마다 주님으로 인해 새로워지는 존재'라고 볼 수 있습니다.

예수님을 믿는 자들은 자신의 의와 자랑 때문이 아닌, 십자가에서 나를 위해 죽고 다시 살아나신 그리스도의 십자가 보혈의 공로에 의해 놀라운 은혜와 사랑으로, 풍성한 말씀과 성령으로 점차 새롭게 변화할 수 있습니다.

> 그런즉 누구든지 그리스도 안에 있으면 새로운 피조물이라 이전 것은 지나갔으니 보라 새 것이 되었도다(고후 5:17).

새로운 피조물로서 매일 매일이 어제보다 충만하길 바랍니다. 예수 그리스도께 부여받은 새 생명으로 고난과 역경을 이겨내고 좁은 십자가의 길, 굳건한 믿음의 길을 걸어가기를, 그리하여 주님이 칭찬하시는 '참으로 거듭난 자'로서 새로운 기쁨과 감사가 샘솟는 독자분들의 삶이 되길 기도합니다.

2025년 4월

제1부

거듭남의 정의

1

새로운 창조
[고린도후서 5장 17절]

17 그런즉 누구든지 그리스도 안에 있으면 새로운 피조물이라 이전 것은 지나갔으니 보라 새것이 되었도다

사랑하는 성도 여러분, 우리가 새로운 집으로 이사를 왔다고 가정해 봅시다.

이전에 살았던 낡고 오래된 집이 그리워 잊지 못해, 새집을 얻은 기쁨마저 잃어버리시겠습니까?

혹은, 그 그리움을 못 이겨 다시 옛날에 살던 집으로 되돌아가시겠습니까?

물론, 옛날 집에 대한 추억이 남아 있어 그리워할 수는 있습니다. 집에 대해 각자 다른 생각이 있을 수 있다는 점을 우리는 아예 부인하거나 부정하지는 못할 것입니다.

그런데 왜 어떤 사람들은 옛집을 새집보다 더 좋았다고 여길까요?

우리 인간의 본성에는 과거로의 회귀 본능이 있기 때문입니다. 그리고 우리의 죄악 된 본성은 하나님께서 허락하실 앞으로의 은혜를 구하기보다는 익숙한 것에 더 편안함을 느끼기 때문입니다.

1. 예수 그리스도의 새로운 창조,
   예수 그리스도 안에서 새로운 피조물

우리가 믿는 하나님은 창조주이십니다. 이 세상에 하나님께서 만들지 않으신 것은 단 하나도 없습니다. 천하 만물, 온 우주를 만드시고 생성하신 분이 우리가 믿는 하나님이십니다. 하나님은 오늘날에도 우리 가운데서 역사하시고 새로운 일을 행하십니다.

하나님은 예수 그리스도를 통해 만물을 회복하실 것입니다. 우리는 예수님의 새로운 창조 사역으로 말미암아 거듭나 새로운 피조물이 되었습니다. 예수님을 믿음으로 그분의 생명이 우리에게 주어졌기 때문에, 우리는 비로소 하나님 나라에 들어갈 수 있게 되었습니다.

성령으로 거듭나지 않은 자들은 장차 가게 될 천국, 그 나라의 삶의 방식을 이해하지 못합니다. 그러나 우리는 예수 그리스도를 믿음으로 거듭난 자들이 되었기에, 새로운 창조를 이미 경험한 자들입니다.

그런 우리에게 주님께서는 〈새로운 창조〉라는 제목으로 고린도후서 5장 17절의 말씀을 통해 그리스도 안에서 새로운 피조물이 되었다는 사실을 다시 한번 깨닫게 하시고 거듭난 자의 정체성을 더욱 확고하게 하길 원하고 계십니다.

고린도후서 5장 17절의 말씀입니다.

> [17] 그런즉 누구든지 그리스도 안에 있으면 새로운 피조물이라 이전 것은 지나갔으니 보라 새것이 되었도다

오늘 본문은 사도 바울이 자신의 사도권에 대해 변호하면서 예수님을 믿기 전과 후, 정확히는 회심 전후가 어떻게 달라졌는지에 대해 설명하는 부분입니다.

많은 분이 아시는 바와 같이, 사도 바울은 예수님을 알고 나서 급격한 변화를 경험한 대표적인 사람입니다. 그 급격한 변화는 자기 자신에 관한 것도 있었고 그를 둘러싼 세계에 관한 것도 있었습니다.

바울은 어떻게 이방인에게 복음을 전하는 사도가 되었을까요?

바울이 이방인의 사도가 된 것은 '강권적인 하나님의 사랑' 덕분이었습니다(고후 5:14). 예수님을 만나기 전, 그는 하나님을 핍박하고 예수님을 믿는 자들을 다 죽이고자 했습니다. 그가 바라본 예수님은 이단자요, 하나님 나라의 훼방자였기 때문에, 예수님을 따르는 자들도 이단자요, 하나님 나라의 훼방자로 인식했습니다.

하지만, 다메섹 도상에서 바울은 새롭게 태어났습니다. 새 창조가 일어난 것입니다. 그동안 보이지 않았던 영적인 눈, 믿음의 눈을 갖게 되었습니다. 이전에 보았던 세상이 새롭게 보였습니다. 예전에 아무런 감흥을 느끼지 못했던 하늘과 땅이, 나무와 산들이 하나님의 광대하심과 경이로우심을 담고 있는 거대한 파노라마 작품처럼 보이기 시작했습니다. 사람들에 대한 안목도 바뀌었습니다. 세상적인 관점으로 평가하지 않게 되었습니다. 무엇보다 세상적인 관점으로 이해했던 예수 그리스도에 대해 새로운 지평이 열리기 시작한 것입니다.

고린도후서 5장 16절의 말씀입니다.

> [16] 그러므로 우리가 이제부터는 어떤 사람도 육신을 따라 알지 아니하노라 비록 우리가 그리스도도 육신을 따라 알았으나 이제부터는 그같이 알지 아니하노라

사도 바울은 고린도 교회 성도들이 여전히 세상적인 관점을 벗어나지 못하고 있음이 한탄스러웠습니다. 고린도 교회 성도들은 사도 바울에 대한 왜곡된 사실을 가지고 헐뜯고 비난했습니다. 거짓 사도들이 바울에 대해 이간질했기 때문입니다. 거짓 사도들은 고린도 교회에 침투해서 성도

들이 사도 바울을 배척하고 인격적인 수모를 주게끔 사실과 다르게 말을 바꾸었습니다. 바울이 고린도 교회에 오려는 계획을 변경한 일에 대해서도 중상모략했습니다.

> 바울은 말한 것을 지키지 못하는 자야. 신실하지 못한 사람이야. 고린도 교회 성도들을 사랑하지 않는다는 증거야.

바울이 예루살렘 교회를 돕기 위한 구제 헌금을 모금한 것에 대해서도 공격했습니다.

> 바울 개인이 착복하려는 거야, 사도 바울은 고린도 교회에 와서 재물을 얻으려는 불순한 목적을 꾀하고 있어.

거짓 사도들의 말에 휘둘려서, 자신들을 돕기 위한 바울을 적대하고 부정적으로 생각하는 고린도 교회 성도들, 사도 바울이 생각할 때 참으로 야속하지 않았겠습니까?

그런데 왜 고린도 교회 성도들은 거짓 사도들의 말에 현혹되었을까요?

다른 이유가 없습니다. 세속적인 문화에 길들여진 고린도 지역의 삶과 사고 방식에 익숙해졌기 때문에, 영적인 안목으로 바울을 온전히 바라보지 못한 것입니다. 다행히 바울이 고린도후서를 쓸 때에는 고린도 교회 성도들과 바울의 관계가 회복되어 안도감과 위로를 느끼던 때입니다.

바울은 고린도 교회 성도들이 외모를 자랑하는 거짓 사도들에게 현혹되지 말고, 자신처럼 예수 그리스도의 은혜로 거듭난 자답게 행할 것을 강조합니다. 바울은 자신이 겪은 거듭남의 역사를 함께 겪은 고린도 교회 성도들에게, 이제는 그리스도에 대해 육신을 따라 알지 않게 되었음을 설명하고 있습니다.

2. 무엇으로 사람을 판단하십니까?

참으로 거듭난 자들은 사람을 세상적 방식의 외부적 조건에 따라 평가하지 않습니다. 하나님이 우리의 중심을 보시듯이, 거듭난 자들도 그 사람의 존재 자체로, 그 사람의 삶의 열매로 판단해야 합니다.

사랑하는 성도 여러분, 거듭난 자입니까?
그렇다면 사람을 무엇으로 판단하십니까?
겉모습이나 외모, 세상적인 조건과 능력으로 판단하십니까?
아니면, 사람의 존재 자체에 가치와 의미를 부여하고 그가 보인 삶의 열매를 보고 판단하십니까?

거듭난 자의 영적 안목을 우리 또한 소유하였음을 알고 세상적인 관점에서 벗어나 사람의 중심을 보시는 성도들이 되시길 바랍니다.
거듭난 자들은 예수님을 육체대로 평가하지 않습니다. 예수님을 하나님이 보내신 메시아로 알고 죄인들을 대신해 십자가에서 죽으심으로 생명을 주신 구원주로 믿어야 합니다.
우리는 성령의 조명하심을 받아 그리스도의 십자가 대속과 부활의 복음 진리를 옳게 깨달을 수 있습니다. 그러할 때 더 이상 자기 중심적인 삶이 아닌 그리스도 중심의 삶으로 살겠다는 생각의 변혁이 일어납니다.
무엇이 일어난다고요?
생각의 변혁입니다. 생각도 새롭게 창조되는 것입니다.
이전에는 생각할 수조차 없던 새로운 삶의 방식이 '내가 죽고 그리스도로 사는 것' 아닙니까?

3. '예수 그리스도 중심의 삶'으로 탈바꿈

우리나라는 유교 사상이 깊이 밴 전통 위에 새로운 이국적 문화를 받아들였습니다. 특히, 서구 문화와 함께 들어온 기독교 사상은 기존의 가치와 부딪혀 왔고, 지금도 그런 문화적 충돌은 계속 이어지고 있습니다. 꼭 부처를 숭상하지 않아도 사찰에 가면 마음이 편하다는 사람들이 있습니다.

> 어릴 때부터 봐 온 우리 전통문화니까 좋다.
> 수행하고 마음을 다스리고 채식 중심의 사찰 음식을 먹는 것은 건강하고 좋은 문화다.

이렇게 생각하기도 합니다.
'장유유서, 신체발부수지부모, 남녀칠세부동석' 등의 유교 사상은 우리 생활 곳곳에 스며 있습니다. 유교에서 말하는 인생의 목적은 평생에 걸친 도덕적 발전과 자기 계발, 수양입니다. 나를 위하는 것이 인생의 목적입니다. 불교 역시 수행을 통해 자기 정진을 이루고 깨달음의 경지에 이르는 것, 이를 통한 행복 추구가 목적입니다. 모두 본인이 중요한 것입니다.
하지만, 예수 그리스도의 대속이 가져다 준 은혜는 '나 중심적인 사고'에 젖어 있던 우리에게 '예수 그리스도 중심의 삶'으로 탈바꿈하는 계기를 만들어 주었습니다.
고린도후서 5장 15절의 말씀입니다.

> [15] 그가 모든 사람을 대신하여 죽으심은 살아 있는 자들로 하여금 다시는 그들 자신을 위하여 살지 않고 오직 그들을 대신하여 죽었다가 다시 살아나신 이를 위하여 살게 하려 함이라

나를 위해 사는 삶과 예수를 위해 사는 삶, 둘 중에 어떤 삶이 더 자연스럽게 다가오십니까?

아니면, 뭐가 더 맞다고 여겨집니까?

우리는 '나를 위해 사는 삶'이 당연하다고 믿고, 그런 사고가 만연한 세상 속에 오랫동안 노출되어 살아왔습니다. 공교육을 통해 도덕과 사회에서 더불어 사는 법을 배웠지만, 실상 그 안에서 경쟁 체제를 자연스럽게 받아들이고 약육강식은 어쩔 수 없는 생태계의 법칙으로 받아들이라는 무언의 압박도 받아왔습니다.

예수를 믿기 전의 모든 사람은 '나를 위한 삶'이 자연스러웠습니다.

그렇기에 그리스도인들이 "나는 없고 예수만 살아 숨 쉬도록 해야 한다"라고 말하면 이렇게 답하는 사람이 많습니다.

> 유난 떤다.
> 네가 순교자가 되려고 하느냐?
> 선교사도 아니면서 너만 예수님 믿냐, 적당히 좀 믿고 선을 지키며 살아라.

하지만, 모든 사람은 창조자를 위해 살도록 만들어졌습니다. 아담은 에덴동산에서 하나님을 위해 사는 삶이 하나도 어색하지 않았습니다. 불순종이라는 용어는 생소하고 알아듣기 어려운 말, 이해 불가능한 말이었습니다. 아담에게 순종 외에 다른 답은 없었습니다.

그런데 인간에게 죄가 들어오고 더 이상 창조자를 위해 살지 않게 되었습니다. 자기들의 이기적인 욕심을 채우기 위해 살게 된 것입니다.

결국, 창조자를 위해 살지 않고 자기 욕심을 따라 살았으므로 그들이 죽음에 이르게 되었던 것입니다.

창세기 2장 7절의 말씀입니다.

> ⁷ 여호와 하나님이 땅의 흙으로 사람을 지으시고 생기를 그 코에 불어넣으시니 사람이 생령이 되니라

로마서 6장 23절의 말씀입니다.

> ²³ 죄의 삯은 사망이요 하나님의 은사는 그리스도 예수 우리 주 안에 있는 영생이니라

4. 새로운 목적으로 새롭게 거듭난 삶

우리는 과거에, 범죄자 아담의 후손으로서 우리의 유익과 이익을 위해 살던 부끄러운 과거가 있습니다. 이렇게 반문할 수도 있습니다.

> 나를 위해 사는 것이 부끄러운 일이라고요?
> 아니, 그것이 범죄라고요?

예를 들어 보겠습니다. 어떤 물건이든, 그 물건을 만들 때는 목적이 정해져 있습니다. 그 목적에 맞게 잘 운영되면 물건이 제 기능을 하게 됩니다. 물을 담아야 할 그릇에 큰 구멍이 생겨 물을 계속 흘리게 되면 그 그릇은 폐기될 것입니다.

마찬가지로, 창조자를 위해 살도록 만들어진 인간이 그렇게 하지 못하면 죽습니다. 이것은 잔인한 것이 아닙니다. 하나님은 우리의 허락 없이 만들 수도, 폐기할 수도 있습니다. 살릴 수도, 죽일 수도 있는 분이 우리 하나님이십니다.

중요한 것은 하나님은 우리들이 죽음에 이르게 되자 그 상황에서 벗어날 방법을 제공해 주셨다는 것입니다. 죽음에 이르게 된 인간이 그 상황

에서 벗어날 수 있는 유일한 방법은 이기적 욕심을 부려왔던 '자기 자신을 죽이는 일, 즉 자기를 부인하는 것'입니다.

그런데 이기적 욕심에 사로잡힌 우리를 대신해 누가 대신 죽어 주신 것입니까?

예수 그리스도이십니다. 예수 그리스도께서 우리를 위해 대신 죽어주심으로, 우리는 그 죽음에 동참함으로써 죽음에서 생명으로의 전환이 가능하게 되었습니다. 죽을 운명이 영생의 삶으로 새롭게 창조된 것입니다.

예수님께서 우리를 위해, 우리를 대신하여 죽으심으로, 우리가 새로운 목표와 목적을 가지고 새롭게 살 수 있도록, 거듭나게 해 주셨다는 사실을 기억하시길 바랍니다. 거듭난 자들은 이제 자기 중심적인, 구습이 아니라 그리스도 중심의 새로운 존재로서의 삶을 누리게 되었습니다.

나를 위한 삶은 자연스럽지 않습니다. '나 중심적 삶'은 창조 목적에 위배되는 부자연스러운 모습입니다. 예수를 믿고 성령의 인치심을 받아 거듭난 자, 중생과 회심을 경험한 자들은 우리가 처음 지음받은 대로, 그리스도 중심의 자연스러운 모습으로 살아가는 자들임을 잊지 마시길 바랍니다.

우리는 '피조물'입니다. 창조자이신 하나님의 손에서 창조된 '피조물'입니다. 그런데 이제야 비로소 우리는 '예수 그리스도 중심의 삶이 자연스러운 것이었구나'를 새롭게 깨닫게 되었습니다. 우리는 그리스도 안에서 새 창조를 이루게 된 새로운 피조물이 되었습니다.

'새로운 피조물'은 하나님의 은혜로, 예수 그리스도의 대속하심을 얻어, 성령 안에서 거듭난 자입니다. 새로운 피조물은 예수 그리스도께서 자기 자신을 위해 죽으셨다는 사실을 아는 자들입니다. 그들은 더 이상 예수님을 육체대로 알지 않습니다. 더 이상 예수를 '하나님을 대적하는 이단자'라고 말하지 않습니다. 그리스도를 육체로 알던 왜곡된 지식과 편견은 우리에게서 멀리 떠나가 버렸기 때문입니다.

우리는 우리를 위해 대신 죽어주신 예수 그리스도의 공로로 죄의 결과인 죽음에서 벗어난 자, 그리하여 예수님의 생명을 얻는 '새로운 피조물'입니다. 새로운 피조물은 한 번 새로워지고 마는 것이 아닙니다.

이 세상에 있는 새것은 시간이 지남에 따라 헌것이 됩니다. 하지만, 새로운 피조물은 새롭게 된 상태가 유지됩니다. 그리스도 안에서 새로운 피조물이 되는 일은 시간이 지나면서 닳거나 헐어서 희미해지는 것이 아닙니다. '나날이 새롭게 되는 영원한 새로움'이 바로 새로운 피조물인 우리의 상태인 것입니다.

나날이 새로워지고 있습니까?

우리가 칭의함을 받아 성화되는 과정을 거쳐 영화에 이르기까지 '영원한 새로움'이 우리의 것이 되었음에 감사하시길 바랍니다.

한 해를 마무리할 때마다 여러분의 가슴속에 남아 있는 감사는 무엇입니까?

아쉬움이 남는 감사입니까, 아니면 벅찬 감사입니까?

우리가 놓치지 말아야 할 것은 우리 삶이 일 년으로 끝나지 않는다는 것입니다. '올해는 다 끝났구나!'라고 생각할 때 우리 주님은 또 새로운 한 해를 얹어주심으로 우리 인생을 가득 채우십니다. 이를 반복하는 동안 우리는 영원한 새로움 속에서 새로운 피조물로서의 삶을 꽃피우게 될 것입니다.

주님 다시 오실 때까지!
만물이 회복되는 그날에 이르기까지!
만물을 새롭게 하실 우리 주님 얼굴 마주 볼 그날까지!(계 21:5)

우리를 새로운 피조물 되게 하신 그 삶으로 하나님께 영광 돌리며, 나를 위해 죽으신 예수님만을 위해 살아가는 성도가 되시길 바랍니다.

기도 제목

1. 육체대로, 세상적인 관점으로 사람과 예수 그리스도를 판단하지 않도록

2. 나 중심의 이기적인 생각에서 벗어나 그리스도 중심의 삶을 살아가는 새로운 목표와 목적을 가지고 행할 수 있도록

3. 영원한 새로움 속에서, 새로운 피조물의 삶으로 하나님께 영광을 돌리도록

2

사망에서 생명으로
[요한일서 3장 14절]

> **14** 우리는 형제를 사랑함으로 사망에서 옮겨 생명으로 들어간 줄을 알거니와 사랑하지 아니하는 자는 사망에 머물러 있느니라

거듭남!
거듭남이란 무엇입니까?
이전 것이 지나가고 새로운 피조물이 된 상태가 거듭난 상태입니다.
누구 안에서 새로운 피조물이 되었습니까?
우리는 예수 그리스도 안에서 새로운 피조물이 되었습니다. 옛 본성을 버리고 하나님의 형상을 회복한 자로 살아가는 '거듭난 피조물'이 된 것입니다. 그러나 거듭난 자들에게 성화의 과정은 필수입니다.

나는 거듭났어, 구원받았어.

이렇게 말하면 끝나는 것일까요?
그렇지 않습니다.
"거룩하라"는 주님의 명령에 따라, 매일 거듭나는 새 창조의 역사가 우리 안에서 일어나야 합니다. 우리는 거룩함을 입는 매일의 삶을 통해 점점

더 그리스도를 닮아가게 되는 것입니다.

그리스도와 무관했던 우리가 어떻게 흠 없고 점 없는 예수님처럼 변하게 된다는 것일까요?

예수님의 생명이 있기 때문입니다. 우리 안에 예수님의 생명이 있기에 우리는 예수님을 닮아갈 수 있습니다. 예수님의 생명이 우리 안에 살아 숨 쉬고 있습니다.

이것을 믿으십니까?

우리 안에 저주와 절망과 죽음이 아니라, 축복과 은혜와 생명이 가득합니다.

1. 생명이 있다는 증거, 사랑

그렇다면 우리 안에 생명이 있다는 증거는 무엇일까요?

사도 요한은 딱 한 단어로 답해 줍니다. '사랑'입니다.

성경은 우리 안에 사랑이 가득하다는 사실이 구원받았다는 증거임을 밝히고 있습니다. 우리 주님께서는 요한일서 3장 14절의 말씀을 통해 이렇게 말씀하십니다.

> 생명이 있는 자여!
> 서로 사랑하라!
> 서로 사랑함으로 사망에서 생명으로 옮겨졌음을 증명해 보이라!

본문 말씀인 요한일서 3장 14절의 말씀을 다시 한번 더 읽어보겠습니다.

> ¹⁴ 우리는 형제를 사랑함으로 사망에서 옮겨 생명으로 들어간 줄을 알거니와 사랑하지 아니하는 자는 사망에 머물러 있느니라

이 구절을 풀어서 읽으면 '우리가 형제를 사랑하면 사망에서 생명으로 옮겨지는 것이다. 그렇기 때문에, 사랑하지 않는 자는 아직 사망에 머물러 있고, 생명으로 옮겨지지 않은 상태다'라고 언뜻 해석됩니다.

옳은 해석일까요?

먼저, '형제를 사랑함으로 인해 사망에서 생명으로 옮겨진다'라는 구절과 함께 볼 성경 구절이 있습니다.

요한일서를 쓴 사도 요한이 쓴 요한복음 5장 24절의 말씀입니다.

> ²⁴ 내가 진실로 진실로 너희에게 이르노니 내 말을 듣고 또 나 보내신 이를 믿는 자는 영생을 얻었고 심판에 이르지 아니하나니 사망에서 생명으로 옮겼느니라

예수님의 말씀을 듣고 하나님을 믿는 자는 사망에서 생명으로 옮겨진다고 나옵니다.

무슨 말씀이 맞는 말씀일까요?

여기에서는 이 말 하고 저기에서는 저 말을 하는 것입니까?

요한일서 3장 14절의 "우리는 형제를 사랑함으로 사망에서 옮겨 생명으로 들어간 줄"이라는 구절과 요한복음 5장 24절의 "내 말을 듣고 또 나 보내신 이를 믿는 자는 사망에서 생명으로 옮겼느니라"는 구절은 서로 상충하는 말씀이 아닙니다.

우리 모든 그리스도인들이 사망에서 생명으로 옮겨지는 유일한 길은 예수님의 말씀을 듣고 예수님을 보내주신 하나님을 믿는 것입니다. 구원은 오직 믿음으로만 가능합니다.

로마서 10장 9절과 17절의 말씀입니다.

⁹ 네가 만일 네 입으로 예수를 주로 시인하며 또 하나님께서 그를 죽은 자 가운데서 살리신 것을 네 마음에 믿으면 구원을 받으리라
¹⁷ 그러므로 믿음은 들음에서 나며 들음은 그리스도의 말씀으로 말미암았느니라

그러면 왜 사도 요한은 '형제 사랑'을 '사망에서 생명으로 옮겨지는 구원'과 연관 지어 말하고 있는 것일까요?

사도 요한이 우리에게 전하고자 하는 것은 다른 것이 아닙니다. '형제 사랑'이 '구원의 조건'이 아니라 '구원의 증거'라는 사실입니다. 형제를 사랑해야 구원받는 것이 아니라, 구원받은 자라면 형제 사랑이 나타난다는 뜻입니다.

우리는 누군가가 형제를 사랑하는 모습을 보고 이렇게 생각할 수 있습니다.

저 사람은 구원받았구나, 사망에서 생명으로 옮겨졌구나!

형제 사랑이 '그의 구원받았음'을 증명해 주기 때문입니다. 구원받았다는 증거를, 구원받았다는 외적 사실을, 형제 사랑에서 찾아볼 수 있습니다.

우리 또한 구원받은 하나님의 백성입니다. 그리스도의 보혈로 깨끗하게 되어 의롭다 칭함을 받은, 놀라운 하나님의 은혜 안에 거하는 권속입니다. 우리는 성령으로 거듭난 자들로서 세상에 찌들고 세속에 물들어 자기 자신밖에 모르는 옛 성품을 벗어버리고, 나를 둘러싼 세상에서 눈을 돌려 사랑이 필요한 자들에게 손을 내밀 줄 아는 넉넉한 마음을 갖게 되었습니다.

성도는 먼저 예수님에 대한 신뢰와 믿음을 갖고, 그 믿음에 기초한 헌신으로 형제를 사랑하게 됩니다. 믿음이 없으면 하나님을 기쁘시게 할 수 없고, 믿음이 없으면 하나님이 기뻐하시는 형제 사랑을 실천할 수 없습니다.

우리가 누구의 자녀입니까?

하나님의 자녀입니다. 하나님은 사랑이십니다. 하나님은 세상을 사랑하사 독생자 예수 그리스도를 죄인들에게 보내주셨습니다. 우리는 예수 그리스도를 믿고 그분 안에 있는 생명을 소유하게 됨으로써 그리스도의 사랑이 우리 안에 머물게 된 것입니다. 예수님을 믿는 자는 예수님의 사랑이 그 안에 있게 되고, 그 사랑을 형제에게 나타내게 됩니다.

그렇기 때문에, 믿음 없이는 올바른 사랑이 불가능합니다. 사랑이신 하나님의 자녀들만이 올바른 사랑을 할 수 있습니다. 사망과 저주, 거짓의 아비 된 마귀, 사탄들은 결코 올바른 사랑을 할 수 없습니다.

2. 올바른 믿음에 기초한 올바른 사랑

때로는 자신의 마음 상태를 되돌아보며 이렇게 질문할 수도 있습니다.

저는 왜 형제 사랑하는 마음이 없나요?
왜 저한테는 형제에 대한 사랑이 아니라 미움이 더 많지요?

하지만, 그렇게 사랑이 없는 상황을 우리는 매우 이상하고 안타깝게 여겨야 합니다. 그리스도인으로 거듭난 자들이 마음 깊이 형제 사랑이 아닌 미움의 감정을 계속 붙잡고 있다면, 우리는 이 상태를 되돌려야만 합니다. 왜입니까?
요한일서 3장 14절의 말씀을 다시 한번 더 보시길 바랍니다.

> [14] 우리는 형제를 사랑함으로 사망에서 옮겨 생명으로 들어간 줄 알거니와 사랑하지 아니하는 자는 사망에 머물러 있느니라

'옮겨 들어간다'라는 것은 원어적 의미로 어떤 장소에서 다른 장소로 던져 옮겨지는 것을 나타냅니다. 그렇기 때문에 '사망에서 생명으로 옮겨 들어간 것'은 '사망의 영역에서 생명의 영역으로 확실하게 이동한 것'을 말해 줍니다. '사망에서 옮겨 생명으로 들어간 줄을'이라는 구절의 뜻을 자세히 이해하시길 바랍니다. 이 구절은 사망에서 점점 생명으로 이동할 것이라는 '미래적 의미'를 뜻하는 것도 아니고, 사망에서 생명으로 이동해 가는 '현재 진행형의 의미'도 아닙니다. 이 구절은 이미 사망의 영역에서 생명의 영역으로 옮겨졌다는, 즉 영역의 이동이 확실하게 '완료된 상태'를 의미합니다.

하지만, 사탄은 우리를 속이려 들 것입니다.

> 너는 아직 내 수하에 있어. 여전히 사망의 영역에 있는 상태야.

또는 이렇게 유혹하며 우리의 영적 상태를 헷갈리게 만들 것입니다.

> 생명으로 갔을지 안 갔을지는 모르는 거야. 너 자신을 잘 봐.
> 생명의 영역으로 이미 옮겨진 상태라면, 너한테 지독한 사망의 음침한 모습이 왜 나타나는 것일까?

하지만, 사랑하는 성도 여러분, 우리는 이미 사망에서 생명의 영역으로 완벽하고 확실하게 옮겨졌음을 믿고 선포하며 나아가시길 바랍니다.

우리가 영적으로 사망 상태에 있었을 때는 거듭나지 못한 옛 모습 속에 있었기에 하나님의 뜻을 따르지 않고 하나님을 대적하며 어둠의 영을 따라 이기심으로 가득 찬 삶을 살았습니다.

하지만, 지금은 아닙니다. 우리는 성령으로 거듭난 새로운 피조물이 되었습니다. 거듭난 이후, 새로운 피조물로서 새 생명을 얻어 생명의 영역으로 이동 완료한 우리는 우리 마음에 거하시는 성령 하나님께 의지의 결정권을 내어드림으로써, 하나님의 뜻을 따르게 되었고, 하나님의 자녀로서 마땅히 실천해야 할 형제 사랑의 삶을 살 수 있게 된 것입니다.

그러므로 모든 올바른 사랑은 바른 믿음에서부터 시작됩니다. 믿음이 없는 자는 올바른 사랑을 실천하는 것 자체가 불가능하기 때문에 올바른 사랑의 행위도 나올 수 없습니다.

올바른 사랑의 행위는 올바른 믿음에서만 나온다는 사실을 반드시 기억하시길 바랍니다.

오늘 본문에서 사도 요한은 이 점을 강조합니다. 거듭난 하나님의 자녀인지 아닌지를 결정짓는 중요한 요소는 바로 올바른 믿음에 기초한 올바른 사랑을 실천하느냐, 하지 않느냐의 문제입니다.

우리가 거듭나지 못했을 때, 세상에서 배운 사랑은 어떤 모습이었습니까?

진정한 사랑을 받기 위해 사랑에 목매지만 정작 그 어디서도 진실된 사랑을 찾아보기 어렵고, 그 누구에게서도 그런 사랑을 받기 쉽지 않았습니다. 우정, 가족 간의 사랑, 신의와 존경, 친밀함 등 세상에 널린 사랑과 관련된 단어들이 나와는 상관없게 느껴질 때도 많았습니다.

그런데 그런 우리에게 하나님이 찾아오셨습니다.

요한복음 3장 16절의 말씀입니다.

> [16] 하나님이 세상을 이처럼 사랑하사 독생자를 주셨으니 이는 그를 믿는 자마다 멸망하지 않고 영생을 얻게 하려 하심이라

하나님께서 이렇게 말씀해 주셨습니다.

내 사랑하는 독생자 예수, 그 이름을 믿는 자는 하나님의 자녀가 되는 거란다!

3. 무조건적이고 자기희생적인 사랑

요한복음 1장 12절의 말씀입니다.

> ¹² 영접하는 자 곧 그 이름을 믿는 자들에게는 하나님의 자녀가 되는 권세를 주셨으니

이 말씀을 통해, 하나님의 자녀가 된 우리에게 예수님이 무엇을 해 주셨는지, 그분의 사랑을 깊이 깨달을 수 있습니다. 이것이 바로 예수님의 사랑에 대한 체험이며 경험입니다. 예수님을 믿고 알아가는 과정에서 우리는 그분이 우리에게 행하신 사랑을 깊이 체득하게 됩니다.

> 아, 나는 예수님의 사랑을 받을 만한 가치가 조금도 없는 자였어. 그러나 그분은 십자가에 달려 죽으시면서까지 당신이 흘리신 피에 대한 조건을 걸지 않고 우리를 무조건적으로 사랑해 주셨어. 나는 선하고 의로운 것과는 상관없이 살던 자였어. 그런데 예수님은 의로우신 자신을 희생하시면서까지 불의한 나를 살리기 위해 위대한 십자가 사랑을 나에게 나눠 주신 거야.

예수 그리스도의 십자가 사랑, 아가페 사랑을 느낄 때마다 우리는 더욱 견고한 믿음의 세계로 들어가고 있음을 깨닫게 됩니다. 그분이 우리에게 보여주신 참된 사랑을 우리 또한 실천하면서 그 경험을 통해 우리 자신이 예수 그리스도께 속해 있다는 내적 확신을 갖게 되는 것입니다.

요한복음 15장 9절과 10절의 말씀입니다.

⁹ 아버지께서 나를 사랑하신 것 같이 나도 너희를 사랑하였으니 나의 사랑 안에 거하라
¹⁰ 내가 아버지의 계명을 지켜 그의 사랑 안에 거하는 것 같이 너희도 내 계명을 지키면 내 사랑 안에 거하리라

여기서 질문이 생길 것입니다. 우리는 예수님을 알고 난 후, 예전에는 느끼지 못했던 긍휼과 자비로운 사랑의 마음을 갖게 되었습니다. 그러나 그것도 잠시, 그 사랑의 마음을 금세 다시 접고 무자비한 미움의 마음 상태로 되돌아가곤 합니다.

왜 사랑의 마음이 지속되지 않는 것일까요?

초대 교회를 생각해 보시길 바랍니다. 자신이 가진 재산과 소유를 팔아서 교회공동체 안에 있는 가난한 자들에게 나누어 주었던 훈훈한 모습이 떠오르실 것입니다. 그러나 그런 좋은 전통은 오래 지속되지 못했습니다.

초대 교회 당시 영지주의자들은 쾌락주의를 조장했고, '나만 좋으면 그만!'이라는 사상을 퍼트렸습니다. 그래서 성도들이 형제들을 도와주는 데 재물을 사용하지 말고, 자기 자신만을 위해 사용하도록, 나아가 죄를 짓는 방편으로 재물을 사용하도록 조장했습니다.

이런 영지주의자들의 영향은 지금까지도 다른 가면과 탈을 쓰고 우리 생활 깊숙이 들어와 있습니다.

혹시, '디지털 영지주의'라는 말을 들어본 적이 있습니까?

영지주의가 무엇입니까?

예수님의 육체적 부활을 믿지 않고 부정하는 것입니다.

이런 주장이 영지주의자들의 주장입니다.

> 육체는 천하고 영은 고귀하다. 예수님이 진짜 하나님의 아들이시라면 천한 육체의 몸을 입고 오셨을 리가 없다.

이와 비슷한 맥락으로 디지털 영지주의를 이해할 수 있습니다. 팬데믹과 같은 특수 상황에서 어쩔 수 없이 선택적으로 받아들여진 온라인 예배는 어느 순간 우리의 편의에 맞게 드려지는 차선의 예배 형식으로 자리 잡게 되었습니다. 주님의 몸 되신 교회에 나와 온전한 예배 형식으로 드려지는 현장 예배의 가치를 온라인 예배에 동일하게 적용하는 것 또한 '디지털 영지주의'로 부를 수 있는 것입니다.

물론, 온라인 예배를 드리면서도 뜨거운 마음을 느끼고 믿음을 새롭게 결단하는 일이 가능합니다. 그러나 그것은 교회에 나와 온몸과 마음을 다해 성령의 교통하심으로 드려지는 충만한 예배와 같을 수 없습니다. 내가 직접 전 세계를 돌아다니면서 맛보고 즐기며 직접 체험하는 여행과 방구석에서 가상 현실(VR)로 간접 경험하는 여행은 차원이 다른 여행인 것과 마찬가지입니다.

지금 여기서 드리는 예배와 집에서 녹화된 예배를 드리는 것과는 질적으로 다릅니다. 온라인으로 드리는 예배는 현장 예배를 보조하는 수단으로, 또는 부득이한 사정으로 현장 예배를 드릴 수 없을 때 차선의 차선으로 선택하는 예배 형식으로 받아들여야 하는 것입니다.

우리가 믿음이 있다고 하면서도 사랑의 마음이 자꾸 식는 것 또한 영지주의의 영향 때문입니다.

> 어려운 사람이나 형제들을 돕는 것이 좋다는 걸 누가 모르겠어.
> 하지만, 내 코가 석 자야, 아휴 아까워라!
> 저번에 그 누구누구한테 준 돈 말이야. 당시에는 정말 안타깝다는 생각이 들어서 내가 써야 할 돈 아껴가면서 줬잖아. 그런데 이제 생각해 보니 괜히 그랬어, 고마운 줄도 모르잖아.

그러다가 이런 말까지 하게 됩니다.

> 머리 검은 짐승은 거두지 말라는 말이 괜히 나왔겠어?

이렇게 말하며, 형제 사랑은 결국 무의미하다고 결론지어 버립니다.

사랑하는 성도 여러분, 긍휼이란 무엇입니까?

긍휼은 거듭나지 않는 자들의 것이 아닙니다. 거듭난 자가 아니면 가질 수 없는 감정이 긍휼입니다. 비참한 환경에 처한 자를 보고, 자연스럽게 나타나는 애끓는 심정이 긍휼입니다.

긍휼은 우리 하나님 아버지가 죄인인 우리를 바라보면서 품으신 마음입니다. 믿지 않는 자의 긍휼은 어느 정도 대가를 바라는 긍휼입니다. 남을 도움으로써 얻는 자기 만족을 위해 또는 세상 사람들에게 좋은 사람으로 보이기 위한 대가성 선행입니다.

하지만, 하나님이 죄인들에게 베푸신 긍휼은 아무런 대가가 없습니다. 독생자 예수 그리스도를 십자에 못 박아 놓고도 '나 몰라라! 그는 나의 죄와는 아무런 상관이 없다! 나는 그를 모릅니다'라고 했던 것이 죄인 된 우리 모습이었고, 은혜를 원수로 갚는 무정한 자가 바로 우리였습니다.

마태복음 26장 15-16절의 말씀입니다.

> ¹⁵ 내가 예수를 너희에게 넘겨주리니 얼마나 주려느냐 하니 그들이 은 삼십을 달아 주거늘
> ¹⁶ 그가 그때부터 예수를 넘겨줄 기회를 찾더라

우리는 거듭났음에도 불구하고 때로는 예수를 넘겨줄 기회를 찾는 자들입니다. 이미 무조건적인 사랑으로 대가 없는 긍휼을 덧입었음에도 불구하고 구원받아야 할 또 다른 죄인들을 보면 단호하게 거절하고 만다는 것입니다.

> 나는 긍휼을 베풀 수 없어.

궁핍한 형제를 보고 돕고자 하는 마음이 생길 때, 그 마음에 동하여 적극적으로 돕기보다, 오히려 아주 냉정하리만큼 계산하며 마음의 빗장을 걸어 잠그곤 합니다.

성령의 감동을 통해 "도우라, 사랑하라"는 하나님의 음성을 들었음에도 이기적이고 죄악 된 의지를 발현하는 것입니다. 이 마음은 긍휼의 마음을 철저히 무시하는 악인의 강한 의지인 것입니다.

사랑하는 성도 여러분, 우리는 형제를 사랑하도록 부름받은 거듭난 자들입니다. 우리는 이미 사망에서 생명으로 옮겨진 자들입니다. 예수님의 생명이 있는 자들에게 사랑의 마음이 있는 것은 당연합니다.

그 대가 없는 무조건적인 자기희생적 사랑은 가치 없는 자, 불의한 자에게 내어준 아가페 사랑이요, 십자가 사랑입니다. 사망에서 생명으로 옮겨진 자들이 품어야 할 사랑은 마음에만 품고 실천하지 않는 수동적인 사랑이 아닙니다. 사랑의 마음을 내쫓으면서까지 사랑의 의지를 꺾어내면 안 됩니다. 행함과 진실함으로 사랑할 수 있어야 합니다.

요한일서 3장 18-19절의 말씀입니다.

> ¹⁸ 자녀들아 우리가 말과 혀로만 사랑하지 말고 행함과 진실함으로 하자
> ¹⁹ 이로써 우리가 진리에 속한 줄을 알고 또 우리 마음을 주 앞에서 굳세게 하리니

성령으로 거듭나 새 생명을 소유한 모든 그리스도인은 그리스도의 생명으로 인해 진실한 사랑을 행해야 한다는 것을 잊지 마시길 바랍니다.

사랑하는 성도 여러분, 그리스도의 생명이 가져온 사랑은 영혼을 살립니다. 이 세상에 있는 사랑이 지고지순하고 놀랍다고 해도, 예수님의 사랑에는 비할 바가 못 됩니다.

예수님의 죽음은 죄인들을 사망에서 생명으로 건지기 위함이요, 사랑 없는 자들에게 신적 사랑을 부여하기 위함입니다.
　우리는 이미 사망에서 생명으로 옮겨진 자들임을 잊지 마시길 바랍니다. 생명력이 샘솟는 진정한 그리스도의 사랑이 여러분의 삶에 짙게 드리워지길 주님의 이름으로 축원합니다.

기도 제목

1. '형제 사랑'이 '구원의 조건'이 아니라 '구원의 증거'라는 사실을 기억하도록

2. 사망에서 생명의 영역으로 완벽하게 확실하게 옮겨졌음을 믿고 선포하며 나아가도록

3. 거듭난 자답게 그리스도의 생명을 전하며 행함과 진실함으로 형제 사랑을 실천할 수 있도록

3

새로운 마음의 창조
[로마서 12장 2절]

² 너희는 이 세대를 본받지 말고 오직 마음을 새롭게 함으로 변화를 받아 하나님의 선하시고 기뻐하시고 온전하신 뜻이 무엇인지 분별하도록 하라

1. 오직 마음을 새롭게 함으로 변화를 받아

우리는 예수님을 믿음으로 몸과 마음이 새롭게 되었습니다.

여러분은 새로운 자답게 무언가 새로운 일들을 계획하는 것이 있습니까?

우리는 무언가 마음먹지 않으면 새로운 일을 할 수 없습니다. 보고서 하나 올리는 일부터 세제 종류를 바꾸는 사소한 일까지, 이전과 다른 것을 시도하기 위해서는 '새로운 마음'이 필요합니다.

'일신우일신'(日新又日新)이라는 말이 있습니다. 날마다 새로워지고 또 새로워진다는 뜻으로, 좀처럼 변하기 어려운 사람들에게 나날이 새롭게 변하여 성장해야 한다는 권면을 하는 한자 성어입니다.

거듭남이 말하는 새로움이란 무엇일까요?

단순히 기존에 있는 것 중 하나를 선택하여 바꾸는 '취향 존중'도, 무엇이 좋고 싫고 따지는 '감정 추구'도 아닙니다.

거듭남이 말하는 새로움을 이루려면, 새로운 마음으로 변화받는 과정이 필수적입니다. 거짓된 옛 마음으로는 하나님의 거룩한 뜻과 위대한 계획을 발견할 수 없기 때문입니다.

마음이 새롭게 변화받으려면 어떻게 해야 합니까?

우리 주님께서는 로마서 12장 2절의 말씀을 통해 새로운 마음을 창조하는 일이 무엇인지에 대해 깨닫기를 원하십니다.

> ² 너희는 이 세대를 본받지 말고 오직 마음을 새롭게 함으로 변화를 받아 하나님의 선하시고 기뻐하시고 온전하신 뜻이 무엇인지 분별하도록 하라

이 구절은 기독교 윤리의 기초인 '하나님에 대한 우리의 자세'를 설명합니다. 모든 성도는 자기의 몸을 하나님께서 기뻐하시는 거룩한 산 제사로 드려야 합니다. 정욕에 이끌리는 삶을 사는 것이 아니라, 하나님이 원하시는 모습으로 살아감으로써 우리의 전 생애가 하나님께 영광이 되게 해야 합니다.

그렇게 되기 위해서는 먼저 우리 마음이 새로워져야 합니다. 이 세대가 추구하는 대로 따라 살면 안 됩니다. 악한 세상이 원하는 방식과 철학, 가치관에 매몰되어 정작 우리가 생명처럼 지켜야 할 복음의 진리를 놓쳐서는 안 되는 것입니다.

2. 신령한 몸으로 다시 산 자

시대마다 잘 먹고 잘 사는 방법론은 수만 가지가 있지만, 성령으로 거듭난 자들은 오직 신령한 말씀을 기준 삼아 바르고 의롭게 사는 길을 선택해야 합니다.

베드로전서 2장 2절의 말씀입니다.

> [2] 갓난아기들 같이 순전하고 신령한 젖을 사모하라 이는 그로 말미암아 너희로 구원에 이르도록 자라게 하려 함이라

순전하고 신령한 젖은 '진리'요, '하나님의 말씀'입니다. 말씀은 우리에게 '악한 세상에서의 잘남'이 아니라, '구원에 이르는 영원한 법칙'을 제공해 줌으로써 유한한 인생들을 무한한 가능성의 세계로 인도해 줍니다.

그러면 이렇게 질문하는 분도 있을 수 있습니다.

> 세상의 훌륭한 방법들도 가능성의 세계로 인도해 주지 않나요?

물론, 세상 논리로도 잘 먹고 잘 사는 것이 가능할 수 있습니다. 돈 잘 버는 법, 성공하는 법, 높은 지위에 오르는 법을 체득하기 위해 명사들의 강의를 듣고 성공담을 주워 담아 자기 계발을 위한 지식을 차곡차곡 쌓다 보면 어느 정도 자신이 원하는 목표와 지위에 도달할 수는 있습니다.

하지만, 그것들이 가시적인 만족을 가져다 줄지는 몰라도, 우리 영혼에 참된 만족을 주지는 못합니다. 영생과는 더더욱 연관이 없습니다. 세상에서 인정받는 '잘 사는 법'이 올바른 삶의 지표가 될 수는 없는 것입니다.

거듭나기 전에는 '잘 사는 것'과 '올바르게 사는 것'의 구분을 그렇게 중요하게 여기지 않았을 수 있습니다.

그러나 이제 우리는 단순히 육의 몸으로 살아가는 자들이 아니라, 예수 그리스도의 핏값으로 산 자들, '신령한 몸으로 다시 살아난 자들'입니다.

그렇기 때문에 우리에게는 신령한 몸에 걸맞은 올바른 삶의 방식이 적용되어야 하는 것입니다.

고린도전서 15장 44절의 말씀입니다.

> 44 육의 몸으로 심고 신령한 몸으로 다시 살아나나니 육의 몸이 있은즉 또 영의 몸도 있느니라

우리는 주의 재림의 때에 부활체의 신령한 몸을 입을 존재입니다. 이 부활은 '앞으로 성취될 것'이라는 미래적 가능성만 의미하는 것은 아닙니다. 우리가 예수님을 믿고 거듭난 순간, 예수님께서 십자가에서 죽고 살아나신 일이 '우리의 것'이 됩니다. 우리는 예수님과 함께 십자가에서 죽고 다시 살아났습니다.

이 사실을 믿으십니까?

세례는 내가 예수님과 함께 십자가에서 죽고 살아난 사실을 믿는다는 것을 공중에게 확증하는 일입니다. 그러므로 우리가 부활체를 입는 것, 신령한 몸을 입는 것은 먼 미래의 일이 아닙니다. 매일의 삶에서 나의 옛 자아는 죽고 그리스도의 새로운 옷을 입은 자답게 살아야 합니다. 우리는 이미 신령한 몸으로 살고 있으며 그리스도로 옷 입은 자이기 때문입니다.

갈라디아서 3장 27절의 말씀입니다.

> 27 누구든지 그리스도와 합하기 위하여 세례를 받은 자는 그리스도로 옷 입었느니라

'그리스도와 합하여 세례를 받은 자'는 '그리스도와 완전히 연합한 그리스도 예수의 사람', 육체와 함께 정욕과 욕심을 십자가에 못 박은 '성령의

사람'입니다. '성령의 사람'은 그리스도와 새로운 인격 관계에 들어가게 되며, 이런 사람이 바로 '그리스도로 옷 입은 자'입니다.

즉, 세례를 받은 자는 신령한 몸을 입은 자요, 그리스도로 옷을 입은 자이며, 성령의 사람인 동시에 새 사람을 입은 자입니다.

에베소서 4장 22-24절의 말씀입니다.

> 22 너희는 유혹의 욕심을 따라 썩어져 가는 구습을 따르는 옛 사람을 벗어 버리고
> 23 오직 너희의 심령이 새롭게 되어
> 24 하나님을 따라 의와 진리의 거룩함으로 지으심을 받은 새 사람을 입으라

여기에 우리의 정체성이 선명하게 드러납니다. 심령이 새롭게 되어 새 사람을 입은 자, 새로운 마음의 창조가 일어난 자로 살아가야 하는 자가 모든 그리스도인의 정체성입니다.

새로운 마음의 창조가 일어나기 전, 우리는 어떤 상태로 살았습니까?

욕심과 정욕에 이끌려, 썩어지고 말 옛 사람의 생활 방식대로 살았습니다.

구습을 따르는 옛 사람을 벗어 버리십시오. 낡고 헐거워져 버릴 때가 한참 지난 옷은 쓸데없이 옷장의 공간만 차지할 뿐입니다.

이처럼 예수 그리스도의 옷을 새롭게 입은 자는 거듭났기에 옛 사람의 방식을 고수하지 말아야 합니다.

예를 들어, "원수를 사랑하라"는 예수님의 가르침을 받은 자는 원수를 사랑하지 못했던 과거의 악습을 계속 따르면 안 되지 않겠습니까?

우리의 옛 사람은 결코 원수를 사랑하지 못했고, 원수를 사랑하지 않으려고 결심했고, 원수를 사랑하지 않는 것을 아무렇지 않게 생각했습니다. 원수를 갚고, 원수와 관계된 모든 자는 물론, 원수의 후대에까지 악감정을 품는 삶의 방식이 바로 우리의 옛 모습이었습니다.

우리가 원수를 사랑하지 못하는 것은 나 자신만을 사랑하려고 하는 이기심 때문입니다. 우리의 옛 사람은 우리 자신의 이기적 관심사에만 초점을 맞춰 살고 있었습니다.

우리는 이런 생각을 많이 합니다.

> 나는 뭐가 좋고, 뭐가 싫다.
> 기분이 내키지 않거나, 아주 흡족하다.
> 나는 이것은 받아들이지만, 저것은 도저히 용납하지 않겠다.
> 나는 이것이 맞다고 여기고 저것은 완전히 잘못됐다고 여긴다.

이런 판단의 구분이나 기준은 무엇입니까?

오직 '나'입니다. 우리는 내가 관심 있는 것에만 집중합니다. 이기적인 관심사에 내 눈과 마음과 행동이 향해 있기 때문에, 주위를 살피거나 이웃을 돌보거나 나보다 더 큰 존재와 영역에 관심을 갖지 않습니다.

옛 사람의 시야는 어떻습니까?

매우 좁습니다. 이기적인 관심사가 전부입니다.

남을 위한 헌신과 희생, 봉사도 결국 '나에게 이로운 것, 내가 좋아하는 것, 내가 끌리고 흥미를 갖고 있는 것'에 집중되어 있기 마련입니다.

하지만, 우리는 성령으로 거듭난 자입니다. 새로운 마음의 창조가 일어난 자로서 그리스도의 옷을 '이미' 입고 있는 자들입니다. 따라서, 그리스도의 관심사에 집중적으로 초점을 맞추어 살아가야 합니다.

옛 사람으로 살던 때는 내가 '주인'이고 내 삶이 온통 '나' 중심이었지만, 정확하게는 '내 이기심과 내 욕심이 전부'였지만, 새 사람이 된 자들은 예수님이 그들의 삶의 주인이 되시기 때문에 관심사를 주님께 맞춰야 합니다.

우리 삶의 주인은 따로 계십니다. 예수님이 나의 주인이시며 내 삶의 주인이십니다.

종은 주인이 정한 규율과 법칙, 방법을 따라 살아야 하지 않습니까?

우리도 우리 인생과 삶의 주인 되신 예수님이 정하신 법도, 즉 '하늘의 방식과 방법'을 따라 살아야 합니다. '주께 합당한 삶', 긍휼과 자비, 겸손과 온유, 오래 참음 같은 그리스도의 성품을 닮아가는 '거룩한 삶'을 살아야 합니다.

우리 예수 그리스도께서 이 땅에 오심으로 비로소 실현된 하나님의 나라는 오직 그분의 말씀이 기준 된 '의와 평강과 희락의 나라'입니다.

로마서 14장 17절의 말씀입니다.

> [17] 하나님의 나라는 먹는 것과 마시는 것이 아니요 오직 성령 안에 있는 의와 평강과 희락이라

3. 그리스도 예수의 마음을 품으라

하나님 나라에 있는 의와 평강과 희락이 어디에 있다고 말씀하십니까?

성령 안에 있습니다. 우리의 마음이 새로운 마음으로 창조되는 것도 성령의 일입니다. 성령은 우리 마음을 새롭게 만들어 줍니다. 성령으로 인해 우리의 속사람은 강건하게 됩니다. 성령 충만함으로 우리의 속사람은 날로 새로워지는 것입니다.

죄 된 본성이 도사리는 겉사람은 썩고 부패하나, 성령으로 거듭난 우리의 속사람은 더욱 강건해지는 것입니다. 우리의 속사람은 성령께서 임재하는 자리이며 전인격의 변화를 주도하는 곳입니다. 그래서 우리는 다른 이들을 위해 기도할 때 육신의 건강을 위해서도 기도해야 하지만, 속사람

이 강건해져서 그리스도의 사랑을 온전히 알고 그 안에서 평안을 경험하게 해달라고 기도해야 합니다.

그리스도를 우리 마음 중심에 모시지 않으면 그 자리에는 세상의 염려와 걱정, 불만과 다툼이 틈타게 됩니다. 영적으로 무능한 상태로 전락하게 된다는 것입니다.

잘 생각해 보시길 바랍니다. 에덴동산에서 선악과를 먹은 아담의 죄와 불순종으로 인해, 인류는 날 때부터 영적으로 무능한 자, 타락한 자로 태어날 수밖에 없었습니다.

그런데 하나님은 영적으로 무능력하고 불경건한 자들을 위해 위대한 일을 하기로 결정하셨습니다. 영적으로 무능력하고 불경건한 자를 대신해 독생자 예수님을 죽게 만드신 일입니다.

왜 하나님은 예수 그리스도를 불경건하고 영적으로 무능력한 자를 위해 죽게 하셨습니까?

당신의 사랑을 나타내시기 위함입니다. 하나님은 불경건하고 영적으로 무능한 우리를 살리시려고 대가를 지불하셨습니다. 예수 그리스도께서 우리를 위해 죽으심으로, 우리는 비로소 영적으로 살아난 자가 되어 하나님의 사랑이 어떤지 알게 되고, 성령으로 말미암아 하나님의 사랑이 우리 마음에 가득 넘치게 되었습니다.

로마서 5장 5-6절의 말씀입니다.

> [5] 소망이 우리를 부끄럽게 하지 아니함은 우리에게 주신 성령으로 말미암아 하나님의 사랑이 우리 마음에 부은 바 됨이니
> [6] 우리가 아직 연약할 때에 기약대로 그리스도께서 경건하지 않은 자를 위하여 죽으셨도다

그리스도께서 경건하지 않은 자, 성령의 능력을 덧입지 못한 자들을 위해 죽으셨기 때문에, 그 공로로 인해 우리는 하나님의 사랑을 깨닫게 되었습니다. 예수님의 이름을 믿고 성령으로 거듭난 자가 아니면 하나님의 사랑을 알 수 없고 깨달을 수도 없으며 그 사랑을 실천할 수도 없는 것입니다.

우리 마음에 부어진 하나님의 사랑을 지속하기 위해서는 거듭난 자답게, 그리스도를 지속적으로 우리 마음의 중심에 두어야 합니다. 길이요, 진리요, 생명 되신 예수님을 추구하는 삶을 살아야 합니다.

사랑하는 성도 여러분, 마음먹은 대로 잘되시던가요?
마음은 내 마음인데, 왜 내 뜻대로 움직여지지 않는 것일까요?
마음이 내 것인데, 왜 나의 의지와 다르게 움직일까요?

우리의 속사람이 새로워졌기 때문입니다. 죽은 마음이 새롭게 살아난 마음과 충돌하기 때문입니다.

우리 주님이 원하시는 마음은 굳은 마음을 제거한 상태의 부드러운 새 마음입니다.

에스겔 36장 26절의 말씀입니다.

> [26] 또 새 영을 너희 속에 두고 새 마음을 너희에게 주되 너희 육신에서 굳은 마음을 제거하고 부드러운 마음을 줄 것이며

예수님을 믿음으로 성령으로 거듭난 자는 새로운 마음의 창조를 경험한 자임을 기억하시길 바랍니다. 우리의 옛 사람은 우리의 마음이 하나님의 마음 같은 체하였으나(겔 28:6), 이제는 완악한 돌 같은 마음이 제거되었음을 믿으시길 바랍니다.

우리는 더 이상 마음이 완악하여 공의에서 멀리 떠난 자들이 아닙니다(사 46:12). 거듭난 자는 마음이 청결하여 복이 있는 자요, 그리하여 하나님을 매일 매 순간 만나고 은혜 받는 자들입니다(마 5:8). 우리의 정체성을 다시 한번 기억하시길 바랍니다.

> 아니요, 저는 요즘 마음속에 분노가 가득합니다. 마음의 청결이나 부드러운 마음은, 저와는 너무 먼 이야기입니다. 마음이 지옥 같아요.

이렇게 말하는 분들은 스스로 이렇게 고백하는 것과 같습니다.

> 나는 경건한 자가 아닙니다. 나는 여전히 영적으로 무능력한 불경건한 자입니다.

욥기 36장 13절의 말씀입니다.

> ¹³ 마음이 경건하지 아니한 자들은 분노를 쌓으며 하나님이 속박할지라도 도움을 구하지 아니하나니

마음이 경건하지 않은 자, 진리를 잃어버린 자, 그리하여 경건의 모양만 있고 경건의 능력이 없는 자들에게는 쉴 새 없이 다툼이 일어납니다(딤전 6:5). 그런 사람들에게는 공의가 들어설 공간이 없습니다. 바르고 선하고 의롭다는 것이 도대체 무엇이냐고 반문만 하는 것은 불경건하고 영적 실업에 빠진 상태와 같습니다. 하나님의 기업에 입사하지 못하는 불경건하고 영적으로 무능한 실업자가 되는 것입니다.

그러니 우리 안에서 돌 같은 굳은 마음이 완악해져서 다툼과 미움이 생긴다면, 빨리 회개하시길 바랍니다. 하나님의 도우심을 구하는 기도를 드

리시길 바랍니다.

> 주여! 나의 마음이 쉼을 얻고 싶습니다.

마태복음 11장 29절의 말씀입니다.

> ²⁹ 나는 마음이 온유하고 겸손하니 나의 멍에를 메고 내게 배우라 그리하면 너희 마음이 쉼을 얻으리니

온유하고 겸손하신 예수님께 배워야 합니다. 단, 하나의 조건이 있습니다. 예수님의 마음을 배울 때 우리는 반드시 주님이 지워주신 멍에를 메야 합니다. 내가 지고 가는 멍에는 일인용입니다. 죄의 멍에, 무한 경쟁에서 오는 스트레스의 멍에, 삶의 멍에입니다. 수고한 대로 보상받지 못하는 허탈함의 멍에입니다. 가지려고 했고 쌓으려고 했으나 무용지물이 된 상실감의 멍에입니다.

하지만, 주님이 지워주신 멍에는 이인용 멍에입니다. 주님과 같이 지는 멍에입니다. 주님이 나와 동행하시고 죄 짐 맡아주시며, 말씀으로 격려하고 깨우쳐 주시기에, 세상 멍에와 고통을 은혜로 승화시켜 주시기에, 그 멍에는 가볍습니다.

부디 조롱받고 무시 당하며 낙심하고 방황하는 사람들, 슬퍼하고 병들고 괴로운 이들을 고치시고 새롭게 일으켜 세워주실 주님, 그 주님 안에서 참된 평안과 안식을 얻으시길 바랍니다. 성령이 우리에게 새로운 마음을 주신 줄로 믿으시길 바랍니다.

성령이 주신 새로운 마음으로 하나님의 선하시고 기뻐하시고 온전하신 뜻이 무엇인지 분별하여 이 세대의 악한 것들을 본받지 않는 성도님이 되실 줄 믿습니다.

그리스도 예수의 마음을 품고 주께 받은 합당한 삶의 모습으로 살아가시길 주님의 이름으로 축원합니다.

> 너희 안에 이 마음을 품으라 곧 그리스도 예수의 마음이니(빌 2:5).

기도 제목

1. 성령으로 거듭난 자에게 허락하신 새로운 마음으로 강건하여지고, 경건의 능력을 회복하고, 영적으로 충만한 능력 가운데 살도록
2. 그리스도의 사랑 안에서 진정한 화평과 평안을 누리도록
3. 마음이 온유하고 겸손한 주를 닮게 하시고 주님이 허락하신 마음만을 품도록

4

신성한 성품
[베드로후서 1장 4절]

⁴ 이로써 그 보배롭고 지극히 큰 약속을 우리에게 주사 이 약속으로 말미암아 너희가 정욕 때문에 세상에서 썩어질 것을 피하여 신성한 성품에 참여하는 자가 되게 하려 하셨느니라

1. 그리스도를 아는 데 힘쓰라

우리는 거듭난 자로서 마음을 새롭게 변화받아 예수 그리스도의 마음을 품은 사람들이 되었습니다. 우리 안에 그리스도의 마음이 있다면 그에 걸맞게 거룩한 주의 성품을 닮아갈 수 있습니다.

살아가면서 우리는 좋은 성품을 지닌 사람들을 만나곤 합니다. 자연스럽게 그런 사람들과 가깝게 지내고 싶어지고, 그들과 교류하면서 그들의 언행이나 생활 방식을 배우길 원합니다. 그러면서 그들이 보여준 좋은 성품을 나도 모르게 하나둘 좇아가며 닮게 됩니다. 같은 무리끼리 서로 사귀며 유유상종하게 됩니다. 좋은 사람들과 어울리고 그들과 친구가 되면, 어느새 그들의 좋은 점을 닮아가고, 점차 좋은 영향력을 받게 되어 비슷한 모습이 나타나게 되는 것입니다.

그러면 주님의 거룩한 성품을 닮아가기 위해서는 어떻게 해야 할까요?

그리스도를 아는 지식을 확장시켜 나가야 합니다. 주님을 아는 지식을 넓혀감으로써 주님의 신성한 성품에 참여하는 자들이 되어야 합니다.

우리 주님께서는 <신성한 성품>이라는 제목으로 베드로후서 1장 4절의 말씀을 통해 신성한 성품에 참여하는 것이 무엇인지에 알기를 원하십니다.

베드로후서 1장 4절의 말씀입니다.

> ⁴ 이로써 그 보배롭고 지극히 큰 약속을 우리에게 주사 이 약속으로 말미암아 너희가 정욕 때문에 세상에서 썩어질 것을 피하여 신성한 성품에 참여하는 자가 되게 하려 하셨느니라

우리는 지극히 큰 약속을 받은 자들입니다. 그렇기 때문에 정욕으로 가득 차 결국 부패할 수밖에 없는 죄악 된 옛 성품을 벗고 새로운 성품, 즉 거룩한 신의 성품을 닮아갈 수 있습니다.

여러분은 약속받은 자입니까?

그러면 '당연한 결과로 신의 성품을 닮아가겠지?'라는 안일함은 피해야 합니다.

세상의 썩어질 구습을 좇는 옛 성품을 답습하지 않도록 죄를 멀리하고 적극적으로 정욕을 피해야 합니다.

이를 위해 그리스도를 아는 데 힘쓰는 자들이 되어야 합니다. 그리스도를 아는 일, 그리스도를 아는 지식과 신성한 성품에 참여하는 일은 동시에 추구되어야 하며 이것은 거듭난 자들의 필수적인 과제이기도 합니다.

우리가 그리스도를 알기에 힘쓰고 거룩을 추구할 때, 세상 사람들은 손가락질합니다. '그렇게 살아서 뭐 하냐고, 왜 그렇게 힘들게 사느냐'고 반문하기도 합니다.

그렇다면 역으로 세상 사람들에게 질문해 보겠습니다.

> 왜 그리스도를 알기에 게으른 거야?
> 거룩을 추구하지 않는 이유가 뭐야?

2. 만물이 그에게서 났고

고린도전서 8장 6절의 말씀입니다.

> ⁶ 그러나 우리에게는 한 하나님 곧 아버지가 계시니 만물이 그에게서 났고 우리도 그를 위하여 있고 또한 한 주 예수 그리스도께서 계시니 만물이 그로 말미암고 우리도 그로 말미암아 있느니라

사람은 누구나 각자의 인생 목표를 세우고 그에 대한 소망을 갖습니다. 이를 위해 분주하게, 때론 자신을 돌볼 겨를 없이 열심히 살아갑니다. 그리고 무언가를 이루어 내고, 자신이 세운 목표에 도달합니다. 그것이 무엇이든, 생의 마지막에 '후회 없었다, 잘 살았다'라고 고백하기 위해서는 인생의 방향과 목표를 분명하고 확실하게 정해야 합니다.

> 후회 없는 삶은 무엇일까요?
> 어떤 삶을 살아야 후회하지 않을까요?

인간이 세상을 살아가는 방식은 여러 가지가 있습니다. 누군가는 열심히 공부해 자격증을 취득하고 한 분야의 전문적인 지식을 획득하며 살기도 하고, 또 누군가는 돈과 재물을 많이 모으고 주식과 코인, 부동산을 늘리며 살아가기도 합니다. 어떤 사람은 한 우물을 파며 전문가의 삶을 살기도 하고, 또 어떤 자는 시류를 읽으며 인맥을 부지런히 쌓고 얄팍한 처세

술로 세상을 살아갑니다. 또 누군가는 자신의 이름을 널리 알리고 인기와 명예를 높이며 살아갑니다. 돈과 지식, 인맥, 화려한 처세술과 명예가 있어도 만족하지 못하고 더 막강한 힘과 권력의 맛을 찾아가는 자들도 있습니다. 이들의 공통점은 '예수 그리스도를 알지 못하는 자들이 추구하는 삶의 방식'이라는 것입니다.

만물이 주로부터 말미암았다면, 우리의 출발은 예수 그리스도가 되어야 합니다. 자신이 어디에서 왔으며, 어떻게 무엇을 위해 태어났는지, 그 근원을 모르고 살아가는 자들은 불쌍한 자들입니다.

'근본도 모른다'라는 말은 예수님을 모르고 살아가는 자들에게 해줄 수 있는 적당한 말입니다. 이것은 매우 진실하며 적절한 말입니다.

우리의 근본이 무엇입니까?

티끌입니다. 먼지입니다. 안개입니다.

욥기 10장 9절 말씀입니다.

> ⁹ 기억하옵소서 주께서 내 몸 지으시기를 흙을 뭉치듯 하셨거늘 다시 나를 티끌로 돌려보내려 하시나이까

야고보서 4장 14절의 말씀입니다.

> ¹⁴ 내일 일을 너희가 알지 못하는도다 너희 생명이 무엇이냐 너희는 잠깐 보이다가 없어지는 안개니라

인생이 유구할 것 같지만, 삶이 끝도 없이 이어질 리 만무합니다. 누구나 한번 태어나면 육체적 죽음을 경험합니다. 모든 인간은 잠깐 있다 사라지는 안개이며, 흙으로 지음받은 티끌이자 먼지이며, 다시 흙으로 돌아갑니다.

그러니 티끌과 먼지요 안개인 우리의 근본이 예수 그리스도로부터 나왔다는 사실을 깨닫고 그를 위해 살아야 한다는 진리를 마음 깊이 새겨야 합니다.

그리스도 없는 그리스도인은 존재하지 않습니다. 그런데도 어떤 이들은 근본 없이 살아가려고 합니다. 만물이 그리스도로부터 나왔고 우리도 그분으로 말미암아 존재하게 되었기 때문에, 모든 인간은 예수님을 위해 살아야 합니다.

고린도전서 8장 6절의 말씀을 잘 읽어보시길 바랍니다.

> [6] 만물이 그에게서 났고 우리도 그를 위하여 있고

'만물'에 속하지 않는 자가 있겠습니까?

이 '만물'에 '믿는 자들'만 속하는 것 같습니까?

아닙니다. 만물에는 온 우주와 온 땅, 그곳에 거하는 모든 생물체와 인간, 사물이 포함됩니다. 우리가 인지하든 인지하지 못하든, 모든 것이 그리스도께로부터 나왔고, 만물이 예수님을 위해 살고 존재하는 것입니다.

온 세상의 존재 이유가 예수 그리스도인 것입니다.

골로새서 1장 16절의 말씀과 로마서 11장 36절도 이 점을 명확하게 증거하고 있습니다.

> [16] 만물이 그에게서 창조되되 하늘과 땅에서 보이는 것들과 보이지 않는 것들과 혹은 왕권들이나 주권들이나 통치자들이나 권세들이나 만물이 다 그로 말미암고 그를 위하여 창조되었고

> [36] 이는 만물이 주에게서 나오고 주로 말미암고 주에게로 돌아감이라 그에게 영광이 세세에 있을지어다

3. 주를 위한 삶의 최종 목표

사랑하는 성도 여러분, 주께 말미암은 자답게 짧은 인생에 후회가 없도록 주를 위해 살아가시길 바랍니다. 우리는 주를 위해 살아가는 후회 없는 삶을 살아야 합니다.

주를 위한 삶의 최종 결과이자 목표가 무엇입니까?

하나님 나라 입성입니다.

> 그 보배롭고 지극히 큰 약속을 우리에게 주사 (벧후 1:4)

하나님 나라의 입성, 예수 그리스도의 영원한 나라에 들어가는 것이 보배롭고 지극히 큰 약속입니다. 예수님의 이름을 믿는 자들이 믿음으로 당도할 수 있는 나라, 우리를 위해 예비하신 천국인 하늘 나라, 새 하늘과 새 땅, 하나님 나라, 예수 그리스도의 영원한 나라가 우리의 것임을 반드시 믿고 소망 가운데 즐거워하시길 바랍니다.

베드로후서 1장 11절의 말씀입니다.

> [11] 이같이 하면 우리 주 곧 구주 예수 그리스도의 영원한 나라에 들어감을 넉넉히 너희에게 주시리라

이 말씀을 믿으시길 바랍니다. 우리가 그리스도를 알기에 힘쓰고 거룩을 추구하여 신앙의 성숙을 이룬 다음 들어갈 곳은 바로 예수 그리스도의 영원한 나라입니다.

예수 그리스도의 영원한 나라에 들어간다는 약속이 없다면, 우리가 무엇 때문에 그리스도를 알기 힘쓰고 거룩하기에 힘쓰겠습니까?

적당히 즐기며 살든지, 법과 도덕, 질서를 어겨가며 내 마음이 원하는 곳으로, 내가 마음에 드는 방식으로 살든지, 내가 온 세상, 온 우주의 중심이 되어 쾌락을 추구하며 살든지, 무슨 상관이 있겠습니까?

> 주위의 시선은 신경 쓰지 마.
> 다른 사람 걱정 따위 하는 거 아니야.
> 나라의 미래와 내 후손들이 나랑 무슨 상관이 있지?

실제로 이런 생각을 하면서 사는 사람들이 많지 않습니까?
삶의 중심이 예수님이 아닌 사람들이 우리 주위에 얼마나 많습니까?
인생의 중심을 자신 안에서 발견하고, 자신을 신뢰하며 다른 이들보다 자신을 더 사랑하는 자들이 얼마나 많습니까?

하지만, 성경은 분명히 경고합니다.
베드로후서 1장 4절의 말씀입니다.

> ⁴ 너희가 정욕 때문에 세상에서 썩어질 것을 피하여

정욕 때문에 세상에 썩어질 것을 피하라는 것입니다.
갈라디아서 6장 8절의 말씀입니다.

> ⁸ 자기의 육체를 위하여 심는 자는 육체로부터 썩어질 것을 거두고 성령을 위하여 심는 자는 성령으로부터 영생을 거두리라

우리 주님이 주신 보배롭고 고귀한 약속을 받은 자들은 인간의 옛 본성인 정욕에서 나오는 세상의 썩어질 것을 피해야 합니다.

옛 본성인 정욕은 무엇입니까?

원어로 '에피뒤미아'인데, 욕망이나 탐심, 욕심을 말합니다. '에피뒤미아'는 항상 인간을 지배하는 죄입니다.

인간을 지배하는 욕망은 하나님을 떠난 인간 안에 있습니다. 욕망은 열정적인 힘까지 가지고 있습니다. 그런 그릇된 욕망의 열정은 우리 육체의 욕심을 추구하며 마침내 이루고 맙니다.

욕망을 계속 추구하다 보면, 만물의 가장 높은 존재인 하나님보다 높아지고자 하는 교만한 마음이 들고, 다른 사람의 재물을 보면 당연히 자신이 가질 수 있을 것이라 착각하여 탐내기 시작합니다. 그렇기 때문에 재물을 더 많이 가지려는 욕심을 부리는 것입니다. 자기 자신을 욕망의 충동에 내어 맡긴 사람은 이미 죄의 지배하에 있는 것이고, 이런 사람은 궁극적으로 멸망에 이를 수밖에 없습니다.

4. 신성한 성품에 참여하라

베드로후서 1장 4절의 말씀입니다.

> ⁴ 이로써 그 보배롭고 지극히 큰 약속을 우리에게 주사 이 약속으로 말미암아 너희가 정욕 때문에 세상에서 썩어질 것을 피하여 신성한 성품에 참여하는 자가 되게 하려 하셨느니라

정욕이 원하는 것은 우리의 만족이지만, 정욕의 추구는 인간의 만족을 충족시키지 못합니다. 세상에서 썩어질 것에 불과합니다. 그래서 성경은 정욕 대신에 '신성한 성품'에 참여하는 자가 되라고 하셨습니다.

'신성한 성품'이란 하나님이 가지신 특성을 말합니다.

본문에서는 '썩어질 것'과 반대되는 개념으로 사용됩니다. '신성한 성품'은 이 세상에서 썩어질 이유가 없습니다.

썩지 않는 신성한 성품에 참여하려면 어떻게 해야 합니까?

그리스도와 참된 연합을 통해 가능합니다. 하나님을 닮아가고 하나님의 형상을 회복하기 위해서 늘 예수님 안에 거하며, 그분의 말씀을 따라가는 순종의 삶을 살아야 합니다. 예수님을 통하지 않는 자, 예수님과 접붙여진 연합을 이루지 않는 자는 누구도 하나님의 형상을 회복하거나 신성한 성품에 참여할 수 없습니다. 예수와 상관없이 하나님을 만나고 아는 일은 불가능하며, 예수와 상관없이 하나님의 약속을 받는 일도 불가능합니다. 예수와 상관없이 하나님의 성품에 참여하는 일 역시 불가능합니다.

우리는 예수님을 통해 하나님의 자녀가 되었습니다. 예수와 상관있는 자가 되어 비로소 하나님과의 관계가 형성된 것입니다. 예수님을 믿는 믿음으로 거듭나 옛 사람은 죽고 새 사람으로 태어난 것입니다.

예수님은 일반적인 출생 과정을 거친 것이 아니지 않습니까?

예수님은 성령으로 잉태되셨습니다. 우리 또한 그리스도 안에서, 예수님을 자신의 인생에 받아들이는 순간부터 하나님의 자녀가 되었습니다.

요한복음 1장 13절의 말씀입니다.

> [13] 이는 혈통으로나 육정으로나 사람의 뜻으로 나지 아니하고 오직 하나님께로부터 난 자들이니라

우리는 하나님께로부터 난 자들입니다. 우리는 하나님의 맏아들이신 독생자 예수 그리스도의 형제가 되었습니다.

우리는 예수님을 완전한 신이자 완전한 인간 되신 분이라고 알고 있지 않습니까?

말씀이 육신이 되어 이 땅에 오신 예수님에게는 본질적인 신성이 내재되어 있습니다. 우리는 이 땅에서 그리스도의 성품을 본받아 살며 그리스도의 성품에 참여하게 되는 것입니다.

히브리서 3장 14절의 말씀입니다.

> ¹⁴ 우리가 시작할 때에 확신한 것을 끝까지 견고히 잡고 있으면 그리스도와 함께 참여한 자가 되리라

그리스도의 성품, 하나님의 신성한 성품을 닮아가야 하는 것을 머리로는 알겠는데 왜 저한테는 세상 욕심과 욕망만이 가득한 것입니까?
왜 저는 성령의 아홉 가지 열매가 아닌, 죄의 열매만 맺히는 것 같습니까?

이렇게 질문하실 수도 있습니다.

우리에게 성령의 열매가 아닌 죄의 열매가 가득한 것 같지만, 실상은 그렇지 않습니다. 우리는 신성한 성품에 참여하는 자로서 점점 더 하나님의 본질적 성품을 닮아가는 과정 가운데 있으며, 그리스도를 닮아 거룩한 자로 나아가는 길을 걸어가고 있음을 기억하시길 바랍니다.

하나님은 우리를 부르시되, 그리스도를 닮아가는 거룩한 자로 살아가라고 부르셨습니다. 하나님은 그가 예정하여 부르신 거듭난 그리스도인들을 의롭다고 인정해 주실 뿐만 아니라 영화롭게 하실 것입니다.

로마서 8장 30절의 말씀입니다.

> ³⁰ 또 미리 정하신 그들을 또한 부르시고 부르신 그들을 또한 의롭다 하시고 의롭다 하신 그들을 또한 영화롭게 하셨느니라

모든 성도는 하나님의 부르시고 택하신 은혜 안에서 영화롭게 되기까지 거룩을 이뤄 나갈 것입니다. 우리는 말씀으로 채움 받고 기도로 나아가며 순종하는 신앙인으로 성장하고 성숙해져야 합니다.

신앙 성장의 최종 결과는 하나님 나라에 들어가는 것입니다. 신성한 성품에 참여하여 믿음과 덕과 지식과 절제, 인내와 경건, 형제 우애와 사랑의 덕목을 갖춘 자들은 예수 그리스도의 영원한 나라에 들어가되 넉넉히 들어가게 됩니다.

베드로후서 1장 5-7절과 11절의 말씀입니다.

> [5] 그러므로 너희가 더욱 힘써 너희 믿음에 덕을, 덕에 지식을,
>
> [6] 지식에 절제를, 절제에 인내를, 인내에 경건을,
>
> [7] 경건에 형제 우애를, 형제 우애에 사랑을 더하라
>
> [11] 이같이 하면 우리 주 곧 구주 예수 그리스도의 영원한 나라에 들어감을 넉넉히 너희에게 주시리라

하나님이 택하신 성도들은 예수 그리스도를 신앙의 모본으로 삼습니다.

그리스도는 우리가 닮아가야 할 영적인 맏형입니다. 하나님이 선택하신 성도는 반드시 그리스도를 닮아갑니다.

따라서, 아무리 신앙의 연륜이 깊다 해도 그리스도의 향기를 지니지 못하고 육신의 성품과 정욕만으로 행하는 사람은 그 신앙의 진위를 의심해 볼 수밖에 없습니다.

신성한 성품에 참여하는 자답게 우리가 받은 약속대로, 예수 그리스도의 영원한 나라에 들어갈 때까지 썩어질 정욕을 버리고 오직 주를 닮아가는 성도님들이 되시길 주님의 이름으로 축원합니다.

기도 제목

1. 정욕으로 가득 차 결국 부패할 수밖에 없는 죄악 된 옛 성품이 아닌 거룩한 신의 성품을 닮아갈 수 있도록

2. 그리스도를 알기에 힘쓰고 거룩을 추구하도록

3. 신앙 성장의 최종 결과는 하나님 나라에 들어가는 것이란 사실을 기억하도록

제2부

거듭남의 필요성

5

하나님의 백성
[요한복음 3장 3-5절]

> ³ 예수께서 대답하여 이르시되 진실로 진실로 네게 이르노니 사람이 거듭나지 아니하면 하나님의 나라를 볼 수 없느니라
> ⁴ 니고데모가 이르되 사람이 늙으면 어떻게 날 수 있사옵나이까 두 번째 모태에 들어갔다가 날 수 있사옵나이까
> ⁵ 예수께서 대답하시되 진실로 진실로 네게 이르노니 사람이 물과 성령으로 나지 아니하면 하나님의 나라에 들어갈 수 없느니라

우리는 예수님을 믿음으로 몸과 마음이 새롭게 되었습니다. 영적으로 새롭게 거듭난 자이고, 하나님 나라의 백성입니다.

한 나라의 백성이 된다는 것은 그 나라의 보호와 혜택을 받는다는 의미입니다. 예전에 영국은 대영제국이라고 해서 영국민들의 자긍심이 어마어마했습니다. 산업 혁명을 주도하며 20세기 초반까지 전 세계 땅의 4분의 1을 차지할 정도였습니다. 과거로 거슬러 올라가면 고대 그리스 아테네 시민들이나 로마 제국 시민들은 국가에 대한 소속감을 키우며 대단한 자긍심을 가지고 있었습니다.

요즈음은 어떻습니까?

기회의 땅으로 불리던 미국의 영주권이나 시민권을 취득하고자 많은 이민자가 미국의 국경을 넘고 있습니다.

대영제국, 고대 그리스 아테네, 로마제국, 미국 등과 같은 강대국의 국민이 되면 부러움과 선망의 대상이 될 수도 있습니다.

그렇다면 온 땅의 주인이자 만물을 다스리는 권세의 하나님, 그 하나님 나라의 백성이 된다면 어떻겠습니까?

일반적인 사회 보장 제도와 교육, 공공 서비스, 복지, 문화, 국방, 여러 가지 혜택에 더해 '영생'을 허락받는 백성이 된다는 것은 이 세상에서 가장 영화로운 일입니다.

예수 그리스도를 믿음으로 거듭나 하나님 나라의 백성이 되었다는 사실에 영예를 느끼십니까?

자부심과 자긍심을 가지고 살고 계십니까?

우리 주님께서는 <하나님의 백성>이라는 제목으로 요한복음 3장 3절에서 5절까지의 말씀을 통해 하나님의 백성이 된다는 것이 무엇이고 그들의 사명이 무엇인지 알기를 원하십니다.

요한복음 3장 3절의 말씀입니다.

> [3] 예수께서 대답하여 이르시되 진실로 진실로 네게 이르노니 사람이 거듭나지 아니하면 하나님의 나라를 볼 수 없느니라

1. 니고데모의 질문

예수님은 '거듭남'과 '하나님 나라'를 연관 지어 설명해 주고 계십니다. 요한복음 3장 3절 말씀은 '예수님과 니고데모의 대화' 내용입니다. 지금 니고데모는 궁금해 죽을 지경입니다. 하나님 나라의 개념이 생소하고 그 나

라에 어떻게 들어가는지도 모르겠는데, 그 나라가 왠지 너무 좋아 보이는 겁니다. 그래서 예수님께 하나님 나라에 대해 여쭤봤습니다.

여러분에게 질문을 드려보겠습니다.

하나님 나라에 대해 가장 잘 설명해 줄 수 있는 사람은 누구일까요?

그 나라에 대해 가장 잘 알고 있는 사람이겠지요. 그렇다면 니고데모는 번지수를 잘 찾은 것입니다. 하나님과 동등된 예수님 외에 하나님 나라를 더 잘 설명할 수 있는 사람은 이 세상에 존재하지 않기 때문입니다.

하지만, 당시 상황을 조금이라도 아는 사람이라면, 지금 니고데모가 예수님을 찾아와 "하나님 나라가 뭐예요? 그 나라 어떻게 들어가요? 하나님 나라 백성이 되려면 제가 무엇을 해야 할까요?"라는 질문을 던지는 일을 매우 이상하게 여겨야 합니다.

왜 그렇습니까?

니고데모의 신분 때문입니다.

요한복음 3장 1절의 말씀입니다.

> ¹ 그런데 바리새인 중에 니고데모라 하는 사람이 있으니 유대인의 지도자라

니고데모는 정통 유대인이었습니다. 하나님과 율법에 능통한 자로 굉장히 존경받는 랍비였습니다. 랍비가 되기 위해서는 율법의 정규 교육 과정을 밟아야 하고, 나이가 적어도 40세 이상 돼야 했습니다. 니고데모는 바리새인 중의 바리새인으로 유대인의 최고 의결 기관인 산헤드린 공의회 회원이었습니다(요 3:1). 율법에 관한 해박한 지식으로 유대 사회에 대단한 영향력을 가진 자였습니다. 오늘날로 보면 장관이나 대학 총장 정도의 사회적 위치와 지식을 소유하였다고 볼 수 있습니다.

니고데모는 이미 구약성경과 율법에 정통한 자로서, 하나님에 관해서는 남부럽지 않을 정도의 지식을 지니고 있었습니다. 반면에 예수님은 서른

살 정도밖에 되지 않은 청년이었습니다. 예수님은 율법의 정규 교육 과정을 거치지 않은 상태로, 도저히 니고데모를 가르칠 만한 사회적 지위와 위치에 놓여 있지 않았습니다.

그런데도 니고데모는 예수님을 '랍비'라고 부르면서 하나님 나라에 대해 질문했습니다. 그렇다고 니고데모가 예수님의 신성을 깨달았거나 구약이 예언한 메시아임을 깨달았던 것은 아닙니다. 그동안 예수님께서 공생애 사역에서 보여주신 이적이나 사람들의 증언들을 토대로 하나님과 연관 지어 구약에서 말하는 선지자들 중 한 분 정도로 인식하고 있었습니다.

요한복음 3장 2절의 말씀입니다.

> ² 그가 밤에 예수께 와서 이르되 랍비여 우리가 당신은 하나님께로부터 오신 선생인 줄 아나이다 하나님이 함께 하시지 아니하시면 당신이 행하시는 이 표적을 아무도 할 수 없음이니이다

니고데모가 예수님께서 행하신 표적을 보아하니 하나님과 관련된 자임이 분명해 보였고, 그래서 무언가 대단한 능력과 지식을 소유한 자라는 기대를 가지고 예수님을 찾아왔습니다. 안타깝게도 그는 예수님의 추종자가 되고자 한 것은 아니었습니다. 그래서 남몰래 밤에 예수님을 찾아왔던 것입니다.

사랑하는 성도 여러분, 무언가 남몰래 행하고 있는 일이 있습니까?

제발 그 일을 멈추시길 바랍니다. 일의 특성상 기밀 유지가 필요한 것이라면 모를까, 오늘 본문의 니고데모처럼 자신이 무슨 까닭으로 무얼 위해 어떤 근거와 명분을 가지고 하는지 모른 채 궁금증 해결을 위해 일을 벌이거나 시작하지 마십시오. 다만 주님께서 명하신 일, 믿음의 확신에 찬 일에 우리 열정을 불태워야 합니다.

예수님을 한밤중에 찾아온 니고데모는 다른 율법주의자들보다는 그나마 낫다고 볼 수 있습니다. 다른 율법주의자들은 예수님을 배척하기에 바빴지만, 니고데모는 적어도 예수님을 대적하지는 않았습니다. 그렇다고 잘했다고 칭찬 받을 만한 것은 아닙니다.

왜냐하면, 니고데모는 하나님 나라를 간절히 소망하지 않았고 그 나라의 가치를 알지 못한 자였기 때문입니다. 그래서 하나님 나라를 잘 알고 있을 것 같은 예수님을 만나고자 했고, 사람들의 눈을 피해 몰래 한밤중에 예수님을 찾아왔습니다.

사랑하는 성도 여러분, 남들보다 낫다는 것이 잘하고 있다는 말과 같을 수는 없습니다. 우리 믿는 그리스도인들의 기준은 항상 남이 아니라 하나님이어야 합니다.

하나님은 니고데모에게 무엇을 원하셨을까요?

다른 사람 눈치를 보면서 예수님을 찾아오는 것을 원하셨을까요?

아닙니다. 예수님에 대한 진실한 믿음을 원하셨을 것입니다.

하나님은 우리가 진실로 예수님의 이름을 믿어 거듭나 하나님의 백성이 되길 원하십니다.

> 하나님 나라가 뭐야, 그 나라에 어떻게 들어가?

이런 궁금증을 가진 자는 세상에도 널리고 널렸습니다. 하지만, 하나님은 우리에게 이렇게 질문하십니다.

> 왜 질문만 하고, 진짜 하나님의 백성이 되는 것 자체에는 관심이 없는 거야?

2. '아는' 것을 뛰어넘어 거듭나야 한다

오늘날 교회를 찾는 새신자들이 예수님을 영접한 다음에도 참된 믿음을 갖지 못하는 이유가 무엇입니까?

그들은 예수님을 믿고, 사영리를 통해 고백도 합니다. 사도신경도 줄줄 외웁니다.

그런데도 거듭난 생명 가운데 생동감 있는 신앙생활을 하지 못하는 이유, 참된 신자가 되는 일에 거듭 실패하는 이유가 무엇이겠습니까?

답은 바로 이것입니다. 궁금증이나 호기심은 있지만, 그것이 해결되고 나면 자기가 원래 있던 세상 속으로 재빨리 돌아가 버리기 때문입니다.

아, 교회는 이런 곳이구나, 하나님은 어떤 어떤 분이시구나!

교회는 어떤 곳이고 하나님이 어떤 분인지 알게 되었나요?
네, 그러면 그 다음은요, 그다음에 무엇을 하실 것입니까?
하나님과 하나님 나라를 '아는' 것이 중요합니까?
그 나라 백성이 되는 길이 무엇인지 '아는' 일이 중요합니까?

물론, 중요합니다. 하지만, 여기서 더 나아가야 합니다. 지식에 머무는 것은 참된 신앙이 아닙니다. 하나님의 백성이 되어야 하고, 그 백성답게 살아내는 일이 중요합니다. 우리는 거듭나야 합니다. 그렇지 않으면 하나님 나라의 백성이 되지 못합니다. 이것은 영적 원리입니다. 하나님이 정하신 기준입니다. 거듭난 자라야 하나님 나라의 백성이 될 수 있습니다.

생존을 위해, 더 나은 삶을 위해, 신분을 바꾸기 위해, 목숨을 담보로 아슬아슬한 국경의 경계를 넘는 자들을 뉴스를 통해 쉽게 접할 수 있습니다. 불법 이주민 문제로 국제 사회는 몸살을 앓고 있습니다.

그런데 목숨을 걸고 다른 나라의 국민이 되었다는 사실 하나만으로 천지개벽할 만한 삶의 변화를 맞이하거나 신분이 급상승됩니까?

간혹 있을 수는 있지만, 대부분 그렇지 못하다는 것을 우리는 잘 알고 있습니다.

온 세상을 창조하시고 만물의 주인 되시는 하나님 나라의 백성이 되는 일은 투자 이민이나 취업 이민, 불법 이주가 아니어도, 굳이 내 목숨을 걸고 재산을 바치지 않아도 됩니다. 하나님의 백성이 되는 것에는 아무런 공로가 필요하지 않았습니다. 오직 은혜로 가능합니다.

은혜의 선물인 거듭남!
중생이면 가능하고 충분합니다!
할렐루야!

요한복음 3장 3절의 말씀을 다시 한번 더 보시길 바랍니다.

> ³ 예수께서 대답하여 이르시되 진실로 진실로 네게 이르노니 사람이 거듭나지 아니하면 하나님의 나라를 볼 수 없느니라

거듭남의 진리에 대해 예수님은 니고데모에게 무엇을 말씀하셨습니까?

거듭남이 필요하다는 것입니다. 거듭나지 않으면 하나님의 백성이 되지 못하고 하나님 나라에 가지 못하기 때문에 거듭남이 필요합니다.

거듭남이 필요한 이유가 무엇이라고요?

하나님의 백성으로서 하나님 나라에 들어가기 위함입니다. 그러나 영적인 무지에 빠진 니고데모에게 거듭남은 너무 멀고도 먼 진실이었습니다. 그래서 예수님께 반문했습니다. 하지만, 그는 영적으로 무지했을 뿐만 아니라 완고했습니다.

요한복음 3장 10절의 말씀입니다.

> ¹⁰ 예수께서 그에게 대답하여 이르시되 너는 이스라엘의 선생으로서 이런 것들을 알지 못하느냐

예수님은 "너는 알지 못하느냐!"라고 니고데모를 책망하셨습니다. 율법의 대가, 존경받는 선생이자 랍비인 니고데모는 살아 계신 하나님이신 예수님과 대면하여 대화를 나누고 있으면서도 예수님의 말씀을 받아들이거나 인정하지 않았습니다. 예수님은 그런 자가 어찌 하늘의 일을 믿겠느냐면서 니고데모가 영적 진리를 깨닫는 것이 불가능하다는 사실을 지적하셨습니다.

요한복음 3장 12절의 말씀입니다.

> ¹² 내가 땅의 일을 말하여도 너희가 믿지 아니하거든 하물며 하늘의 일을 말하면 어떻게 믿겠느냐

하늘의 일을 말하면 어떻게 믿겠느냐?

이것이 영적 진리를 깨닫지 못하는 자들을 향한 주님의 지적입니다.

3. 거듭남의 진리

사랑하는 성도 여러분, 하늘의 일을 말하면 믿을 수 있겠습니까?
하늘의 일에 대해 알기를 원하십니까?

그렇다면 예수님께서 니고데모에게 말씀하셨던 하늘의 일, 거듭남의 진리를 잘 아셔야 됩니다.
요한복음 3장 5절의 말씀입니다.

> [5] 예수께서 대답하시되 진실로 진실로 네게 이르노니 사람이 물과 성령으로 나지 아니하면 하나님의 나라에 들어갈 수 없느니라

'물과 성령으로 난다'는 것은 '거듭난다'는 말입니다.
니고데모의 질문에 대한 예수님의 첫 번째 답변에서 '거듭나지 아니하면 하나님의 나라를 볼 수 없느니라'고 하셨을 때, '거듭나다'에는 '새롭게 다시 태어나다'와 '위로부터, 즉 하늘로부터 태어나다'라는 뜻이 담겨 있습니다.
시간적 의미로는 새로 태어나는 것이고, 장소적 의미로는 하늘에서 태어나는 것입니다. 이 둘을 종합해 보면, '거듭난다'의 참뜻은 '새롭게 다시 하늘로부터 태어나는 것'이 됩니다.
그렇기에 니고데모처럼 '거듭난다'는 말을 인간의 생물학적인 출생의 개념으로 이해하려 들면 영적인 진리로 접근할 수 없을뿐더러, 이해 불가능한 영역이 되는 것입니다. 니고데모는 생물학적 출생 개념과 사고방식에 사로잡힌 율법주의자였기 때문에 예수님께서 말씀하신 거듭남의 진리에 대해 어리둥절하여 엉뚱한 반문을 던진 것입니다.
요한복음 3장 4절의 말씀입니다.

> [4] 니고데모가 이르되 사람이 늙으면 어떻게 날 수 있사옵나이까 두 번째 모태에 들어갔다가 날 수 있사옵나이까

예수를 구주 삼은 자, 성령의 내주하심을 입은 자, 세례를 통해 다시 태어난 자가 우리입니다. 죄인은 하나님을 볼 수도 없고 하나님 나라에 들어갈 수도 없습니다. 예수님을 믿어 그리스도의 보혈로 정결함을 입은 자들이 아니면, 결코 하나님의 백성이 될 수 없습니다.

히브리서 9장 14절의 말씀입니다.

> [14] 하물며 영원하신 성령으로 말미암아 흠 없는 자기를 하나님께 드린 그리스도의 피가 어찌 너희 양심을 죽은 행실에서 깨끗하게 하고 살아 계신 하나님을 섬기게 하지 못하겠느냐

우리는 예수 그리스도를 믿는 믿음으로 죄사함을 받아 정결함을 입은 자들, 예수 그리스도의 이름으로 세례를 받고 죄사함을 얻어 성령을 선물로 받은 하나님의 백성입니다.

사도행전 2장 38절의 말씀입니다.

> [38] 베드로가 이르되 너희가 회개하여 각각 예수 그리스도의 이름으로 세례를 받고 죄사함을 받으라 그리하면 성령의 선물을 받으리니

죄사함을 받았습니까?
성령을 선물로 받았습니까?
그렇다면 진실로 거듭난 자입니다. 사도 바울도 거듭남에 대해 이렇게 말하고 있습니다.

로마서 8장 9절과 16절의 말씀입니다.

> [9] 만일 너희 속에 하나님의 영이 거하시면 너희가 육신에 있지 아니하고 영에 있나니 누구든지 그리스도의 영이 없으면 그리스도의 사람이 아니라

¹⁶ 성령이 친히 우리의 영과 더불어 우리가 하나님의 자녀인 것을 증언하시나니

성령이 우리가 하나님의 자녀라는 사실을, 하나님의 백성임을 증거해 주십니다.
요한복음 1장 12-13절의 말씀을 같이 읽겠습니다.

¹² 영접하는 자 곧 그 이름을 믿는 자들에게는 하나님의 자녀가 되는 권세를 주셨으니
¹³ 이는 혈통으로나 육정으로나 사람의 뜻으로 나지 아니하고 오직 하나님께로부터 난 자들이니라

하나님의 백성이 되기 위해 우리는 반드시 거듭나야 합니다.
하나님께로부터 새롭게 다시 태어난 여러분을 축복합니다. 예수님을 믿고 회개를 통해 죄 씻음을 받은 자들은 성령에 의해 신령한 자로 새롭게 변화되어 하나님 나라에 들어갈 수 있게 되었습니다. 이 사실을 머리로만 아는 데서 그쳐서는 안 됩니다.
하나님 나라는 실재합니다. 그 나라는 언젠가 새로 생기게 될 나라가 아닙니다. 예수님이 이 땅에 오셨을 때, "회개하라! 천국이 가까이 왔느니라"고 하셨습니다. 예수 그리스도로 말미암아 그리스도의 통치를 받는 주의 모든 백성은 이미 천국을 이 땅에서도 경험하게 됩니다.
잘 사는 나라, 좋은 복지 국가, 행복한 나라는 어떻게 정해집니까? 경제 지표와 정치 발전 정도로 강대국을 측정하기도 하고, 북유럽과 같이 사회 보장 수준이 높은 나라를 부강한 나라라고 일컫기도 합니다. 비록 가난한 아프리카 대륙의 나라여도 국민들의 행복 지수가 높으면 행복한 나라라고 불릴 수 있습니다.
하지만, 이런 나라들을 월등히 뛰어넘는 좋은 나라가 있습니다. 하나님이 다스리시는 나라는 우리의 상상을 초월한 좋은 나라, 의로운 나라입니

다. 성경에서 예수님께서 가장 중요하게 생각하신 것이 하나님 나라, 곧 천국입니다. 예수님은 당시 기득권을 행사하며 힘과 부와 명예를 자랑하는 교만한 율법주의자들에게는 천국에 대해 비밀로 하셨습니다. 예수님은 천국에 관해 많은 비유의 말씀을 하셨는데 그 비유를 알아들은 교만한 율법주의자들은 하나도 없었습니다.

반면, 예수님을 믿고 따르는 자들과 그 이름을 믿고 영접하여 거듭난 자들에게는 하나님 나라에 들어갈 수 있는 방법을 친히 알려주셨습니다.

예수님이 말씀하신 것을 믿고 하나님 나라를 소망하는 겸손한 자요, 거듭난 자가 되시길 소망합니다. 니고데모처럼 머리에 든 율법 지식만 자랑하며 정작 들어야 할 예수님의 말씀을 멀리하고 영적인 무지함을 보이는 자들이 되지 않으시길 바랍니다. 여러분은 하나님의 백성입니다.

성경은 왜 '거듭남의 진리에 대한 예수님과 니고데모의 질문과 답'을 기록한 것입니까?

이 말씀을 통해 우리가 무엇을 깨닫고 행하기를 독려합니까?

이 말씀을 통해 당시 유대인의 중심 세력이자 기득권자들이었던 바리새인들의 율법주의의 허구를 밝히고자 한 것입니다. 율법의 대가로 착각한 니고데모의 영적인 어리석음과 무지를 고발하고 있는 것입니다. 그러면서 예수님은 하나님 나라는 오직 거듭남을 통해서만 들어갈 수 있다는 진리를 명백하게 드러내셨습니다.

이 진리를 평생 잊지 마시길 바랍니다. 주 앞에서 지식을 자랑하지 마시길 바랍니다. 여러분이 가진 그 무엇으로도 천국에 들어갈 수 없습니다. 우리가 추구하는 좋은 나라, 의로운 나라 그 이상이 있습니다. 하나님의 나라만이 가장 완벽하며 유일하게 완전한 나라입니다.

우리가 가야 할 곳은 천국이며 이 땅에도 그 나라가 있음을 선포하며 그리스도를 통한 천국을 맛볼 수 있도록 증거하는 사명이 우리에게 있음을 깨닫길 바랍니다. 거듭남이 필요한 이유, 하나님의 백성이 되어 천국에 가기 위함이라는 그 진리를 널리 널리 전하시길 주님의 이름으로 축원합니다.

기도 제목

1. 예수님을 믿어 거듭난 하나님의 백성답게 완전한 의의 나라, 천국을 목표로 삼고 살아가도록

2. 거듭나지 않으면 하나님 나라에 들어가지 못한다는 진리를 널리 전할 수 있도록

3. 가장 완벽하고 유일하게 완전한 하나님 나라의 백성으로서 자부심과 긍지를 가지고 살아갈 수 있도록

6

죄로 죽었던 우리
[에베소서 2장 1절]

¹ 그는 허물과 죄로 죽었던 너희를 살리셨도다

우리는 예수님을 믿음으로 몸과 마음이 새롭게 되었습니다. 영적으로 새롭게 거듭난 사람들입니다. 거룩한 하나님 나라의 백성입니다.

그런데 거룩한 백성이라는 신분은 처음부터 우리의 것이 아니었습니다. 우리는 태어날 때부터 거룩한 상태는 아니었습니다. 죄로 죽었던 우리, 이것이 이 세상에서 처음 빛을 본 순간, 우리의 상태였습니다. 죄로 죽은 상태에서 우리는 태어났습니다. 이렇게 반문하실 수도 있습니다.

> 아니, 어떻게 이제 막 새 생명으로 탄생했는데, 죄를 말씀하십니까?

갓난아기는 마치 천사 같습니다. 엄마를 보고 생긋 웃는 아기는 '전혀 때 타지 않은 순백'에 더 가까워 보입니다. 순수한 얼굴에 흠이나 티가 없을뿐더러 죄는 가당치도 않습니다.

그렇다면 성경이 우리에게 거짓말을 하고 있는 것입니까?

아닙니다. 성경은 진리입니다. 죄로 죽었던 자, 이것이 성경이 말하는 우리의 본질입니다.

우리 주님께서는 <죄로 죽었던 우리>라는 제목으로 에베소서 2장 1절의 말씀을 통해 우리가 하나님 나라의 백성이 되기 이전의 상태가 무엇인지 알아보고, 죄로 죽었던 우리에게 필요한 거듭남의 은혜에 대해 다시 한 번 깨닫고 도전받기를 원하십니다.

에베소서 2장 1절의 말씀입니다.

> [1] 그는 허물과 죄로 죽었던 너희를 살리셨도다

1. 인간의 죽음은 하나님 책임이 아닙니다

하나님은 허물과 죄로 죽었던 우리를 예수 그리스도와 함께 살리셨습니다. 오직 긍휼이 풍성한 하나님의 은혜로 말미암아 예수 그리스도께서 십자가에 죽으심으로, 본질상 진노의 자녀요 불순종의 아들들인 우리에게 죄사함을 허락하시고 영원한 죽음에서 건져 새 생명을 주셨습니다.

> 죽었다고요?
> 다시 살아났다고요?
> 저는 죽은 적도 없고 다시 살아났다는 것도 못 믿겠습니다.
> 도대체 언제 제가 죽었다는 것입니까?
> 허물은 뭐고 죄는 또 무엇입니까?"

이렇게 질문하신다면, 여러분은 오늘 주님이 초청하셔서 복음의 말씀을 듣도록 예정된 영혼이 맞습니다. 궁금증이 생겨야 합니다. 한 구절 한 구절 시비를 걸라는 말씀이 아닙니다. 적어도 내가 거듭났다면, 구원받았다면, 구체적으로 어떤 상태에 놓여 있다가 새 사람이 된 것인지 궁금증이 생기는 것은 매우 당연합니다.

우리가 세상에 태어나 배운 것은 가정 교육이요, 이웃과 친척들이 말하거나 행동하는 모습들이요, 학교의 정규 과정이며 세상의 학문과 지식, 가치관들입니다.

교회에 나와 성경을 배우고 하나님의 존재를 배우지 않는다면, 어떤 누구도 원래 영적으로 죽은 자였다는 우리의 본질에 대해 설명해 주거나 가르쳐 주지 않기에, 알 수가 없습니다. 혹여 주변에 믿는 자들이 있다고 해도, 명확히 설명해 주기 힘듭니다. 신앙 서적을 보고 홀로 성경을 독파하는 일은 결코 쉽지 않습니다.

하나님께서 교회에 구원의 비밀과 경륜을 전할 사명을 주심으로 우리는 교회를 통해 진리를 깨달을 수 있습니다. 그 진리를 바탕으로 에베소서 2장 1절에 대한 궁금증을 완전하게 해소하시길 바랍니다.

여러분이 궁금해 하는 첫 번째 질문부터 답해 보겠습니다.

제가 언제 죽었습니까?

인류의 시조인 아담이 에덴동산에서 하나님께서 금하신 선악과를 따 먹은 다음 인간에게 죄가 들어왔습니다. 그 원죄로 말미암아 인류는 영적으로 죽은 상태로 태어나게 되었습니다.

창세기 2장 17절의 말씀입니다.

> [17] 선악을 알게 하는 나무의 열매는 먹지 말라 네가 먹는 날에는 반드시 죽으리라 하시니라

아담이 선악을 알게 하는 나무의 열매를 먹었기 때문에, 그 이후로 영적인 죽음을 맞이하게 되었습니다. 이와 동시에, 인간은 한 번 태어나면 누

구나 육체적인 죽음을 맞이하게 된 것입니다.

> 아담이 선악과를 따 먹은 것이 나와 무슨 상관이 있습니까?
> 아담의 죽음이 나와 무슨 상관이란 말입니까?

이런 질문이 생기실 것입니다.

그렇습니다. 아주 밀접한 상관이 있습니다. 이것을 이해하기 위해서는 '죄의 전가'라는 개념이 필요합니다. 아담의 죄가 모든 인류에게 전가되었기 때문에 아담의 죽음은 모든 인간의 죽음이 된 것입니다.

인간의 죄로 인한 죽음 그리고 이를 이길 구원과 영생을 이야기할 때, 많은 사람은 죽음과 영생이라는 대비된 설정 자체를 거스르려고 합니다.

> 하나님은 애초에 에덴동산에 선악과를 두지 말았어야 한다. 그래서 아담이 선악과를 먹고 죄를 지을 가능성을 애초에 완벽히 차단했어야 한다. 그랬다면 우리는 원죄를 안고 태어날 일도 없고, 살면서 자범죄를 지으며 믿음의 선한 싸움을 하며 죄와 씨름하는 성화의 과정을 겪지 않아도 된다. 매일 죄와 싸우며 천성에 가기까지 자기 십자가를 지고 자기 부인하는 삶이 너무 힘겹다. 나 혼자도 건사하기 힘든데 교회와 세상에서 빛과 소금으로 살아야 하고 원수가 득실거리는 이웃들을 사랑하는 일도 전혀 내 일이 아닌 것 같다.

이는 창조주로부터 만들어진 피조물이 자신을 지으신 하나님 자체를 부인하는 말입니다. 인간의 죽음의 책임은 하나님께 있지 않습니다. 하나님은 죄가 없는 인간을 죽이신 것이 아닙니다.

하나님이 세상을 만드실 때, 누구를 위해 창조하셨습니까?

창세기 말씀을 통해, 7일간 만물을 조성하신 하나님의 관심은 오직 인간에게 있었음을 확인할 수 있습니다. 성경은 우주와 그 안의 모든 것이 하나님께서 "보시기에 심히 좋았다!"라고 말씀하십니다.

창세기 1장 6절의 말씀입니다.

> ⁶ 하나님이 지으신 그 모든 것을 보시니 보시기에 심히 좋았더라 저녁이 되고 아침이 되니 이는 여섯째 날이니라

창조 첫날부터 다섯째 날까지 빛, 궁창, 땅, 식물, 해, 달, 별, 새, 물고기를 만드시고 심지어 여섯째 날에 짐승을 만들 때까지도 하나님이 보시기에 좋은 정도였습니다.

하지만, 하나님께서 인간을 만드시고 그 만들어진 것을 보시고 "심히 좋다"고 말씀하십니다. 그렇기 때문에 하나님이 인간을 길들이고 자신의 아래 두시며 복종을 요구하시기 위해 인간을 죽게 만드신 다음, 그 인간들이 죽지 않으려고 하나님을 믿고 경배하게 만들었을 것이라는 불경건한 생각은 하지 말아야 합니다.

하나님은 인간이 에덴동산에서 하나님과 영적으로 교통하는 존재로 영원히 살 수 있도록 만드시고 심히 기뻐하셨습니다. 에덴동산의 모든 풍요로움과 영적인 충만함을 다 누리도록 하셨습니다.

다만 한 가지, 죽음을 면할 방법을 제시하셨는데, 선악과를 먹지 말라는 것입니다. 하나님은 인간을 만드시고 그 인간이 살아가는 원리를 정해 놓으셨습니다.

따라서, 하나님께로부터 창조된 인간은 하나님이 정해 놓으신 원리에 따라 살아가야 합니다. 정해 놓으신 원리를 깨고 어긴 것은 인간이지, 하나님이 아닙니다.

원리를 왜 하나님이 만들어요?

이런 어리석은 질문은 하지 마시길 바랍니다. 제작자가 작품과 제품의 원리를 만들고 정하지, 작품과 제품이 원리를 만들어 제작자에게 제시할 수는 없는 일입니다. 창조주 하나님이 인간을 만드셨기 때문에, 피조물인 인간은 하나님께서 정해 놓으신 원리를 따라 살아가야 합니다. 그래야 제대로 작동할 수 있습니다.

제가 지금 뭐라고 말씀드렸습니까?

'원리대로, 제대로 작동되어야 한다'라고 말씀드렸습니다. 이제 우리는 오늘 본문이 말하는 '허물과 죄는 도대체 무엇입니까?'라는 질문에 답할 수 있습니다.

에베소서 2장 1절의 말씀을 다시 한번 보시길 바랍니다.

¹ 그는 허물과 죄로 죽었던 너희를 살리셨도다

2. 거듭남이 필요한 이유

'허물'은 표준에서 벗어난 상태를, '죄'는 하나님이 정한 기준에서 어긋난 행위를 의미합니다. 허물과 죄는 하나님이 정해 놓으신 원리, 기준, 표준에서 벗어나거나 어긋한 상태와 행위를 말합니다.

에덴동산에서 선악과를 먹으면 죽는다는 하나님이 정하신 원리, 기준, 표준에서 벗어나 어긋난 행위를 한 것은 하나님이 아니라 사람입니다. 즉, 허물과 죄를 지은 것은 하나님이 아니라 사람입니다.

사람들이 흔히 하는 말 중에, 이런 말이 있습니다.

원리 원칙에 맞는 말을 해라, 행동을 해라!

세상에 많은 원리 원칙이 있지만 이것은 어디까지나 실수와 한계 투성이인 인간이 만들어 낸, 완전하지 못한 원리 원칙에 불과합니다.

모든 인간이 따라야 할 것은 오직 말씀입니다. 하나님의 말씀만이 영영히 서는, 항구적으로 옳고 맞는 모든 인간의 원리 원칙이요, 기준이자 표준이 된다는 사실을 잊지 마시길 바랍니다.

허물과 죄를 통한 죽음의 책임은 인간에게 있습니다. 그런데 긍휼이 풍성하신 하나님은 인간을 영원한 죽음의 상태에 내버려 두지 않으셨습니다. 은혜와 자비와 큰 사랑으로 예수님과 함께 살리시어 영광으로 들어가도록 해 주셨습니다.

에베소서 2장 4-6절의 말씀을 같이 읽겠습니다.

> [4] 긍휼이 풍성하신 하나님이 우리를 사랑하신 그 큰 사랑을 인하여
> [5] 허물로 죽은 우리를 그리스도와 함께 살리셨고 (너희는 은혜로 구원을 받은 것이라)
> [6] 또 함께 일으키사 그리스도 예수 안에서 함께 하늘에 앉히시니

예수 그리스도로 말미암아 죄로 죽었던 우리는 거룩한 성도가 되었습니다. 하나님의 백성과 동일한 시민권자가 되었습니다. 하나님의 가족이 되었습니다. 우리는 진실로 거듭났습니다. 여기서 우리는 거듭남이 필요한 두 번째 이유를 확인할 수 있습니다.

거듭남이 필요한 첫 번째 이유가 하나님의 백성이 되기 위함이었다는 것을 기억하실 것입니다. 그리고 거듭남의 두 번째 이유가 죄로 죽었던 우리의 상태 때문이라는 사실을 알 수 있었습니다. 이 둘을 합해 보시길 바랍니다.

죄로 죽었던 우리, 거듭남, 하나님의 백성!

죄로 죽었던 우리와 하나님의 백성 사이에는 반드시 거듭남이 필요하다는 이 원리를 평생 잊지 마시길 바랍니다. 우리가 거듭나야 하는 이유는

죄로 죽을 수밖에 없었던 우리의 운명을 거듭남을 통해 영생을 소유하는 하나님의 백성으로 바꾸기 위함임을 기억하시길 바랍니다.

죽을 수밖에 없는 운명은 거듭남을 통해서만 되돌릴 수 있습니다.

> 운명을 바꾸려면 어떻게 해야 하나요?

세상은 이런 질문에 여러 가지 답을 내놓고 있습니다. 이름을 바꾸면 운명이 바뀐다고 믿고 개명을 합니다. 관상이 바뀌면 운명이 바뀐다고 주장하는 분들도 있습니다. 언어의 씨앗을 잘 심으면 긍정적으로 삶이 변해서 운명이 바뀐다고 하기도 합니다. 습관을 바꾸면 운명까지 바꿀 수 있다는 호기로운 주장도 있습니다. 때론 가난과 저학력을 극복하고 성공하여 인생을 바꾸려고 사회 운동을 펼치거나, 힘 있는 자들 곁에서 떨어진 부스러기라도 붙잡고 권력층으로 올라가려는 야망을 키우며 운명을 바꾸려고 합니다.

무엇이 맞는 걸까요?

세상이 주장하는 원리 원칙으로 삶의 모습이 달라질 수 있을지는 몰라도 죄로 죽을 수밖에 없는 운명은 바꿀 수 없습니다. 죽음을 영생으로 돌릴 운명의 터닝 포인트는 거듭남에 있습니다.

3. 허물과 죄로 죽었던 우리를 살리신 예수

에베소서에서 '죄로 죽었던 너희'와 동일한 의미로 나오는 용어가 2개 더 있습니다.

에베소서 2장 1절-3절의 말씀입니다.

> ¹ 그는 허물과 죄로 죽었던 너희를 살리셨도다
> ² 그 때에 너희는 그 가운데서 행하여 이 세상 풍조를 따르고 공중의 권세 잡은 자를 따랐으니 곧 지금 불순종의 아들들 가운데서 역사하는 영이라
> ³ 전에는 우리도 다 그 가운데서 우리 육체의 욕심을 따라 지내며 육체와 마음의 원하는 것을 하여 다른 이들과 같이 본질상 진노의 자녀이었더니

'허물과 죄로 죽었던 너희'와 '불순종의 아들들'과 '본질상 진노의 자녀'가 우리의 본질입니다. 하나님의 백성으로 거듭나기 전의 상태입니다. 여기서 '진노의 자녀'는 명백히 하나님의 자녀와 반대되는 말입니다.

진노의 자녀는 사람이 진노한다는 말이 아닙니다.

에베소서 2장 3절에서 말하는 진노의 자녀는 무엇을 말하고 있습니까?

성경은 화를 잘 내는 성질을 가진 사람을 진노의 자녀라고 정의하지 않습니다. 다혈질이고 급한 성격이어서 급발진하는 사람을 진노의 자녀로 명명하지 않습니다.

하나님의 진노를 받은 상태가 진노의 자녀입니다. 죄로 인해 불순종하는 진노의 자녀들은 하나님의 진노를 받은 상태이기에, 아무리 힘쓰고 애쓴다고 해도 진노의 상태에서 벗어날 수 없습니다. 이를테면, 앞서 말한 개명과 성형으로 관상을 바꾸는 일, 선한 말투를 쓰는 일, 좋은 습관을 만들고 사회 운동을 하고 권력의 하수가 되는 일로는 결코 하나님의 진노에서 벗어날 수 없다는 말입니다.

하나님의 진노에 놓인 자들은 하나님의 영향력 아래 있지 않고 사탄의 영향력 아래 놓입니다. 그 대표적인 예가 하나님의 영향력 아래 있다가 사탄의 하수가 된 예수님의 제자 가룟 유다입니다.

모든 인간은 하나님의 영향력 아래 있든지, 사탄의 영향력 아래에 있든지 둘 중 하나에 속할 수밖에 없습니다. 사탄의 영향력 안에 있는 자는 스스로 하나님의 진노를 받은 상태에 놓인 자의 운명을 따를 뿐입니

다. 가까이에 있는 구원의 통로인 예수님을 믿고 따르지 못하고 은 삼십에 예수님을 사탄의 하수들에게 팔아 버릴 정도로 어리석은 일만 만들어 냅니다.

누가복음 22장 3절 말씀과 요한복음 13장 2절의 말씀입니다.

[3] 열둘 중의 하나인 가룟인이라 부르는 유다에게 사탄이 들어가니

[2] 마귀가 벌써 시몬의 아들 가룟 유다의 마음에 예수를 팔려는 생각을 넣었더라

사랑하는 성도 여러분, 예수 그리스도는 죄로 죽었던 불순종의 아들들이자 진노의 자녀인 우리를 구원하실 유일한 분입니다. 하나님의 진노에서 돌이켜 구원과 생명의 길로 인도하시고, 하나님의 백성이라는 거룩한 신분을 획득하게 하실 유일한 구원주가 되시는 분이 우리가 믿는 예수 그리스도이심을 믿으시길 바랍니다.

그러니, 이 세상의 모든 사람은 둘 중 하나를 택해야 합니다. 예수님을 믿어 하나님의 지배를 받아 영원한 생명을 누리며 살 것인지, 예수님을 믿지 않고 사탄의 지배를 받아 영원한 죽음의 상태에 그대로 머물러 있을 것인지 선택해야 합니다.

에베소서 2장 1절의 말씀입니다.

[1] 그는 허물과 죄로 죽었던 너희를 살리셨도다

이 거듭남의 은혜가 우리의 것입니다. 우리는 더 이상 사탄의 지배력과 영향력 아래 있는 자들이 아닙니다. 우리는 하나님의 풍성하신 사랑과 예수 그리스도의 은혜 안에 거하는 자들이 되었습니다.

우리의 신분은 변화되었습니다. 더 이상 하나님의 진노를 받은 상태인 '진노의 자녀'가 아닙니다. 하나님이 기뻐하시고 사랑하시는 하나님의 자녀, 하나님 나라의 백성입니다. 우리의 운명은 죄를 이기고 승리하신 예수님의 크고 놀라우신 십자가 사랑으로 '영벌과 지옥'에서 '영생과 천국'으로 바뀌었습니다.

그러니 더 이상 죄와 사탄이 원하는 육체의 욕심의 길에서 벗어나, 의와 평강의 길로 나아가시길 바랍니다. 속사람으로 강건하게 되시길 소망합니다. 사랑으로 행하시길 바랍니다.

하나님의 충만한 것으로 더욱 충만해지길 바랍니다. 이것은 바울의 기도요, 오늘날 모든 성도를 위해, 기도할 바를 알지 못하는 연약한 우리를 위해, 무시로 기도하시는 성령의 기도이기도 합니다.

에베소서 3장 16-19절의 말씀을 보시길 바랍니다.

> [16] 그의 영광의 풍성함을 따라 그의 성령으로 말미암아 너희 속사람을 능력으로 강건하게 하시오며
> [17] 믿음으로 말미암아 그리스도께서 너희 마음에 계시게 하시옵고 너희가 사랑 가운데서 뿌리가 박히고 터가 굳어져서
> [18] 능히 모든 성도와 함께 지식에 넘치는 그리스도의 사랑을 알고
> [19] 그 너비와 길이와 높이와 깊이가 어떠함을 깨달아 하나님의 모든 충만하신 것으로 너희에게 충만하게 하시기를 구하노라

세상 자랑과 능력을 구하지 마십시오. 속사람이 강건해지셔서 스스로와 교회공동체의 지체들을 위해 기도하시길 바랍니다. 무엇보다 그리스도의 사랑이 가득하길 바랍니다. 사랑 없이 울리는 꽹과리와 같은 허탄한 말을 삼가고 행함과 진실함으로 서로 사랑하시길 부탁드립니다.

부디 바라기는 우리가 사망에서 생명으로 거듭난 존재로서 새롭게 창조되었다는 사실을 잊지 마시고 말씀과 기도로 더욱 속사람이 강건하여져서, 신성한 성품의 소유자로서 살아가는 성도님들이 되시길 주님의 이름으로 축원합니다.

기도 제목

1. 하나님이 정하신 원리와 기준을 따라 살아가는 자들이 되도록

2. 허물과 죄로 죽을 수밖에 없던 우리를 살리신 하나님의 사랑과 예수 그리스도의 은혜를 잊지 않고 감사하는 자들이 되도록

3. 거듭난 하나님의 백성으로서 속사람이 강건하여져서 거룩한 성품과 그리스도의 사랑을 드러낼 수 있도록

제3부

거듭남의 중요한 요소

7

성령
[에스겔 11장 19절]

> **19** 내가 그들에게 한 마음을 주고 그 속에 새 영을 주며 그 몸에서 돌 같은 마음을 제거하고 살처럼 부드러운 마음을 주어

1. 동일하신 성령님

거듭난 자는 예수님을 믿음으로 몸과 마음이 새롭게 되었습니다. 우리는 영적으로 새롭게 거듭난 자이며, 거룩한 하나님 나라의 백성입니다.

죄로 죽었던 우리가 거듭나 하나님의 백성이 되려면 '성령의 역사하심'이 있어야 합니다. 성령의 역사하심, 이 말을 들으면 우리는 바로 예수 그리스도와 연결해 생각해야 합니다.

언제 성령이 강림하셨습니까?
우리가 어떻게 성령의 내주하심을 입게 되었습니까?
구약 시대의 믿음의 선진들과 신약 시대를 사는 우리의 거듭남에는 어떤 차이가 있습니까?

어떤 이들은 구약에는 거듭남이 없었다고 부정합니다. 하지만, 그들은 거듭남에 대해 하나만 알고 둘은 모르는 자입니다.

거듭남은 세례를 통해 공적으로 '저는 예수님을 믿습니다. 십자가에서 죽고 다시 살아났습니다. 이제부터 성도로서 교회의 일원이 되었습니다'와 같은 좁은 의미는 물론, 더 넓은 의미로 영적으로나 도덕적으로 회개를 통해 변화된 상태를 포함합니다.

무엇이 맞을까요?

외적인 신앙고백이 거듭남의 전부가 아닙니다. 가시적으로 교회에 등록했다는 것이 거듭남의 전부가 될 수 없습니다. 오히려 우리는 그리스도를 믿음으로 내주하신 성령 안에서 순종함으로 말씀과 기도로 정결해지는 성도의 변화에 주목해야 합니다. 마음이 순결해져서 내면이 그리스도의 것으로 가득 찬 자만이 '거듭난 자'라 불리기에 합당합니다.

그렇기 때문에 구약 시대에 하나님의 마음에 합한 자로 의롭게 믿음 안에서 산 자들을 거듭나지 않은 자였다고 비난할 이유는 없습니다.

사랑하는 성도 여러분, 태초부터 하나님과 함께하신 성령은 구약이나 신약이나, 지금 이 순간에도 동일한 분이심을 기억하시길 바랍니다. 성령은 죄 된 우리를 거룩하게 하시는 위대한 분이라는 사실을 기억하시길 바랍니다.

우리 주님께서는 <성령>이라는 제목으로 에스겔 11장 19절의 말씀을 통해 우리의 거듭남에 있어 성령이 무슨 일을 하시는지 깨닫고, 그 성령을 마음에 모시기에 힘쓰는 자들이 되길 원하십니다.

2. 성령으로 거듭난 새로운 마음

에스겔 11장 19절의 말씀입니다.

> ¹⁹ 내가 그들에게 한 마음을 주고 그 속에 새 영을 주며 그 몸에서 돌 같은 마음을 제거하고 살처럼 부드러운 마음을 주어

이 구절은 '구약에는 성령을 통한 거듭남의 개념이 없어!'라고 주장하는 잘못된 생각을 교정하기 위해 자주 등장합니다.

물론, 본문에서 말하는 '새 영'이 성령을 지칭하는 것은 아닙니다. 여기서의 '새 영'은 돌 같은 마음과 반대되는 '새로운 마음'을 의미합니다. 에스겔 선지자는 하나님께서 반드시 돌 같은 마음을 없애 주시고, 그분의 주권적인 역사로 '새로운 마음'을 그의 백성에게 주실 것을 예언했습니다. 그리고 이와 같은 언약은 예수 그리스도께서 이 땅에 오셔서 십자가에 죽으심과 성령의 강림하심으로 성취되었습니다.

그렇다면, 에스겔 선지자는 누구에게, 무엇 때문에, 지금 당장이 아니라 장차 성취될 '미래적인 이야기'를 말하고 있는 것입니까?

구약 선지자인 에스겔은 누구에게, 왜 미래에 이뤄질 언약을 이야기하고 있습니까?

에스겔서의 배경을 잠깐 살펴보면, 이 질문의 해답을 얻을 수 있습니다. 에스겔서는 1차 저자가 하나님이시지만, 에스겔 선지자를 통해 기록되었습니다. 그는 이스라엘 민족이 2차로 바벨론에 포로로 잡혀가던 당시 여호야긴왕과 함께 바벨론에 사로잡혀 갔다가 그곳에서 선지자로 부르심을 받았습니다. 에스겔 선지자는 포로로 잡혀 온 이스라엘 백성들에게 예언을 선포했습니다. 하나님께서 범죄로 인해 멸망하게 된 당신의 백성에게 반드시 새로운 마음을 주셔서, 깨끗하게 하시고 회복시켜 주실 것을 예언

했습니다.

에스겔 선지자는 포로된 이스라엘 백성에게 '굳은 마음이 아니라 새로운 마음을 주실 것이다, 회복시켜 주실 것이다'라는 소망을 선포했습니다. '지금은 포로된 신분으로 낮아져 있고 약해져 있으나, 하나님은 우리를 다시 일으켜 세워주시고 새로운 마음으로 강하게 하실 것'이라는 약속의 성취를 예언했습니다.

에스겔이라는 이름의 뜻은 '하나님은 강하시다', '하나님께서 강하게 하실 것이다'입니다. 그 이름의 의미에 걸맞게, 하나님께서는 그분의 주권적인 역사하심과 권능으로 죄 된 그분의 백성을 정화하시고 거듭나게 하심으로 강하게 해 주실 것이라는 메시지를 전했던 것입니다.

참으로 성령으로 거듭난 자들은 죄로 죽어 멸망할 자가 아니요, 사탄의 유혹에 넘어져 쓰러지고 마는 약한 자가 아닙니다. 죄와 사망을 이기고 승리하는 강한 자가 된다는 사실을 기억하시길 바랍니다.

성도들이 낙심되고 지칠 때는 자신의 약함을 바라보고 직시할 때입니다. 일명 '현타'가 왔다고 하는데 '현타'야 말로 우리 그리스도인이 외면해야 할 '현실적인 바라봄'입니다.

우리의 약함을 현실적인 눈으로 봐서는 도무지 해답이 나오질 않습니다. 성령으로 새롭게 된 자들이 과거의 죄 된 습성에 얽매여서 세상적인 눈으로 자기를 학대하는 현실 자각의 시간을 왜 가져야 합니까?

만약 주님이 그것을 원하셨다면, 에스겔 선지자를 통해서 과거 포로된 이스라엘 백성들에게 주님을 통한 구원 역사를 미리 알리지 않으셨을 것입니다. 만일 주님이 구원이 아닌 멸망으로 인류의 운명을 끝맺기를 원하셨다면, 성령으로 거듭난 강한 마음, 새로운 마음이 아닌 돌 같은 마음으로 계속 살도록 내버려두셨을 것입니다.

하지만, 주님은 인류가 죄로 인해 멸망 당하길 바라지 않으셨습니다. 에스겔 11장 19절의 말씀을 다시 한번 보시길 바랍니다.

> ¹⁹ 내가 그들에게 한 마음을 주고 그 속에 새 영을 주며 그 몸에서 돌 같은 마음을 제거하고 살처럼 부드러운 마음을 주어

지금 이 구절을 현대적인 말로 풀어 간단하게 설명한다면 "죄 된 마음을 없애주고 성령으로 거듭난 새로운 마음을 줄 거야!"라는 의미가 됩니다. 여기서 '한 마음'은 여호와 하나님 한 분만을 향한 순전하고 깨끗한 마음을, '새 영'은 하나님만 섬기는 온전하고 순결한 심령을 말합니다.

결국, '한 마음과 새 영'은 과거 우상 숭배와 죄로 얼룩진 마음, 하나님의 뜻을 헤아리지 않았던 마음과는 전혀 다른 '새로운 마음'인 것입니다.

이스라엘 백성에게 새로운 마음이 필요한 이유는 무엇일까요?

왜 성령의 역사로 말미암은 거듭남이 필요했습니까?

이스라엘 백성은 선민이라는 정체성을 잊어버리고, 하나님과 우상을 겸하여 섬기며 여호와 중심 신앙을 변질시켰기 때문에 멸망 당할 수밖에 없었습니다. 그렇기 때문에 그들이 멸망에서 벗어나기 위해서는 바른 신앙을 재정립하는 일이 가장 우선되어야 했습니다.

그렇다면 바른 신앙이란 무엇입니까?

> 저 교회에 다녀요.

이 말이 어떻게 들리십니까?

'교회에 다닌다'가 '바른 신앙을 가졌다'와 동의어가 될 리 만무합니다.

> 저는 하나님을 믿습니다.

이 말은 어떻게 들리십니까?

'하나님을 믿는다'와 '바른 신앙을 가졌다'도 같은 말이 아닙니다.

에스겔 선지자는 이스라엘 백성에게 이렇게 말하고 있습니다.

> 너희가 모든 민족 중에 특별하게 선택되어 구별된 선민이 되었어. 그런데 이런 사실이 너희가 거룩한 하나님 나라 백성으로 살고 있다는 것과 동일한 말이 될 수는 없어.
> 너희 행실을 보아라, 삶을 좀 들여다 봐!
> 우상 숭배에 빠져 가증한 것들이 가득한 너희 모습을 똑바로 좀 보고 이야기해. 하나님 말씀을 아예 내다 버린 사람처럼 돌 같은 굳은 마음으로 살고 있는 너희를 직시해. 이제라도 말씀대로 살아.
> 새롭게 성령으로 거듭난 마음으로 진짜 하나님 백성다운 삶의 모습으로 변화되어야 해!

에스겔서 11장 18절부터 20절까지의 말씀입니다.

> [18] 그들이 그리로 가서 그 가운데의 모든 미운 물건과 모든 가증한 것을 제거하여 버릴지라
> [19] 내가 그들에게 한 마음을 주고 그 속에 새 영을 주며 그 몸에서 돌 같은 마음을 제거하고 살처럼 부드러운 마음을 주어
> [20] 내 율례를 따르며 내 규례를 지켜 행하게 하리니 그들은 내 백성이 되고 나는 그들의 하나님이 되리라

이 말씀을 오늘날 우리에게 적용해 볼까요?

우리가 하나님의 선택과 예정하심으로 말미암아 악한 세상에서 구별되어 거룩한 성도로 교회에 나오고 있다는 말을 '바른 신앙을 가지고 살아가고 있다. 신실한 주의 나라 백성 일꾼으로 온전한 삶을 살고 있다'라는 말과 동일한 것으로 여겨서는 안 됩니다.

우리는 이미 외적인 신앙고백이 거듭남의 전부가 아니요, 교회에 등록한 것이 거듭남의 전부가 될 수 없다는 것을 알고 있지 않습니까?

성도는 예수 그리스도를 믿음으로 내주하신 성령 안에서 순종하면서 말씀과 기도로 정결해지는 삶의 변화가 반드시 수반되어야 합니다.

그런 변화가 없다면, 과거의 모습과 성령으로 거듭난 지금의 모습이 별반 다를 것이 없다면, 우리는 거듭난 자로 합당한 삶을 살고 있는지, 바른 신앙을 갖고 있는지에 대해 스스로를 점검해 보아야 합니다.

3. 하나님의 형상을 회복하라

에베소서 4장 24절과 골로새서 3장 10절의 말씀입니다.

> 24 하나님을 따라 의와 진리의 거룩함으로 지으심을 받은 새 사람을 입으라

> 10 새 사람을 입었으니 이는 자기를 창조하신 이의 형상을 따라 지식에까지 새롭게 하심을 입은 자니라

새 사람을 입은 자는 하나님의 형상을 회복해야 합니다. 거듭난 자의 숙제는 잃었던 하나님의 형상을 되찾는 일입니다.

우리는 허물과 죄로 죽을 수밖에 없었던 과거의 상태에서 거듭남을 통해 하나님의 백성이 된 것이 아닙니까?

구원받은 자는 반드시 거듭나야 합니다. 부르심을 받은 자들에게는 새 사람을 입는 거듭남이 반드시 뒤따릅니다.

> 저는 교회 다니고 예수님 믿는 선한 사람으로 보이기만 하면 돼요. 내면을 송두리째 바꾸는 일은 예전에도 없었고 지금도 마찬가지로 없습니다. 나중에도 별로 그런 일은 없을 것 같은데요?

이렇게 말할 수 없습니다. 성령을 통한 거듭남이란, 인간이 이를 거부하거나 취소할 수 없는 특성을 가집니다. 거듭남이란 성령의 역사하심에 의해 잃었던 영적 생명을 다시 찾는 초자연적인 변화, 그 자체로 순간적이고 초자연적이며 근본적인 변화입니다. 영적으로 다시 살아나게 되고, 하나님에 대한 증오는 사랑으로 바뀌고, 하나님에 대해 무저항으로 바뀝니다. 그리스도 밖에 있던 외인이 그리스도 안에 있는 사람으로 변하는 것입니다.

이렇게 거듭난 자에게는 성령께서 새로운 마음을 주셔서 죄를 멀리하고 회개와 바른 신앙이 가능하도록 이끌어 주십니다. 거듭남 자체는 성령에 의한 초자연적이고 신비한 일이지만, 거듭남을 경험한 자들에게는 거듭남에 합당한 거룩한 삶으로 나아가야 할 책임이 뒤따르는 것입니다. 칭의와 성화가 별개의 일이 아닌 것처럼, 구원받은 자는 거듭남을 통해 새 마음이 되어 하나님만을 온전히 좇고 따르는 자로 변화되어야 합니다.

그래서 에스겔 선지자는 멸망의 위기에 놓인 이스라엘 백성에게 유일한 소망인 새로운 마음에 대해 선포한 것입니다. 성령의 역사로 말미암은 거듭남이 주는 소망이야말로, 우상 숭배에 빠진 이스라엘 백성이 죄를 멀리하고 온전히 하나님만 찾는 선민의 정체성을 회복하고 순수한 여호와 중심 신앙을 되찾는 길이었기 때문입니다.

에스겔 36장도 같은 메시지를 주고 있습니다. 25-28절의 말씀입니다.

> [25] 맑은 물을 너희에게 뿌려서 너희로 정결하게 하되 곧 너희 모든 더러운 것에서와 모든 우상 숭배에서 너희를 정결하게 할 것이며

²⁶ 또 새 영을 너희 속에 두고 새 마음을 너희에게 주되 너희 육신에서 굳은 마음을 제거하고 부드러운 마음을 줄 것이며

²⁷ 또 내 영을 너희 속에 두어 너희로 내 율례를 행하게 하리니 너희가 내 규례를 지켜 행할지라

²⁸ 내가 너희 조상들에게 준 땅에서 너희가 거주하면서 내 백성이 되고 나는 너희 하나님이 되리라

여러분, 에스겔 선지자가 11장에서 했던 예언과 선포가 36장에도 동일하게 나오고 있습니다. 말씀은 같은데 이스라엘 백성이 당한 현실은 11장 때와 36장 때가 다릅니다.

어떻게 달라졌습니까?

결론부터 말씀드리자면, 11장은 이스라엘 백성이 멸망 당하기 전이고, 36장은 이스라엘 백성이 멸망한 다음입니다. 이스라엘 백성이 멸망 당하기 전이나 후나, 에스겔 선지자의 메시지는 한결같습니다. 그 한결같은 메시지는 바로 선민의 정체성과 순수한 여호와 중심 신앙의 회복입니다.

에스겔 선지자는 25살 때 바벨론으로 끌려가 30살이 되었을 때 바벨론 땅에서 선지자로 부르심을 받았습니다. 그리고 7년 후 남 유다가 바벨론에 의해 멸망 당했습니다(B.C.586). 그러니까 에스겔 선지자는 30살부터 7년간은 남 유다 멸망 전에 예언을 선포하였고, 37살 이후 15년 동안은 남 유다 멸망 이후에 예언을 선포하며 살았단 것입니다. 11장은 바로 에스겔 선지자가 남 유다 멸망 전 7년 사이에 전한 메시지이고, 36장은 남 유다 멸망 다음에 선포한 메지지인 것입니다.

이를 통해 무엇을 알 수 있습니까?

멸망을 면할 방법도, 멸망 당한 다음 회복할 방법도 오직 하나님 중심의 바른 신앙을 가지고 선민답게, 구별된 성도답게 살아가는 것이 유일한 길이라는 진리입니다.

성경은 진리입니다. 내 상황에 따라 입맛에 맞게 짜맞출 수 있는 말이 아닙니다. 성경은 우리의 상황과 환경을 뛰어넘어 동일하게 내려집니다. 하나님은 오늘 우리에게도 말씀하고 계십니다. 멸망이 아닌 구원으로 가는 길은 거듭난 자답게 살아야 한다는 것입니다.

4. 성령으로 거듭나다

성령은 초자연적인 역사로 허물과 죄로 죽었던 영혼들에게 새로운 영적 생명을 불어넣어 주십니다. 이런 신비가 우리가 이미 경험한 거듭남의 비밀입니다.

그리고 거듭남을 주도한 성령은 새로운 마음을 받아 새 사람이 된 우리에게 지속적으로 역사하시어 새로운 삶과 열매를 맺도록 도우십니다.

> 저는 거듭남이 필요 없습니다. 도덕적으로 흠이 없고 법 없이 살아도 될 정도로 흠이 없어요. 털어서 먼지 하나 안 나는 사람이고 성경적 가르침 없이도 죄 안 짓고 잘 살 수 있습니다.

이렇게 생각하는 분이 계시다면 속히 그 생각을 고치시길 바랍니다. 선한 사람이 되기 위해 거듭남이 필요한 것이 아닙니다. 우리는 구원을 받기 위해 거듭나야 합니다.

다시 한번 정리해서 말씀드리겠습니다.

거듭남에는 두 가지 뜻이 있습니다. 좁은 의미의 거듭남과 넓은 의미의 거듭남입니다. 좁은 의미의 거듭남은 '성령으로 거듭나는 것'을 가리킵니다.

요한복음 3장 5절의 말씀입니다.

> ⁵ 예수께서 대답하시되 진실로 진실로 네게 이르노니 사람이 물과 성령으로 나지 아니하면 하나님의 나라에 들어갈 수 없느니라

넓은 의미의 거듭남은 성령으로 거듭난 사람이 하나님의 말씀을 받아들이고 새로운 삶을 행동으로 표현함으로써 옛 생활을 떠나 '새 생활을 하게 되는 것'을 가리킵니다.
베드로전서 1장 23절의 말씀입니다.

> ²³ 너희가 거듭난 것은 썩어질 씨로 된 것이 아니요 썩지 아니할 씨로 된 것이니 살아 있고 항상 있는 하나님의 말씀으로 되었느니라

그렇기 때문에 에스겔 선지자는 새로운 마음으로 새 생활을 하라고 담대하게 선포할 수 있었던 것입니다.
에스겔 11장 19절을 우리에게 주신 말씀으로 받아들이시길 바랍니다.

> ¹⁹ 내가 그들에게 한 마음을 주고 그 속에 새 영을 주며 그 몸에서 돌 같은 마음을 제거하고 살처럼 부드러운 마음을 주어

하나님과의 관계가 소원하십니까?
자꾸 거듭나기 전의 의기소침한 마음으로 되돌아가십니까?

> 내가 무엇을 할 수 있겠어. 내가 세상 속에 있는 사람과 무슨 차이야?
> 부르심을 받았다고 하는데 그게 뭔지도 모르겠어.

이런 마음이 계속 드십니까?

하나님 나라와 의를 먼저 구하는 새로운 마음이 아니라, 말씀이 하지 말라는 것에 끌리고, 자꾸 본성을 자극하는 마음만 드십니까?

누군가와 부딪힐 때마다 용서하지 못하십니까?

여전히 세상 속에서 방황하십니까?

하나님보다 내 자의적 생각이 우선되어 돌 같이 굳은 마음으로 더 혼란스럽고 그로 인해 좌절하진 않습니까?

에스겔 선지자는 이스라엘 백성들이 하나님의 율법을 어긴 죄로 멸망 당할 수밖에 없는 처지에 놓였을지라도 절망하지 말라고 소망의 말씀을 선포했습니다.

혹시 지금 멸망 당했습니까?

아직 아니지 않습니까?

에스겔 선지자는 이스라엘 백성에게 이제라도 깨닫고, 하나님을 향한 온전한 마음을 회복하라고 권면합니다. 그러기 위해서는 자신의 죄에 대해 민감하게 반응하고, 조금만 죄를 지어도 애통하는 심령으로 변화돼야 합니다.

거듭남에 있어 성령은 우리가 죄에 민감하게 반응하고 하나님의 뜻을 헤아리는 자들이 되도록 회개의 마음을 불어넣어 주십니다. 성령은 강권적인 역사하심을 통해 죽은 영적 생명을 다시 살리시는 근본적이고 전인격적인 변화를 가져다주십니다. 그렇기 때문에 거듭남을 이야기할 때, 결코 성령을 빼놓고 이야기할 수 없는 것입니다. 성령은 우리를 진정한 하나님 나라의 백성으로 거듭나게 하시는 분이라는 사실을 잊지 마시길 바랍니다.

성령은 오직 그분의 능력으로 더 이상 낮아질 수 없는 데까지 낮아진 우리, 스스로의 힘으로 무엇 하나 시도할 힘조차 없는 우리에게 새로운 마음을 주시고 우리를 회복시켜 주십니다.

그 사실을 믿고, 회개를 통해 깨끗하고 온전함으로 나아가는 거듭난 자의 삶을 살아가시길 주님의 이름으로 축원합니다.

기도 제목

1. 새 사람을 입은 자답게 하나님의 형상을 회복하는 우리가 되도록
2. 거듭남을 주도한 성령께서 우리 삶에 지속적으로 역사하시어 새로운 삶과 열매를 맺을 수 있도록
3. 회개를 통해 새로운 마음으로 성령 안에서 새로운 영적 생활을 할 수 있도록

8

하나님
[시편 51편 10절]

¹⁰ 하나님이여 내 속에 정한 마음을 창조하시고 내 안에 정직한 영을 새롭게 하소서

우리는 영적으로 새롭게 거듭난 자이고, 거룩한 하나님 나라의 백성입니다. 우리가 거룩한 하나님 나라의 백성이 되기 위해서는 반드시 '거듭남'의 과정이 필요합니다.

이 거듭남을 주도하는 분은 하나님이십니다. 하나님께서 우리 안에 거룩한 마음과 정결한 마음을 주시지 않는다면, 우리는 여전히 세상에 속한 자로 살아갈 것입니다.

하지만, 거듭난 자는 다릅니다. 거듭난 자는 위로부터 난 자이며, 하늘로부터 난 자입니다. 그리하여 우리의 소속은 이 땅이 아닌 하늘 나라가 되었습니다. 진리로 거룩하게 된 자들이 되어 우리 삶 또한 거룩을 추구하는 삶으로 변화되었습니다. 이 모든 일에 있어 하나님은 진실로 우리 모든 죄인의 거듭남을 명하시고 온전히 하나님만 섬기는 삶을 살라고 촉구하고 계십니다.

우리 주님께서는 <하나님>이라는 제목으로 시편 51편 10절의 말씀을 통해 거듭남에 있어 하나님이 무슨 일을 하시는지 깨닫길 원하시고, 우리

가 하나님만 섬기는 거룩한 자들이 되기를 원하십니다.

1. 정직하게 회개하는 자

시편 51편 10절의 말씀입니다.

> ¹⁰ 하나님이여 내 속에 정한 마음을 창조하시고 내 안에 정직한 영을 새롭게 하소서

이 구절은 범죄를 저지른 다윗이 죄 사함을 구하고 새로운 삶을 살고자 간구한 내용입니다. 다윗은 무거운 죄 짐에 눌려 있었습니다. 죄의 무게가 얼마나 무거운지 마음의 괴로움은 이루 말할 수 없을 만큼 심각했고, 심지어 육체까지 쇠약해진 상태였습니다.

그렇습니다. 죄는 우리의 마음과 육체를 상하게 합니다.

그래서 잠언 15장 13절은 "마음의 즐거움은 얼굴을 빛나게 하여도 마음의 근심은 심령을 상하게 하느니라"고 말씀합니다.

우리의 마음이 왜 즐겁지 않습니까?
왜 근심합니까?
우리의 참된 기쁨이 되시는 예수님을 소유한 자들이 왜 슬퍼합니까?
하나님 한 분만으로 즐거워하고 기뻐할 수 있다는 하박국의 고백과 기도가 우리의 것이 될 수는 없는 것입니까?
아무 소출이 없어도, 겉으로 보이는 이익과 열매가 없을지라도 여호와 하나님 한 분만으로 즐거워해야 하지 않습니까?

하나님은 우리에게 거룩한 예수 그리스도의 '의의 옷'을 입혀 주셨습니다. 그러니 즐거워함이 마땅합니다. 우리가 입은 옷은 죄악이 더덕더덕 붙어 있는 더럽고 추한 옷이 아니라, 구원의 옷입니다.

그러니 성도들은 즐거이 외쳐야 합니다. 우리는 여호와께 노래하며 주께서 켜신 구원의 등불과 구원의 반석을 향해 즐거이 외치는 자들이 되어야 합니다. 이런 찬양과 찬송은 비단 구원받은 우리만의 것은 아닙니다. 온 땅과 만물도 여호와의 구원을 즐겁게 노래하며 찬송해야 합니다. 진실로 구원받은 자들, 의인으로 칭함받은 자들은 즐거워해야 합니다.

시편 32편 11절의 말씀을 보시길 바랍니다.

> [11] 너희 의인들아 여호와를 기뻐하며 즐거워할지어다 마음이 정직한 너희들아 다 즐거이 외칠지어다

"의인들아, 기뻐하며 즐거워할지어다!"
"마음이 정직한 자들아, 다 즐거이 외칠지어다!"
이 말씀을 듣고 이런 반문이 나올 수 있습니다.

> 아니, 목사님, 맨날 죄짓는 저희가 무슨 의인입니까?
> 거짓과 외식이 판치는 마음 상태에 있는데 이 마음이 정직하다니요?

그 위대한 사도 바울조차 마음이 곤고하여 매일 십자가 앞에 죽노라고 고백하며 죄와의 싸움에서 깊은 고민과 투쟁을 하며 살았습니다.

우리가 '의인'이라 불리는 것은 '죄를 아예 짓지 않는 자'라는 의미가 아닙니다. 진실로 의인은 죄를 짓지 않는 자가 아니라, 자신이 죄를 지었다는 것을 깨달은 즉시 하나님의 자비하심과 긍휼을 구하며 '정직하게 회개하는 자'입니다.

그런 점에서 볼 때, 다윗이 지금 죄 용서함을 구하며 새로운 삶을 살고자 간구한 이 회개의 기도가 하나님 앞에서 의인으로 인정받는 계기가 되는 것은 틀림없습니다. 다윗이 범한 죄는 중범죄입니다. 부하의 아내 밧세바를 범했고, 이를 은폐하기 위해 밧세바의 남편을 전쟁터에 보내 죽게 만들었습니다. 그러니 다윗은 씻을 수 없는 죄악으로 인해 마음이 전쟁터가 된 것입니다. 깊은 근심에 빠져 괴로워 잠 못 들 때가 많았습니다.

우리의 죄악 된 욕심으로, 하나님께서 허락하신 것 이상을 탐하고 추구하는 것이 곧 우상 숭배요, 하나님에 대한 불순종이며 하나님을 대적하는 것임을 기억하시길 바랍니다. 사탄은 시시각각으로 우리의 모든 생명의 원천인 '마음'에 악영향을 주어 근심과 괴로움으로 자극합니다. 하나님을 우리 삶의 중심에서 밀어내려 합니다. 하나님으로 향하던 방향을 틀어버립니다. 거룩을 추구하던 속성을 버리고 세상에 잠식되도록 만듭니다. 하나님만 섬기는 것에서 돌이켜, 하나님 외의 것에 더 큰 비중을 두도록 유혹합니다.

하지만, 다윗은 그런 사탄의 유혹에도, 나단 선지자의 꾸지람에 즉시 회개의 기도로 나아갔습니다.

다윗이 중범죄를 저질렀음에도, 이렇게 뻔뻔해 보일 정도로 순전하게 하나님만을 의지하게 된 것은 무엇 때문입니까?
죄 용서함을 받으리라는 근거가 어디에 있습니까?
다윗은 뭘 믿고 그토록 큰 죄를 저지른 뒤에도 신실한 회개의 기도를 드릴 수 있었습니까?

바로 평강의 하나님이 그를 지켜주셨기 때문입니다. 보잘것없는 어린 목동 다윗을 이스라엘의 왕으로 높여주신 은혜가 그의 상한 영혼을 다시 일으켜 세워주신 것입니다.

로마서 16장 20절의 말씀입니다.

> ²⁰ 평강의 하나님께서 속히 사탄을 너희 발 아래에서 상하게 하시리라 우리 주 예수의 은혜가 너희에게 있을지어다

평강의 하나님께서 예수 그리스도의 십자가로 사탄을 꺾으시고 죄와 사망을 이기신 것을 믿으시길 바랍니다. 그리스도의 부활은 죄로 죽을 수밖에 없는 모든 죄인에게 산 소망이 되었습니다. 죽음을 이기고 승리하신 그리스도의 영광이 예수 그리스도의 이름을 믿는 자들의 것이 되었습니다. 이것은 다윗과 우리의 승리이자 영광이 되었습니다.

2. 하나님 말씀의 능력

베드로전서 1장 3절과 4절의 말씀입니다.

> ³ 우리 주 예수 그리스도의 아버지 하나님을 찬송하리로다 그의 많으신 긍휼대로 예수 그리스도를 죽은 자 가운데서 부활하게 하심으로 말미암아 우리를 거듭나게 하사 산 소망이 있게 하시며
> ⁴ 썩지 않고 더럽지 않고 쇠하지 아니하는 유업을 잇게 하시나니 곧 너희를 위하여 하늘에 간직하신 것이라

하나님은 예수 그리스도의 부활을 통해 죄인들을 거듭나게 하셨습니다. 우리의 죄악을 그리스도의 보혈로 깨끗하게 씻어주셨습니다.
죄사함의 권세를 지니신 하나님께서 오직 십자가에서 피 흘려 죽으신 예수 그리스도를 통해 모든 인간의 죄 문제를 해결해 주신 것입니다.

다윗은 죄사함의 권세를 가지신 하나님께서 전적인 주체가 되시어 모든 죄인을 거듭나게 하신 '거듭남의 은혜'를 받은 자입니다.

거듭남의 주체가 누구시라고요?

하나님이십니다. 하나님은 죄 된 심령으로 썩어질 죄악 된 인간들을 거듭나게 하셨습니다. 그리하여 우리와 범죄한 다윗에게 지성·의지·감정·정서의 전인격적인 변화를 주어, 새 사람이 되게 하신 것입니다. 하나님께서 다윗을 하나님의 사람으로, 그리스도의 은혜 안에 거하는 자로, 성령의 충만함을 덧입은 자로 거듭나게 해 주신 것입니다.

하나님은 아담이 죄를 범한 이후 영적으로 죽은 인류를 불가항력적인 은혜로 거듭나게 해 주셨습니다. 거듭남은 오직 하나님의 살아 있는 말씀으로 이루어집니다.

베드로전서 1장 23절의 말씀입니다.

> 23 너희가 거듭난 것은 썩어질 씨로 된 것이 아니요 썩지 아니할 씨로 된 것이니 살아 있고 항상 있는 하나님의 말씀으로 되었느니라

거듭난 것은 살아 있고 항상 있는 하나님의 말씀으로 되었음을 믿으시길 바랍니다.

말씀이 살아 있다고요?

그렇습니다. 하나님의 말씀은 살아서 꿈틀대고 우리 죄인들의 혼과 영, 관절과 골수를 쪼개기까지 합니다.

히브리서 기자가 히브리서 4장 12절에서 무엇이라고 했습니까?

> 12 하나님의 말씀은 살아 있고 활력이 있어 좌우에 날 선 어떤 검보다도 예리하여 혼과 영과 및 관절과 골수를 찔러 쪼개기까지 하며 또 마음의 생각과 뜻을 판단하나니

하나님의 말씀에는 생명력이 있고, 운동력이 있습니다. 그리고 영원히 역사합니다. 거듭남이라는 기적은 하나님의 말씀이 아니고서는 일어나지 못합니다. 하나님은 말씀으로 우리를 새롭게 하시며 병든 자의 마음과 육체를 소생시키십니다. 하나님은 말씀으로 천지 만물을 지으셨습니다.

하나님의 말씀만이 죄로 죽었던 우리의 본성과 죄에 굴복하고 죄에 이끌리는 마음을 전혀 다른 생명으로 새롭게 하는 것입니다.

시편 51편 10절의 말씀입니다.

> [10] 하나님이여 내 속에 정한 마음을 창조하시고 내 안에 정직한 영을 새롭게 하소서

다윗은 죄로 물든 상한 마음을, 정결하지 못한 마음을 새롭게 창조해 달라고 요청합니다.

무에서 유를 새롭게 창조하는 것은 누구의 영역입니까?

하나님의 영역입니다. 창세기 1장 1절은 "태초에 하나님이 천지를 창조하시니라"고 말씀합니다.

하나님이 천지를 창조하시는 방법은 이미 존재했던 것을 가지고 새롭게 조합하는 정도가 아닙니다. 인간이 무엇을 만드는 것은 기존에 있던 재료들을 활용하여, 과거와의 연속성 안에서 재창조하는 것에 지나지 않습니다. 하지만, 하나님의 창조는 만들고 지어낸 일이 전혀 없는, 이전과는 완전히 다른 차원의 '절대 창조 행위'를 말합니다.

하나님이 천지를 창조하신다고 할 때, 창조의 히브리 원어는 '빠라'입니다. '빠라'는 택한 백성의 구원을 위한 하나님의 사역에도 쓰였습니다. 하나님의 절대 창조 행위인 '빠라'의 명령형인 '뻬라'가 시편 51편 10절의 '창조하시고'에 쓰였습니다.

죄인을 거듭나게 하여 새 사람이 되게 하시고, 하나님을 향한 삶으로 변화시키는 '새 창조'는 오직 권능의 하나님만이 가능합니다.

시편 51편 10절에, 다윗이 부르는 "하나님이여"의 하나님은 창세기 1장 1절의 엘로힘 하나님, 권능의 하나님입니다. 즉, 천지 만물을 창조하신 권능의 엘로힘 하나님만이 죄인을 거듭나게 하실 유일한 분이란 사실입니다.

할렐루야!

성경은 '창조 사역'과 '구원 사역'을 본질적으로 동일하게 보고 있는 것입니다. 우리의 거듭남은 죄로 죽는 것이 정해져 있고 아무런 회생 가능성이 없어 보이는 절망의 상태에서, 무에서 유를 있게 하신 하나님의 능력과 은혜로 완전히 새롭게 된 '하나님의 재창조 사역'이라는 사실을 기억하시길 바랍니다.

하나님, 저의 마음을 새롭게 하여 주시옵소서!

이런 다윗의 간구는 다윗만의 것이 아닙니다. 밧세바를 범하고 우리야를 죽인 다윗의 마음에만 새로운 창조가 필요한 것이 아닙니다. 인류의 첫 사람 아담이 에덴동산에서 하나님이 금하신 선악과를 먹음으로 범죄한 이후, 아담이 지은 죄성을 안고 죄악 중에 태어난 모든 사람에게 '정한 마음이 창조되는 역사'가 필요합니다.

정한 마음은 어떤 마음입니까?

정결하고 깨끗한 마음, 죄로 물들거나 오염되지 않은 마음입니다. 하나님 없이 스스로의 힘으로 살 수 있다고 믿는 교만을 벗은 마음입니다.

정한 마음은 죄 된 본성을 죽이고 하나님께 온전히 순종하는 마음입니다. 정한 마음은 그리스도의 보혈로 깨끗하게 씻겨진 마음, 성령의 다스리심과 지배를 받는 깨끗하고 순결한 마음입니다.

시편 51편 10절의 말씀을 다시 한번 보시길 바랍니다.

[10] 하나님이여 내 속에 정한 마음을 창조하시고 내 안에 정직한 영을 새롭게 하소서

다윗이 새로워지길 바라는 간구의 첫 번째가 정한 마음의 새 창조입니다. 그다음은 정직한 영입니다.

정직한 영은 무엇을 뜻합니까?

'정직한'은 '안정된, 고정된, 견고한'이라는 의미입니다. 즉, 정직한 영은 '견고한 마음, 안정된 마음'입니다. 이것은 앞에 있는 '정한 마음', 즉 깨끗한 마음을 계속해서 흔들림 없이 굳건하게 지키는 마음입니다.

다윗은 깨끗하게 된 마음이 계속 유지되어 어떤 상황과 유혹에도 변함없이, 환경이나 다른 사람의 말에 흔들림 없이, 거룩하게 살고 싶은 바람을 회개와 간구로 드러낸 것입니다.

> 고쳐주세요, 바꿔주세요!
> 변화시켜 주세요, 해결해 주세요!
> 새롭게 만들어 주세요!
> 새로운 길을 열어주시고, 새로운 지경의 삶으로 넓혀주세요!

하나님께 드리는 우리의 이런 간구가 일회성의 요구나 간청으로 끝나서는 안 됩니다. 다윗은 밧세바에 대한 간음과 우리야를 살인한 죄에 대한 징벌과 그 죄로 받게 된 수치만을 면하고자 회개하고 간구한 것이 아닙니다. 일회용 반창고로 잠시 그 상처와 고통, 부끄러움을 감추고자 한 것이 아닙니다.

고린도전서 8장 12절의 말씀을 보시길 바랍니다.

> 12 이같이 너희가 형제에게 죄를 지어 그 약한 양심을 상하게 하는 것이 곧 그리스도에게 죄를 짓는 것이니라

우리가 죄를 지어 상대방을 실족하게 하고 그 마음을 상하게 하는 것은 그 영혼을 위해 대신 죽으신 그리스도를 모욕하는 것입니다.

믿음의 형제 자매들, 믿음의 지체들 안에는 누가 계십니까?

믿음의 지체들은 예수님을 주로 모시고 살아가는 자들이 아닙니까?

그리스도와 연합된 자들이 믿음의 지체들입니다. 그들에게 죄를 짓는 일은 그리스도께 죄짓는 것과 같습니다. 예수님은 "내 형제 중에 지극히 작은 자 하나에게 한 것이 곧 내게 한 것"(마 25: 40)이라고 하셨습니다. 다른 영혼에게 죄를 짓거나 선을 베푸는 것은 그리스도께 한 일이 됩니다. 그리스도를 주로 모신 자들, 하나님의 형상으로 지음받은 자들에게 한 것이 곧 그리스도께 한 일이며, 하나님께 한 일이 됩니다.

그래서 다윗은 밧세바와 우리아에게 저지른 죄악에서 돌이켜 새 사람이 되는 일에 국한해 회개하고 간구하지 않았습니다. 그는 완전히 새로운 존재, 몸과 마음이 이전의 죄악에서 벗어나 새로운 삶으로 전향하는 '하나님의 절대 창조 사역'이 일어나기를 간구했습니다.

3. 거듭남은 오직 하나님으로부터!

하나님의 새 창조로 이루어진 거듭남이 가져온 변화는 구체적으로 어떻게 나타나겠습니까?

그것은 에덴동산에서 처음 만들어진 아담의 상태로의 회복을 의미합니다. 우리가 그리스도의 장성한 분량까지 거룩하게 성장하고 성숙되어 하나님의 형상을 회복한 상태까지 나아가는 것을 뜻합니다.

거듭남은 즉각적으로 전인격이 송두리째 바뀌는 좁은 의미에서, 죄 된 옛 생활 방식에서 하나님만을 섬기는 새로운 삶의 변화라는 넓은 의미까지 포함하고 있다고 말씀드리지 않았습니까?

그렇기 때문에, 다윗이 간구하는 변화는 에덴동산에서 아담이 범죄하기 전에, 하나님만을 섬겼던 삶의 방식인 것입니다. 그는 하나님만 섬기는 삶을 회복시켜 달라고, 자신에게 정한 마음을 주시되 그 상태가 지속되게 해 달라고 간구했습니다.

하나님께서 우리를 창조하실 때, 하나님만 섬기도록 만드셨습니다. 하나님을 섬기도록 창조된 인간이 그렇게 되지 못한 상태가 바로 죄 된 상태이며 상한 마음의 상태입니다.

사탄은 우리를 시험합니다. 세상 권세는 우리를 유혹합니다. 나를 추앙하고 나를 높이라고, 나를 추구하고 간절히 원하고 갈망하라고 꼬드깁니다. 이에 대해 우리는 단호해질 필요가 있습니다.

"사탄아! 물러가라!"고 단호히 외치고, 하나님께 경배하고 오직 하나님만 섬길 것을 다짐해야 합니다.

마태복음 4장 10절의 말씀입니다.

> 10 이에 예수께서 말씀하시되 사탄아 물러가라 기록되었으되 주 너의 하나님께 경배하고 다만 그를 섬기라 하였느니라

세상과 땅의 것을 추구하고 갈망하지 마시길 바랍니다. 그것들은 썩어질 것에 불과합니다. 세상과 땅을 붙들고 있는 사탄의 세력에 잠식되어서는 안 됩니다. 우리의 본질적 관심은 죄 된 본성 속에서 흔들리고 넘어지는 연약함을 딛고, 죄에 이끌려 상하고 더러워진 마음의 한계를 뛰어넘어 오직 거듭나는 새 창조에 있어야 합니다. 하나님의 용서를 받아 새로운 삶으로 나아가길 원해야 합니다.

모든 성도님이 권능의 엘로힘, 하나님만이 하실 수 있는 거듭남의 은혜 안에 푹 잠기시길 바랍니다. 오직 하나님만을 섬기는 삶으로 회복될 뿐만 아니라 정한 마음과 정직한 영을 갖고 거룩하고 정결한 마음이 흔들리지

않을 수 있기를 바랍니다.

여전히 상한 마음이십니까?

지치고 괴로움만 가득하십니까?

상한 마음의 치유와 갱신은 오직 하나님께 속한 일입니다. 거듭남은 오직 하나님이 행하시는 새 창조의 역사로만 가능합니다.

계속해서 우리의 관심과 열정이 오직 하나님께로만 향하길 바랍니다. 진리로 거룩해진 마음으로 삶의 방향을 하나님께 두시고, 하나님께 속한 자로 살아가시는 거룩한 백성이 다 되시길 주님의 이름으로 축원합니다.

기도 제목

1. 엘로힘! 권능의 하나님의 절대 창조 행위로 거듭난 자답게 오직 하나님만 섬기는 자들이 되도록

2. 깨끗하고 정한 마음을 흔들림 없이 계속 이어갈 수 있도록

3. 세상과 하나님을 겸하여 섬기는 죄악에서 벗어나 회개로 거룩함을 덧입을 수 있도록

9

여호와를 앙망
[이사야 40장 31절]

³¹ 오직 여호와를 앙망하는 자는 새 힘을 얻으리니 독수리가 날개치며 올라갈 같을 것이요 달음박질하여도 곤비하지 아니하겠고 걸어가도 피곤하지 아니하리로다

우리는 예수님을 믿음으로 몸과 마음이 새롭게 되었습니다.
새로워졌다는 사실을 믿습니까?
어떤 것을 새롭게 하기 위해서는 무엇을 해야 할까요?
무엇을 새롭게 하려면 그에 적절한 세제를 사용해 깨끗하게 해야 합니다. 아니면 정화제를 첨가해 새롭게 함을 입어야 합니다. 덧칠을 하여 기존에 있는 더러움을 덮거나 감추면 됩니다. 이도 저도 아니라면 아예 다 깨부수거나 없애고 새로 만들거나 지으면 됩니다.
그렇다면 우리 영혼의 정화는 어떻게 가능합니까?
죄인들은 예수 그리스도를 믿어 거듭나 새로운 피조물이 되고, 거룩한 하나님의 역사하심으로 말미암아 성령 안에서 새날을 허락받아 살게 되었습니다. 옛 사람을 버리고 새 사람을 덧입는 것입니다.
이런 거듭남은 주를 바라보며 기대하는 '앙망'을 통해 가능합니다. 거듭났음에도 세상을 기대하고 세상을 바라보는 자들은 거듭난 자에게 합당한

삶을 살기 어렵습니다.

 예수님의 존재를 매일 의식하면서 그분이 주시는 은혜와 능력으로 살기를 소망해야 합니다. 이것이 여호와를 앙망하는 자의 삶이며, 우리의 하루, 한 시간, 일분일초가 되어야 합니다.

 우리 주님께서는 그런 자들에게 <여호와를 앙망>이라는 제목으로 주님을 갈망하는 삶, 거듭난 자에 합당한 삶에 대해 깨닫고 그런 삶을 실천하기를 원하고 계십니다.

1. 거룩한 삶을 살기 위해 여호와를 앙망하라

이사야 40장 31절의 말씀입니다.

> ³¹ 오직 여호와를 앙망하는 자는 새 힘을 얻으리니 독수리가 날개 치며 올라감 같을 것이요 달음박질하여도 곤비하지 아니하겠고 걸어가도 피곤하지 아니하리로다

 이 구절은 이사야 선지자가 바벨론에 의해 멸망 당한 남 유다 백성들에게 새로운 희망을 주기 위해 선포한 메시지입니다. 이사야 40장은 이사야서 전체에서 분기점이 되는 장입니다.

 그 이유가 무엇일까요?

 성경이 66권으로 되어 있듯이 이사야서도 66장으로 되어 있습니다. 성경은 오실 예수님에 대한 언약을 담은 구약 39권과 오신 예수님에 대한 언약을 담은 신약 27권입니다. 이사야서 1-39장은 멸망 전인 남 유다에게 하나님의 심판을 예언하는 내용이 담겨 있고, 40-66장은 남 유다가 바벨론에 의해 멸망 당한 후 바벨론 포로 귀환과 회복을 담은 종말론적 구원의 소망을 이야기하고 있습니다.

그래서 이사야 40장부터 66장은 '구약 속의 신약'으로 불립니다. 40장이 이사야서에서 얼마나 중요한 장인지 이제 실감을 하셨으리라 생각이 됩니다.

그런데 이사야가 '여호와를 앙망하라!'는 메시지로 바벨론에 의해 멸망당한 남 유다에게 위로를 던진 이유는 무엇일까요?

거듭남과 여호와를 앙망하는 것 사이에 무슨 연관이 있습니까?

거듭남은 일시에, 전인격적으로, 완전하게 변화되는 것을 말합니다. 마치 여전히 죄 된 본성으로 인해 크고 작은 죄악을 저지르며 살고 있는 우리지만, 그런 우리에게 하나님께서 예수 그리스도를 믿는 믿음으로 의롭다고 인정해 주시는 '칭의'를 허락해 주신 것처럼, 거듭남은 즉각적이고 근본적인 변화를 일으킵니다.

그런데 이것은 어디까지나 좁은 의미의 거듭남입니다. 넓은 의미의 거듭남에는 새롭게 태어난 영적 생명이 생명력을 유지하며 살아가는 새 생활이 포함됩니다. 즉, 거듭남 이후의 삶이 지속성을 가지기 위해서는 죄 된 옛 생활 방식을 벗어버리고 성결과 정결한 생활을 해야 한다는 것입니다.

여기에 '여호와를 앙망하라!'가 밀접한 연관을 갖게 됩니다. 우리의 모든 것은 하나님의 은혜이고, 하나님의 능력입니다. 주의 완전한 도우심과 역사하심, 성령의 인도하심과 보호하심입니다.

그런데 이런 축복과 힘을 얻기 위해 우리 인간이 해야 할 일이 있습니다. 그것이 무엇입니까?

바로 여호와를 앙망하는 것입니다.

이사야 선지자는 바벨론에 포로로 잡혀간 이스라엘, 남 유다에 잔존한 백성들을 향해 시대에 함몰되지 말고, 남은 자로서 하나님 앞에 바른 자세로 살라고 그리하여 여호와 하나님의 구원 역사에 동참하라고 외쳤습니다.

남은 자가 하나님 앞에 서는 바른 자세는 무엇입니까?

예수 그리스도를 믿음으로 구원받아 거듭난 자, 영적 이스라엘의 후예가 하나님 앞에 바로 서기 위해서는 어떤 자세가 필요합니까?

거듭난 이후의 성결과 정결을 이루는 거룩한 삶을 살기 위해서는 여호와를 앙망하는 자세가 필요합니다.

그런데 자칫 이 말을 오해하여 거듭남을 유지하기 위해 우리 인간의 어떤 공로나 의지가 필요하다는 것으로 착각해서는 안 됩니다. 구원받은 백성은 '성도의 견인'이라는 은혜를 입게 됩니다. 견인은 우리의 구원이 주님이 다시 오실 그때 최종적으로 완성되기까지, 은혜의 상태를 끝까지 유지하시는 하나님의 역사하심을 가리킵니다. 성화의 과정에서 혹시 퇴보하거나 방황하는 일이 있다 해도, 구원받은 자의 지위에서 떨어져 영원히 멸망 받는 일이 결코 없다는 것입니다.

만약에 구원받았다고 하면서도, 다시 세상 속으로 돌아가 하나님을 대적하고 배교하는 자가 있다면, 그는 사실상 본래 구원받은 자가 아닐 수도 있습니다. 우리는 누가 구원을 받았고 받지 못했는지 알지 못합니다. 최후 심판의 그날, 오직 하나님만, 오직 우리 주님만 아십니다.

그런데도 우리가 구원의 확신을 가질 수 있는 것은 그리스도의 사랑이 우리 안에 있고, 성경이 주 예수 이름을 믿는 자들은 은혜에 의하여 믿음으로 구원받았다고 확증해 주기 때문입니다.

요한일서 5장 1절과 에베소서 1장 7절과 2장 8절의 말씀입니다.

> [1] 예수께서 그리스도이심을 믿는 자마다 하나님께로부터 난 자니 또한 낳으신 이를 사랑하는 자마다 그에게서 난 자를 사랑하느니라

> [7] 우리는 그리스도 안에서 그의 은혜의 풍성함을 따라 그의 피로 말미암아 속량 곧 죄사함을 받았느니라

> [8] 너희는 그 은혜에 의하여 믿음으로 말미암아 구원을 받았으니 이것은 너희에게서 난 것이 아니요 하나님의 선물이라

요한일서 5장 1절에 '예수님을 믿는 자'는 '하나님께로부터 난 자', 즉 거듭난 그리스도인을 말합니다. '낳으신 이'는 하나님이고, '그에게서 난 자'는 성도의 영적인 형제자매를 말합니다. 그래서 거듭난 자는 영혼에 대한 사랑이 넘쳐나야 합니다.

에베소서 말씀은 무엇이라고 이야기하고 있습니까?

성경은 예수님을 믿는 믿음만이 죄사함을 받아 은혜로 구원받는다는 진리를 선포합니다. 또 우리 안에 내주하시는 성령은 우리가 하늘로부터 난 자, 거듭난 하나님의 자녀임을 증명해 주고 있습니다.

로마서 8장 16절의 말씀입니다.

> [16] 성령이 친히 우리의 영과 더불어 우리가 하나님의 자녀인 것을 증언하시나니

2. 자기를 부인하고 주만 의지하라

진실로 우리는 거듭난 자입니다. 거듭난 자로서, 여호와를 앙망하며 지속적인 성결과 거룩을 추구하는 자들입니다. 모든 것이 하나님의 은혜입니다. 구원의 전 과정에 우리의 공로나 노력이 들어갈 틈이 없다는 사실입니다.

여호와를 앙망하는 것에 우리의 노력이나 열심이 들어갈까요?

'앙망'은 참으며 기다리는 것입니다. 하늘에 계신 우리 아버지, 우리 주 예수 그리스도를 바라보며 소망하는 것입니다.

인내하고 바라보는 것에 무슨 공로가 들어갈 수 있겠습니까?

오히려 여호와를 앙망하는 것은 '아, 내가 가진 힘과 능력으로는 안 되는구나!'라고 고백하며, 자신의 유한성을 깨닫고 하나님 한 분만이, 오직 나를 구원하신 예수 그리스도만이 나의 도움이 되신다는 것을 믿고 의지하는 것입니다.

주여, 나를 도우소서!
주님만이 나의 도움이 되십니다.

이것이 여호와를 앙망하는 자들의 호소입니다. 여기에 내 힘과 능력이 들어갈 자리가 없습니다. 아니, 오히려 인간적인 나의 방법, 계산, 알량한 자존심, 그동안 쌓아온 경험과 능력, 세상에서 얻은 재능과 지식, 지혜들을 빼서 내버리는 것이 더 필요합니다. 나는 온데간데없고 구속하신 주만 보이는 것입니다.

나를 빼서 내버린다는 말은 무엇을 말합니까?

자기 부인입니다. 자기 부인은 거듭난 자가 새로운 피조물로서 새 생활을 하면서 얻게 된 거룩한 성품을 버리라는 뜻이 아닙니다. 자신의 정체성을 완전히 무시하고 허수아비처럼, 로봇처럼 수동적으로 움직이라는 의미도 아닙니다.

자기 부인은 거듭나기 전의 옛 모습과 옛 성품, 죄 된 본성으로부터 나오는 좋지 못한 습관과 행동을 버리라는 말입니다. 그리스도 안에서 새롭게, 거룩한 성전으로 지어지는 과정에는 반드시 자기 부인이 필요합니다.

믿음으로 산다고 하면서, 자꾸 자기의 옛 모습을 바라보면 무슨 소망이 있습니까?

아무리 '나는 구원받았어'라고 이야기하고, '주여' 삼창에 만창을 하고, 성경을 뚫어지게 보면서 구원의 확신을 주는 성경 구절만 찾으면 무엇

합니까?

들뜨고 뜨거운 열정에 가득 차 '주님 제가 여기 있나이다!', '저의 전부를 드리겠습니다'라고 다짐하고 고백한 게 엊그제 같은데, 정작 오늘은 낙심하고 축 가라앉아 우울감에 빠져 허우적거리는 우리가 아닙니까?

사탄은 전 인격이 죄에 대해 죽고 의에 대해 살아난 자들, 거룩한 자라 칭함을 받아 구원받은 우리를 매 순간 유혹하고 쓰러뜨리려고 안간힘을 쓰고 있지 않습니까?

감정은 자꾸 우리를 속입니다. 감정은 속이는 속성을 가지고 있습니다. 들뜨거나 가라앉는 감정이 진리의 말씀과 거룩한 성령이 확증한 사실을 자꾸 왜곡합니다. 그러니 감정이 아니라 오직 믿음으로 구원받았음을 확신해야 합니다. 감정에 따라 이리 휘둘리고 저리 휘둘리는 나는 의지할 대상이 전혀 못 되기 때문에, 오직 여호와만 앙망해야 합니다. 소망 없는 나 자신은 부인할 대상이지, 의지하고 바랄 대상이 아닙니다.

낙심과 고난 중에 우리는 오직 여호와 하나님만을 소망해야 합니다.

시편 25편 5절의 말씀입니다.

> [5] 주의 진리로 나를 지도하시고 교훈하소서 주는 내 구원의 하나님이시니 내가 종일 주를 기다리나이다

시편 39편 7-8절의 말씀입니다.

> [7] 주여 이제 내가 무엇을 바라리요 나의 소망은 주께 있나이다
> [8] 나를 모든 죄에서 건지시며 우매한 자에게서 욕을 당하지 아니하게 하소서

유한한 자기 자신이 아닌, 유일하게 의지할 만한 분인 우리 주님을 끝까지 바라보고 소망을 가져야 합니다. 삶의 경영을 여호와 하나님께 모두 맡겨야 합니다. 광대하신 여호와 하나님을 의지하며 우리 인생을 완전히 맡겨드려야 합니다. 나의 환난과 어려움, 고통은 경영이 기묘하고 지혜가 광대하신 여호와 하나님이 아니면 해결될 수 없습니다.

이사야 28장 29절의 말씀입니다.

> ²⁹ 이도 만군의 여호와께로부터 난 것이라 그의 경영은 기묘하며 지혜는 광대하니라

바벨론의 포로된 이스라엘 백성들이 의지하고 앙망할 대상은 오직 여호와 하나님이십니다. 그래서 이사야 선지자는 오늘 본문에서 이스라엘 백성을 향해 "참을성 있게 기다려! 구속한 주님만 바라보며 소망을 가져!"라고 선포하는 것입니다.

3. 주님을 앙망하는 자에게 주님의 도우심과 돌보심이 있다

이사야 40장 31절의 말씀을 다시 한번 보시길 바랍니다.

> ³¹ 오직 여호와를 앙망하는 자는 새 힘을 얻으리니 독수리가 날개 치며 올라감 같을 것이요 달음박질하여도 곤비하지 아니하겠고 걸어가도 피곤하지 아니하리로다

이 구절을 읽으면 힘이 샘솟고 기운이 되살아나고 원기가 충만하게 채워지고 없던 생기가 솟구칩니까?

보십시오. 여호와를 앙망하는 자는 새 힘을 얻는다고 합니다.

독수리가 날개 치며 올라가면, 하늘 높이 나는 모습이 얼마나 힘 있고 멋지겠습니까?
막 달려도, 계속 걸어가도 피곤하지 않다고 합니다.
진짜요?
네, 진짜입니다. 성경은 진리입니다.

> 어, 목사님!
> 예수님 계속 생각하고 찬양 듣고 말씀 읽고 있는데 너무 기운이 없어요. 힘 있게 독수리처럼 날기는커녕, 당 떨어졌는지 어질어질합니다. 마라톤 하프 코스가 웬 말이에요. 10킬로미터 아니 단거리 100미터 달리기만 해도 숨이 헐떡거리고 피곤해요. 걷기 꽤 잘한다고 인정받고 있고, 다른 것은 몰라도 걷는 것 하나만은 자신 있거든요. 그런데 요즘은 한 걸음 떼기가 무서워요. 그럼 저는 여호와를 앙망하는 자가 아닙니까?

성경은 진리가 맞습니다. 달리기 선수여도 피곤하고 힘듭니다.
이사야 40장 31절에서 말하는 '새 힘을 얻고 피곤하지 않다'라는 말을 문자 그대로 육체적인 건강이나 힘의 의미로만 받아들여서는 안 됩니다.
여호와 하나님을 의지하는 백성에게는 샘솟듯 솟구치는 능력과 활기차고 지속적인 생명력이 부여되는 것이 맞습니다. 하지만, 본문이 의미하는 바를 우먼파워, 맨파워를 자랑하는 신체 변화나 삼손처럼 힘이 세지고 뭐든지 건드리기만 하면 성공하고 잭팟을 터뜨리는 성공을 하게 된다는 세속적인 기원을 담아 해석해서는 안 됩니다.
왜냐하면, 아무리 건장한 젊은 장정이라고 하더라도 하나님이 툭 건드리면, 우리 주님이 돌보아 주시지 않는다면 쓰러지기 때문입니다.
이사야 40장 30절의 말씀을 보시길 바랍니다.

> ³⁰ 소년이라도 피곤하며 곤비하며 장정이라도 넘어지며 쓰러지되

나이가 젊고 체력이 좋다고 해도, 인생의 절정기와 황금기를 맞아 성공 가도를 달리고 있다 해도 언젠가는 쓰러집니다. 하나님이 우리를 유한하게 만드셨기에 무한한 하나님을 의지하고 살아야 합니다. 여호와를 앙망하지 않고는 사람이 사람답게 사는 일은 불가능하다는 말입니다.

이사야 40장 31절의 말씀을 다시 보시길 바랍니다.

> ³¹ 오직 여호와를 앙망하는 자는 새 힘을 얻으리니 독수리가 날개치며 올라감 같을 것이요 달음박질하여도 곤비하지 아니하겠고 걸어가도 피곤하지 아니하리로다

이 말씀이 어떻게 다가오십니까?

이 말씀을 '여호와를 앙망하는 자들'에게는 고난도 물러가고 모든 문제와 갈등이 일시에 해소되는, 무적 파워 능력이 주어진다고 잘못 이해하면 안 됩니다. 여호와를 앙망하는 자들에게도 여전히 고난이 있습니다. 사명을 짊어지고 나아가야 할 십자가 고난의 길이 있습니다.

여호와를 앙망하는 자들에게는 자기 십자가와 같은 사명이 면제되거나 고난과 고통이 존재하지 않는다!

이런 불가사의한 일을 기대해서는 안 됩니다.

여호와를 앙망함이 고난과 사명을 '없애는' 것은 아닙니다. 거듭난 자들은 고난을 극복하고 사명을 완수하는 삶을 살게 되는 것입니다. 힘이 너무 세져서, 돈이 철철 넘쳐 성공 가도를 달려서 고난도 이기고 사명도 완수하는 것이 아닙니다. 주를 의지하는 자마다 주의 도우심과 돌보심을 받기 때문에, 고난을 극복하고 사명을 끝까지 감당하게 되는 것입니다.

사랑하는 성도 여러분, 여호와를 앙망하는 자에게는 고난을 이기고 사명을 짊어지고 가도록 돕는 '주님의 도우심과 돌보심'이 있습니다. 그래서

지치거나 실족함이 없이, 끝내 고난을 극복하고 사명을 완수하는 자로 서게 되는 것입니다. 이를 잊지 마시길 바랍니다.

여호와를 앙망하는 자들이 독수리 날개 치며 올라감 같을 것이란 사실에, 어제나 오늘이나 영원토록 동일하신 하나님이, 그분의 영원하신 능력과 신실한 은혜로, 우리에게 꼭 필요한 축복과 은혜를 내려주신다는 교훈을 결코 잊지 마시길 바랍니다.

마태복음 6장 31절부터 34절까지 말씀입니다.

> [31] 그러므로 염려하여 이르기를 무엇을 먹을까 무엇을 마실까 무엇을 입을까 하지 말라
> [32] 이는 다 이방인들이 구하는 것이라 너희 하늘 아버지께서 이 모든 것이 너희에게 있어야 할 줄을 아시느니라
> [33] 그런즉 너희는 먼저 그의 나라와 그의 의를 구하라 그리하면 이 모든 것을 너희에게 더하시리라
> [34] 그러므로 내일 일을 위하여 염려하지 말라 내일 일은 내일이 염려할 것이요 한 날의 괴로움은 그날로 족하니라

여호와를 앙망하는 자들에게는 필요한 은혜를 주시는 것을 믿으십니까?

독수리는 날개를 파닥거리면서 나는 것이 아니라 날개를 편 상태로도 창공을 가로질러 날 수 있다는 사실을 아십니까?

독수리의 비행 모습을 보면, 그들이 상승 기류를 이용해 오랜 시간 고도를 유지하며 나는 것을 확인할 수 있습니다.

오늘 본문을 원어로 보면, '독수리가 날개 치며'에 '날개'만 있고 '치며'가 없습니다. '치며'가 없는 것은 독수리가 날개는 있는데 날개로 파닥거리는 움직임이 없음을 묘사합니다.

파닥거림 없이 높이 나는 것, 즉 상승 기류를 탄 독수리가 날개를 파닥거리는 스스로의 힘을 빼고도 나는 것처럼, 우리도 여호와를 앙망하며 그

분만을 의지하고 기대하며 소망할 때 '내 능력으로 파닥거리는 것이 아니라, 주님의 상승 기류를 이용해 더 높이 날 수 있다'라는 교훈을 얻을 수 있습니다.

구태여 원어를 따지지 않더라도, 여호와를 앙망하는 자들은 새 중의 새라고 할 수 있는 독수리처럼 높이 비행하는 삶, 영적으로 차원 높고 영광스러운 삶을 살 수 있음을 믿으시길 바랍니다.

사랑하는 성도 여러분, 여호와를 앙망하십시오. 거듭난 자가 거듭남을 유지하며 계속 죄와 싸워 성결하고 온전하게 주님 앞에 당당하게 살기 위해서는 더 자주, 더 깊이 여호와를 앙망해야 합니다. 끝까지 주님을 바라고 인내하십시오. 나를 버리고 더욱 하나님을 의지하십시오.

이 세상에서 가장 강한 자는 힘이 센 자가 아닙니다. 주님의 도우심과 돌보심을 받는 자입니다. 우리 주 예수 그리스도께서 꼭 필요한 은혜와 축복을 내려주시는 자, 그가 가장 강하고 굳세게 선 자가 됨을 반드시 기억하시길 바랍니다.

부디 바라기는 하나님의 역사하심으로 성령을 통해 거듭나 예수 그리스도의 사랑과 은혜를 덧입은 거듭난 여러분의 평생의 삶이 여호와 하나님을 앙망하는 삶이 되기를 주님의 이름으로 축원합니다.

기도 제목

1. 예수님의 존재를 매일 의식하면서 그분이 주시는 은혜와 능력으로 살기를 소망하며 인내할 수 있도록

2. 거듭난 자로서, 여호와를 앙망하여 지속적인 성결과 거룩을 추구할 수 있도록

3. 죄와 싸우며 주님의 은혜로 고난을 극복하고 사명을 끝까지 감당하도록

제4부

거듭남의 표현

10

새 생명
[로마서 6장 4절]

> ⁴ 그러므로 우리가 그의 죽으심과 합하여 세례를 받음으로 그와 함께 장사되었 나니 이는 아버지의 영광으로 말미암아 그리스도를 죽은 자 가운데서 살리심과 같이 우리로 또한 새 생명 가운데서 행하게 하려 함이라

1. 그리스도와 함께 죽고, 그리스도와 함께 다시 사는 삶

믿는 자들에게는 새날이 허락됩니다. 깊은 잠에서 깼다가 밝아 오르는 태양을 볼 때, 우리는 비로소 빛 한가운데 우리가 서 있음을 직감하게 됩니다. 잠자는 자였을 때 솟아오르는 태양은 그저 육안으로만 확인할 수 있는 멀리 떠 있는 태양이었을 뿐입니다. 하지만, 잠에서 깨면 우리는 그 태양 빛을 받는 자로, 그 빛이 비추는 길을 따라 걸어가는 자로 살아간다는 것을 깨닫게 됩니다.

거듭난 자의 빛 된 삶은 이와 견줄 수 있습니다. 영적 어두움을 벗어버리고 빛 되신 예수님을 인식하며, 그분 안에서 그분과 함께 빛으로 살아가는 것이 거듭난 자의 삶인 것입니다. 거듭난 자들은 어제나 오늘이나 영원히 동일하신 하나님의 은혜와 예수 그리스도의 사랑과 성령의 도우심으로

살아갑니다.

우리는 죄와 벗하며 죄를 즐기고 죄와 더불어 살던 거듭나지 못했던 옛 사람의 어두움을 벗어버리고 그리스도와 연합한 새 생명으로 살아가야 합니다.

오늘 우리 주님께서는 <새 생명>이라는 제목으로 로마서 6장 4절의 말씀을 통해 거듭난 자들에게 새 생명으로 사는 삶이란 무엇이며, 우리가 새 생명으로 살아가는 것이 왜 중요한지 깨닫고 실천하라고 명하십니다.

로마서 6장 4절의 말씀입니다.

> 4 그러므로 우리가 그의 죽으심과 합하여 세례를 받음으로 그와 함께 장사되었나니 이는 아버지의 영광으로 말미암아 그리스도를 죽은 자 가운데서 살리심과 같이 우리로 또한 새 생명 가운데서 행하게 하려 함이라

그리스도와 함께 죽고, 그리스도와 다시 사는 삶, 이것이 세례받은 모든 성도의 삶입니다.

우리가 하나님과 동등되신 예수님과 동행하며 예수님과 함께 천국의 기업을 받아 누린다는 사실이 얼마나 놀랍습니까?

우리와 예수님은 본래 아무 상관이 없었습니다. '그리스도 밖에 외인이었다.' 이것이 성경이 증언하는 거듭나지 못한 우리의 부끄러운 과거입니다.

에베소서 2장 12절의 말씀입니다.

> 12 그때에 너희는 그리스도 밖에 있었고 이스라엘 나라 밖의 사람이라 약속의 언약들에 대하여는 외인이요 세상에서 소망이 없고 하나님도 없는 자이더니

약속의 언약이요?

세상의 소망이요?

하나님이요?

다 없었습니다. 한 마디로 가진 게 하나도 없는 자들, 영적으로 매우 가난한 자들이 거듭나기 전 우리의 실존입니다.

하지만, 이제 달라졌습니다. 예수 그리스도를 믿는 자들은 더 이상 외인이나 나그네가 아닙니다. 성도입니다. 하나님 나라 백성, 하늘에 시민권을 둔 하늘 나라의 시민, 하나님의 권속입니다.

에베소서 2장 19절의 말씀입니다.

> [19] 그러므로 이제부터 너희는 외인도 아니요 나그네도 아니요 오직 성도들과 동일한 시민이요 하나님의 권속이라

2. 그리스도의 '관계자'

그리스도 밖의 외인이었던 우리가 그리스도 안에 있게 된 것이 얼마나 감사한 일입니까?

사람들이 웅성웅성 모여들고 있습니다. 긴 줄이 몇 미터나 길게 늘어져 있습니다. 앞에 무슨 일이 일어나고 있는지 보이지도 않고 아무도 설명해 주지 않습니다. 궁금해 죽을 지경입니다. 그런데 갑자기 확성기를 통해 누군가 이렇게 안내합니다.

> 오늘 공연의 잔여 좌석은 이제 없습니다. 무료 공연이 성황리에 마무리되도록 도와주신 여러분의 성원에 감사드립니다.

그때 갑자기 한 사람이 길게 늘어진 줄을 뚫고 공연장 안으로 재빠르게 들어갑니다.

저 사람은 누군데, 줄을 서지 않아도 들어갑니까?

그 사람은 공연 관계자입니다. 그 무료 공연과 관계 있는 사람은 잔여 좌석이 있든 없든 들어갈 수 있습니다. 공연의 주인공이 아니지만, 공연을 보러 온 관객이 아니지만, 그 공연과 아주 깊은 연관이 있는 관계자는 표의 유무를 떠나 줄을 서지 않고도 공연장 안으로 들어갈 수 있는 것입니다.

거듭나기 전 우리는 그리스도 밖에 있는, 그리스도와 아무런 관계가 없는 자였습니다. 하지만, 우리는 더 이상 그리스도 밖에 있는 자들이 아니라, 그리스도와 밀접한 관계를 맺고 있는 자들이 되었습니다.

사랑하는 성도 여러분, 그리스도의 관계자가 된 것이 자랑스럽고 좋으십니까?

진실로 거듭난 자들은 그리스도와 연관 있는, '그리스도의 관계자'입니다.

우리가 그리스도의 관계자가 되려면 무엇이 필요합니까?

그것은 돈을 주고 살 수 있는 것이 아닙니다. 행위의 공로를 쌓거나 노력과 열심으로 살 수 있는 것이 아닙니다. 세상에서 낮은 자부터 높은 자에게까지 칭송받는 자가 "나 교회에 이제 발 좀 붙이려고 합니다. 저한테 성령의 충만함과 갖가지 하나님의 풍성한 은혜와 권능을 주십시오"라고 말한들, 세상에서 잘나갔다고 한들, 그리스도 안에서도 잘나갈 수 있는 자가 될 것이란 착각을 버려야 합니다.

주의 거룩한 성전에 들어와 예수님을 만날 생각은 하지 않고, 성전에 세속적인 가치를 끌어들이고 자신의 성공 수단이나 사업 확장 수완 정도로 알고 행하는 자들은 결코 하나님과 독생자 예수 그리스도와 관계를 맺을 수 없습니다.

사도행전 8장 18절부터 21절까지의 말씀입니다.

> ¹⁸ 시몬이 사도들의 안수로 성령 받는 것을 보고 돈을 드려
> ¹⁹ 이르되 이 권능을 내게도 주어 누구든지 내가 안수하는 사람은 성령을 받게 하여 주소서 하니
> ²⁰ 베드로가 이르되 네가 하나님의 선물을 돈 주고 살 줄로 생각하였으니 네 은과 네가 함께 망할지어다
> ²¹ 하나님 앞에서 네 마음이 바르지 못하니 이 도에는 네가 관계도 없고 분깃 될 것도 없느니라

하나님 앞에 마음이 바르지 못한 자들은 성령의 능력을 받을 수도 없고, 예수 그리스도의 관계자가 되는 일은 추호도 기대하지 말아야 합니다. 그렇기 때문에, 물질만능주의에 빠진 마술사 시몬이 은 몇 푼으로 사도들의 권한을 사고자 한 시도는 당연히 물거품이 될 수밖에 없었습니다.

성령의 능력은 돈으로 살 수 없습니다. 영적인 일은 절대 돈으로 거래할 수 없습니다. 하나님의 은혜는 돈으로 가치를 환산할 수 없는 어마어마하게 크고 광대한 것으로, 허술한 인간의 재능과 능력으로 아무리 취하려 해도 가질 수 없습니다. 그것은 하나님 앞에 마음이 바른 자들에게만 허락됩니다.

3. 죄와의 끝맺음, 새 생명의 시작

그렇다면 하나님 앞에서 마음이 바르다는 것은 무엇입니까?
바로 믿음과 선한 양심입니다(딤전1:19).

어떻게 이것을 가질 수 있습니까?

죄와의 단절을 통해 가능합니다. 죄와의 단절을 그냥 문자 그대로 받아들여서는 안 됩니다. 법에 저촉되는 죄를 짓지 않았다는 말이 아닙니다. 세례를 받고 교회에 등록하고 출석한다고 해서, '아, 죄와 단절되었구나!' 하고 착각해서는 안 됩니다. 성령으로 마음이 변화되지 않고 거짓된 말과 행동을 거듭한다면, 그 마음은 하나님이 받으시기 합당한 마음이 아니며 죄와 단절되었다고 여겨질 수도 없습니다.

진정으로 거듭난 새로운 피조물, 새 생명을 받은 자가 되기 위해서는 '예수 그리스도를 믿어 거듭나, 죄와의 끝맺음'이 반드시 필요합니다. 새로운 생명의 시작을 위한 죄의 끝맺음이 있어야 합니다.

사람들이 흔히 하는 말이 있습니다.

> 내 성격 많이 죽었다.

이 말이 어떻게 들리십니까?

죽어야 할 것은 죽어야 합니다.

생명 존중 사상을 가진다고 해서 사람에게 해를 끼치는 해충의 생명까지 존귀히 여기며 그 해충을 살려 두시겠습니까?

가축을 잡아먹는 야생 동물을 포획하여 죽이는 이유가 있습니다.

생태계를 파괴하는 황소개구리나 농작물에 피해를 주는 진딧물이나 노린재 같은 병해충을 죽이는 것을 안타까워하거나 슬퍼서 눈물 흘릴 사람이 있습니까?

새롭게 시작하려면 옛것을 죽이는 일이 반드시 필요합니다.

고린도전서 15장 31절의 말씀입니다.

> ³¹ 형제들아 내가 그리스도 예수 우리 주 안에서 가진 바 너희에 대한 나의 자랑을 두고 단언하노니 나는 날마다 죽노라

옛것은 죽어야 합니다. 우리의 옛 모습, 낡은 생각, 그리스도 없이 살던 초라한 삶, 영적으로 가난했던 과거의 나는 이제 죽고 없어져야 합니다.

숨이 붙어 있다고 어떤 것도 죽이면 안 됩니까?
생명을 중시하니까 생태계를 파괴하는 생태계 파괴 종도 살려야 할까요?
생태계 파괴 종이 인류의 생존을 위협해도 살려야 합니까?

숨이 있다고 다 살려야 한다면, 집 안에 해충도 키우고 안방을 내줘야 할 것입니다.
집에 들여야 할 것이 있고, 들이지 말아야 할 것이 있지 않습니까?
우리의 몸은 거룩한 성전입니다. 죄를 들이면 안 됩니다. 과거에 짓던 죄와 계속 친하게 지내서는 안 됩니다. 절교해야 합니다. 우리는 새로운 새 생명이라는 본질로 거듭났기에 죄와 절교할 수밖에 없습니다.
죄는 하나님의 생명 본질과는 맞지 않습니다. 죄는 새 생명과는 모순됩니다. 인류는 에덴동산에서 아담이 선악과를 먹고 범죄한 이후로, 죄와의 관계를 지속해 왔습니다.
하지만, 우리가 예수님과 함께 죄에 대하여 죽었다는 것은 죄와의 지속적인 관계와 사귐이 완전히 끊어지고 청산되었음을 말합니다.
요한일서 3장 8절의 말씀입니다.

> ⁸ 죄를 짓는 자는 마귀에게 속하나니 마귀는 처음부터 범죄함이라 하나님의 아들이 나타나신 것은 마귀의 일을 멸하려 하심이라

우리가 죄의 관계를 끝내게 된 것은 마귀의 일을 멸하신 예수님께서 우리의 죄 짐을 대신 맡아주셨기 때문입니다. 죄가 우리를 노예 삼아, 계속 죄를 지어 죄의 종 된 삶을 증명하라고 어깃장을 부렸던 치욕적인 과거를 청산하도록 예수님께서 그 죄의 짐을 가져가신 것입니다. 그래서 이제는 죄에 대해 우리가 져야 할 짐, 채무는 완전히 정리되었습니다. 우리는 죄에 대해 자유자가 되었습니다.

4. 나는 포도나무요 너희는 가지라

로마서 6장 10절의 말씀입니다.

> [10] 그가 죽으심은 죄에 대하여 단번에 죽으심이요 그가 살아 계심은 하나님께 대하여 살아 계심이니

이 성경 구절이 말씀하는 핵심은 무엇입니까?

> 단번에 죄에 죽지만 하나님을 위해 사는 일은 영원히 계속된다!

즉, 예수님께서 죄에 대하여 단번에 죽으심은 동시에 우리가 하나님을 위해 사는 삶을 영원히 계속하도록 만들어 준다는 뜻입니다. 죄에 대해 죽은 자들은 예수 그리스도를 통해 얻게 된 새 생명을 가지고 자기 자신을 위한 삶이 아니라, 새 생명에 걸맞도록 하나님을 위한 삶을 살아야 합니다. 예수 그리스도는 하나님의 뜻과 계획을 성취하시기 위해 이 땅에 오셨고, 하나님 나라 복음을 전하는 일을 위해 자신의 생명을 바쳤다는 사실을 기억해야 합니다.

누가복음 4장 43절의 말씀입니다.

> ⁴³ 예수께서 이르시되 내가 다른 동네들에서도 하나님의 나라 복음을 전하여야 하리니 나는 이 일을 위해 보내심을 받았노라 하시고

목사님, 그게 어떻게 가능합니까?
나 좀 살고 봅시다. 저 지금 마이너스 통장 쓰고 있어요. 대출 이자는 좀 갚아야죠.
우리 아이 이제 회사 취직했는데, 그 아이가 무엇을 할 수 있겠습니까?
우리 아이 자리 잡을 때까지는 제가 도와줘야 합니다. 우리 남편 힘 없고 늙어서 저 없이는 안 됩니다.
하나님 나라 복음이요?
그건 전도의 사명이 있는 자들의 것이겠죠. 산 사람 입에 거미줄 치면 안 되잖아요. 바쁜 거 지나면 그때는 생명 바쳐 하나님 일할게요. 저는 은사가 없어요.
기도도 할 줄 모르고, 제가 없다고 하나님이 하실 일을 하지 못하실까요?
나 하나쯤은 괜찮습니다.

여러분은 거듭나셨습니까?
새 생명으로 다시 태어나셨습니까?
그렇다면 '나 하나쯤이야' 하는 생각으로 하나님 나라에 무임승차하려는 마음을 버리세요!

여전히 자기 위주로 살며, 하나님을 위한 삶을 살고 있지 못하다면, 어쩌면 그는 예수님의 관계자가 아닐 수 있습니다. 왜냐하면, 거듭난 새 생명의 삶, 하나님을 위한 삶은 과거, 죄에 물들어 있던 삶과는 전혀 다른 삶

이기 때문입니다.

우리는 거듭난 새 생명의 삶을 살고 있습니다. 이것은 육체의 소욕과 정욕대로 죄짓고 사는 삶과는 다른 차원의 삶입니다. 우리는 예수님께 접붙여진 자들입니다. 죄와 벗하던 과거의 옛 사람과는 다른 부류의 사람이 된 것입니다.

코로나 이후로 집을 리모델링하는 것이 유행이 되었다고 합니다. 그런데 여러분이 아셔야 할 사실은 거듭난 새 생명이 되어 하나님의 성전 된 건물로서 지어져 가는 우리의 육체는 단편적으로 고쳐 쓰는 '단순한 고침'으로 만들어지는 것이 아니라는 것입니다. 거듭남은 리모델링 정도가 아닙니다. 고쳐서 다시 쓰는 것이 아닙니다.

거듭난 새 생명이 되었다는 것은 옛것이 소멸되고 없는, 본질적으로 다른 새것이 되는 일입니다.

나무에 다른 나뭇가지를 접붙이면 어떻게 됩니까?

그 나뭇가지는 접붙여진 나무와 동일한 성질의 새 나무가 됩니다. 예수님과 연합되면 옛것을 벗어버리는 새 사람이 됩니다. 새 생명이 됩니다.

요한복음 15장 4절과 5절의 말씀입니다.

> [4] 내 안에 거하라 나도 너희 안에 거하리라 가지가 포도나무에 붙어 있지 아니하면 스스로 열매를 맺을 수 없는 같이 너희도 내 안에 있지 아니하면 그러하리라
> [5] 나는 포도나무요 너희는 가지라 그가 내 안에, 내가 그 안에 거하면 사람이 열매를 많이 맺나니 나를 떠나서는 너희가 아무것도 할 수 없음이라

새 생명으로 거듭난 우리는 예수님과 관계를 맺게 된 새 사람으로, 육체를 따라 살던 '죄악 된 무리들의 편에서 완전히 돌아섰음'을 의미합니다.

5. 빛의 자녀들처럼 행하라

과거에 우리는 어땠습니까?
세상의 풍속을 따르는 자들이었습니다.
에베소서 2장 2절의 말씀입니다.

> [2] 그 때에 너희는 그 가운데서 행하여 이 세상 풍조를 따르고 공중의 권세 잡은 자를 따랐으니 곧 지금 불순종의 아들들 가운데서 역사하는 영이라

세상이 추구하고 열망하는 것들의 편에 서서 그들의 대변자가 되고 세상과 기득권의 변호사를 자처하던 삶, 에베소서 2장 2절에서 말씀하는 불순종의 삶, 육체의 소욕을 이루는 삶의 진영에 머물던 부끄러운 과거는 이제 떨쳐 버려야 합니다.

어느 편에 속하셨습니까?
어느 편에 속한 생활을 하고 있습니까?
어느 편에 소속된 모습을 나타내고 있습니까?
하나님의 마음으로, 하나님을 위한 삶을 살려면 어떻게 해야 합니까?

먼저 성령을 좇는 삶을 살아야 합니다.
로마서 8장 4절의 말씀과 갈라디아서 5장 16절의 말씀입니다.

> [4] 육신을 따르지 않고 그 영을 따라 행하는 우리에게 율법의 요구가 이루어지게 하려 하심이니라

> [16] 내가 이르노니 너희는 성령을 따라 행하라 그리하면 육체의 욕심을 이루지 아니하리라

하나님의 마음으로, 하나님을 위해 살려면 사랑으로 행해야 합니다.
에베소서 4장 2절의 말씀입니다.

> ² 모든 겸손과 온유로 하고 오래 참음으로 사랑 가운데서 서로 용납하고

이렇게 하나님의 마음으로, 하나님을 위한 삶을 살려면 빛의 자녀로 살아야 합니다.
에베소서 5장 8절의 말씀입니다.

> ⁸ 너희가 전에는 어둠이더니 이제는 주 안에서 빛이라 빛의 자녀들처럼 행하라

하나님의 원리를 우리 삶의 원리로 받아들여야 합니다. 예수님의 가치를 우리의 가치로 알고 살아야 합니다. 그리스도로 사는 것입니다.
그리스도로 살지 않는 것이, 거룩하고 성결한 새 생명의 삶을 우리의 가치로 받아들이지 않고 있다는 반증이 아니고 무엇이겠습니까?
새 생명은 거룩한 생명입니다. 그리스도가 추구한 가치를 추구하며 사는 삶입니다. 그리스도인은 그리스도를 닮아가는 자이며 그리스도를 주로 시인하며 주를 따르는 자들입니다.
누구처럼 살아야 합니까?
그리스도처럼, 그리스도 같이 사는 사람이 그리스도인입니다.
우리가 거룩한 주의 보혈로 죄 씻음을 받아 성령으로 거듭났음에도, 그리스도 같이 살지 못한다면 우리는 예수님이라는 가지에 접붙여졌으나 합당치 못한 가지가 되는 것입니다. 그렇게 되어서는 안 됩니다.
요한복음 15장 2절의 말씀입니다.

² 무릇 내게 붙어 있어 열매를 맺지 아니하는 가지는 아버지께서 그것을 제거해 버리시고 무릇 열매를 맺는 가지는 더 열매를 맺게 하려 하여 그것을 깨끗하게 하시느니라

합당치 못한 가지가 되지 말아야 합니다. 합당치 못한 가지로 살아가기 위해, 우리가 주님과 함께 십자가에서 죽고 다시 살아난 것이 아닙니다.

그리스도는 자기 자신을 버리시기까지 우리를 사랑하셨습니다. 자신의 것을 내어주고, 자기 생각을 버리고, 자신의 뜻도 버리셨습니다. 하나님의 뜻과 계획이 중요했고, 그것을 삶에서 실천할 때도 '내가 취할 유익'을 버림으로써 하나님의 사랑을 나타냈습니다.

사랑하는 성도 여러분, 성령을 따라 서로 사랑하고 빛의 자녀로 사는 삶, 그리스도가 추구한 원리와 가치를 따라 살면 우리는 새 생명으로 다시금 태어납니다. 또한, 새로운 영적 가족들이 늘어나는 것을 보고 기뻐하는 일이 생깁니다.

예수님의 가치와 원리를 따르지 않으면 빗나간 사랑, 세속적인 사랑을 하게 됩니다. 하지만, 새 생명으로 거듭난 우리는 우리와 같은 또 다른 새 생명의 잉태를 바라는 마음으로 옛것을 완전히 버려야 합니다.

단순히 죄악 된 옛 성품과 옛 모습만 버리는 것이 아닙니다. 어린아이 같은 연약한 믿음도 버려야 합니다. 그때 우리 주 예수 그리스도의 사랑 안에서 온전한 믿음의 삶을 사는 새 생명의 열매가 맺히는 것을 경험할 수 있습니다.

고린도전서 13장 4-7절과 11절의 말씀입니다.

⁴ 사랑은 오래 참고 사랑은 온유하며 시기하지 아니하며 사랑은 자랑하지 아니하며 교만하지 아니하며

⁵ 무례히 행하지 아니하며 자기의 유익을 구하지 아니하며 성내지 아니하며 악한 것을 생각하지 아니하며

> ⁶ 불의를 기뻐하지 아니하며 진리와 함께 기뻐하고
>
> ⁷ 모든 것을 참으며 모든 것을 믿으며 모든 것을 바라며 모든 것을 견디느니라
>
> ¹¹ 내가 어렸을 때에는 말하는 것이 어린아이와 같고 깨닫는 것이 어린아이와 같고 생각하는 것이 어린아이와 같다가 장성한 사람이 되어서는 어린아이의 일을 버렸노라

죄에서 돌이켰다고, '나 잘하고 있어!'라며 자랑할 수 없습니다. 죄에서 돌이킨 자는 어린아이와 같은 일을 빨리 버리고, 성장하고 성숙하여 주님의 마음을 기쁘게 해야 합니다. 반드시 새 생활이 필요합니다.

사랑하는 성도 여러분, 세력이 약한 가지와 접붙인 부위에서 발생해 나무의 일부 또는 전체를 말라 죽게 하는 곰팡이병인 '줄기 마름병'을 알고 계십니까?

우리가 왜 예수님에게 접붙여져야 합니까?

좋은 열매를 얻기 위한 접붙임의 과정이 싫다면, 저성장에 머무르거나 아무도 거들떠보지 않는 '낮은 품질'의 열매로 만족해야 합니다. 품질 개량이 안 되는 것입니다.

새 생명에 거한다고 하면서도, 여전히 예수님의 가치와 원리를 따르지 않는 삶을 살아간다면, 예수님을 만나 거듭난 순간부터 사과나무를 말라 죽게 만들게 되는 것입니다. '줄기마름병'이 사과나무 전체를 말라 죽게 하는 것처럼, 우리 또한 예수님을 말라 죽게 하는 곰팡이와 같은 존재가 될 수 있다는 사실을 기억하시길 바랍니다.

새 생명에 기대되는 삶을 살아내지 못한다면, 하나님 나라를 확장하는 것이 아니라, 거듭나지 못한 우리의 행동 하나, 말 한마디가 하나님 나라를 좀먹고 곰팡이 피게 하여, 하나님 나라를 말라 죽게 만든다는 것을 절대 잊지 마시길 바랍니다.

'새 생명'답게 살아가며, 오직 주의 사랑에 매여 하나님의 나라와 의를 이뤄가시는 모든 성도님이 되시길 주님의 이름으로 축원합니다.

기도 제목

1. 옛 사람으로 살던 어두움을 벗어버리고 그리스도와 연합한 새 생명으로 살아가도록

2. 새 생명과 모순된 죄악을 끊고 죄악뿐만 아니라 영적인 어린아이의 모습까지 버릴 수 있도록

3. 주 예수 그리스도의 사랑 안에서 온전한 믿음의 삶을 사는 새 생명의 열매가 맺히는 것을 경험할 수 있도록

11

마음의 할례
[신명기 30장 6절]

> ⁶ 네 하나님 여호와께서 네 마음과 네 자손의 마음에 할례를 베푸사 너로 마음을 다하며 뜻을 다하여 네 하나님 여호와를 사랑하게 하사 너로 생명을 얻게 하실 것이며

1. 믿음의 대인배

믿는 자에게는 새로운 삶이 있습니다. 분명 우리는 새로운 삶을 살아가고 있습니다. 그 이유는 거듭났기 때문입니다. 새롭게 되었기 때문입니다. 무엇으로 우리가 새롭게 되었습니까?
예수 그리스도!
그분을 믿는 믿음으로 우리는 거듭나게 되어 새로운 삶을 살아가고 있는 것입니다. 이런 우리의 마음 중심에는 예수 그리스도께서 계십니다. 우리 주님께서 우리 마음의 중심을 차지하고 계셔서, 세상 속 분주한 시선과 관심을 오직 하나님께로 향하게 하십니다. 지극히 제한적이고 현실적 시각이 아닌, 하나님의 눈으로 영적인 시각을 통해 기쁨과 감격과 소망을 보게 하시고, 실제로 그 은혜의 결실을 주시는 것입니다.

이 모든 것의 시작이 무엇입니까?

바로 우리의 마음입니다. 정확히는 예수 그리스도께서 살아 임재하시는 마음입니다.

진실로 사람의 마음은 그 사람을 크게도, 작게도 만들어 줍니다.

무슨 말입니까?

대인배라는 말을 들어보셨을 것입니다. 말 그대로 '큰 사람이나 성숙한 사람'을 뜻합니다.

키가 커서 큰 사람입니까?

나이를 먹을 만큼 먹어서, 성인이 되어서, 성숙한 사람이라고 불리는 것입니까?

아닙니다. 우리가 어떤 사람에 대해서 '대인배다, 큰 사람이다, 성숙한 사람이다'라고 할 때는 '그의 마음이 크고 넓다'라는 의미를 담고 있습니다.

이것은 믿는 자들에게도 통용됩니다.

우리 믿는 자들에게 있어서 대인배, 곧 큰 사람은 어떤 자들입니까?

믿음의 대인배는 '마음이 넓고 아량을 잘 베푸는 자들'입니다. '하나님의 지혜가 가득하고 그리스도의 성품을 닮은 자들'을 '믿음의 대인배'라고 할 수 있는 것입니다.

믿음의 대인배들은 이미 주님이 주신 마음의 할례를 받은 자들입니다. 오늘 우리 주님께서는 <마음의 할례>라는 제목으로 신명기 30장 6절의 말씀을 통해 진실로 거듭난 우리에게 베푸신 마음의 할례가 어떤 의미인지, 마음의 할례를 받은 자들이 주께 행할 도리는 무엇인지 알기를 원하고 계십니다.

신명기 30장 6절의 말씀입니다.

⁶ 네 하나님 여호와께서 네 마음과 네 자손의 마음에 할례를 베푸사 너로 마음을 다하며 뜻을 다하여 네 하나님 여호와를 사랑하게 하사 너로 생명을 얻게 하실 것이며

2. 마음에 할례를 베푸신다?

하나님은 마음에 할례를 베푸는 분이십니다.
원래 할례는 마음에 베푸는 것이 아닙니다.
구약성경에서 할례는 무엇이었나요?
하나님께서 특별하게 세상과 구별되게 불러 주신, 이스라엘 백성에게 언약의 표징으로 신체에 베풀어 주신 것이 아닙니까?
그렇습니다. "하나님은 우리의 아버지이고 저희는 하나님의 백성입니다"라는 선민 표시가 할례입니다. 하나님께 선택 받은 이스라엘 백성이 언약의 표징으로 받은 것이 할례입니다.
그런데 이스라엘 백성이 아니어도 구약에서 할례받은 자들이 있지 않습니까?
그렇습니다. 『종교학 대사전』을 보면 할례는 고대부터 세계 각지에서 행해졌고, 지금도 일부 지역이나 부족에서 관찰된다고 나옵니다.
그렇다면, 구약성경이 말하는 마음의 할례는 무엇입니까?
신체에 행해지는 할례는 생체기를 내거나 표피의 일부를 잘라내는 것으로 피부에 상처의 흔적이 남습니다.

그렇다면 마음의 할례란 무엇이란 말입니까?
마음에 생채기를 내는 것입니까?
마음에 상처가 남도록 고통이나 고난을 겪게 하는 것입니까?
하나님은 마음에 어떻게 할례를 베풀어 주시는 것입니까?

마음의 할례란, 성령이 마음에 역사하셔서 부드러운 마음으로 바꿔주시는 것을 말합니다. 육체의 할례가 칼이나 날카로운 것으로 신체 표피 일부를 잘라내는 것이라면, 마음의 할례는 성령이 굳은 마음을 예리한 말씀으로 제거하고 새로운 마음, 성령으로 거듭난 부드러운 마음을 불어넣어 주시는 것입니다.

에스겔 36장 26-27절 말씀은 마음의 할례를 정확하게 설명해 줍니다.

> 26 또 새 영을 너희 속에 두고 새 마음을 너희에게 주되 너희 육신에서 굳은 마음을 제거하고 부드러운 마음을 줄 것이며
> 27 또 내 영을 너희 속에 두어 너희로 내 율례를 행하게 하리니 너희가 내 규례를 지켜 행할지라

굳은 마음이 아닌 부드러운 마음, 이런 마음의 할례는 누가 받을 수 있습니까?

오늘 본문인 신명기 30장 6절의 말씀에 의하면, '너와 네 자손'입니다.

> 6 네 하나님 여호와께서 네 마음과 네 자손의 마음에 할례를 베푸사 너로 마음을 다하며 뜻을 다하여 네 하나님 여호와를 사랑하게 하사 너로 생명을 얻게 하실 것이며

이스라엘 백성과 그 후손을 가리킵니다. 하지만, 넓게 보면, 영적 이스라엘이라고 볼 수 있는, 예수님을 믿는 모든 그리스도인을 가리킵니다.

어? 목사님!
하나님은 이미 이스라엘 백성과의 언약의 표징으로 할례를 명하셨음에도 불구하고, 왜 마음에 할례를 베푸시는 것입니까?

이런 의문이 드실 수 있습니다.

하나님은 이미 이스라엘 백성들과의 언약의 표징으로서 할례를 명하셨음에도 불구하고 왜 마음에 할례를 베푸시는 것일까?

이 질문에 답하려면, 이 말씀이 어떤 흐름에서 성경에 기록되었는지를 알아야 합니다.

신명기는 모세가 쓴 모세오경 중 하나입니다. 모세는 출애굽을 이끈 이스라엘의 지도자입니다. 그는 40년간 광야에서 모진 역경과 수고를 감내하며 이스라엘 백성을 이끌었습니다. 모세는 이제 하나님께서 약속하신 가나안 입성을 앞두고 모압 평지에서 마지막으로 이스라엘 백성을 향해 고별 설교를 하게 되었습니다.

고별 설교의 결론부에 해당하는 것이 오늘 본문입니다.

> 이스라엘 백성 여러분, 우리가 출애굽하고 얼마 지나지 않아 하나님은 시내산에서 언약의 말씀을 주셨습니다. 율법대로 행하고 순종하라는 가르침을 우리에게 주신 것입니다.
>
> 우리가 출애굽한 지 어언 40년이 지났습니다. 여러분, 여러분은 출애굽 1세대가 약속의 땅 가나안을 정탐하고 불신앙적인 보고를 한 정탐꾼들과 함께 다 죽고 없는 출애굽 2세대로 여기 서 있습니다. 여러분의 부모 세대가 받은 시내산 언약을 잊었거나 모를 수 있습니다.
>
> 그러나 걱정하지 마십시오. 하나님은 여기 모압 평지에 있는 출애굽 2세대 여러분에게 40년 전 우리들에게 하신 시내산 언약을 갱신하시길 원하십니다.
>
> 말씀에 순종하십시오. 이 말씀을 기억하시길 바랍니다. 하나님 외에 다른 것을 따르던 죄를 떠나 회개하고 하나님만 의지하십시오.. 순종하십시오.

모세는 이렇게 선포했습니다.

하나님께서 출애굽 1세대에게 하신 언약을 출애굽 2세대들에게 갱신하여 약속해 주신 것입니다. 1세대와 같은 내용으로, '말씀을 지켜 행하라는 것을 기억하며 순종하라는 것'입니다.

그런데 대상이 달라졌습니다. 갱신과 동시에, 새 언약이 된 것입니다.

출애굽 1세대는 광야 40년을 지나면서 전부 사라졌습니다. 가데스 반역 사건 당시 가나안 땅에 대한 언약의 말씀을 믿지 못하고 현실적인 보고를 한 정탐꾼들과 그들의 보고를 듣고 동조하여 하나님을 원망하며 시험한 자들은 모두 죽었습니다.

정리하자면, 하나님은 출애굽 1세대에게 베푸신 육체의 할례에서 한 걸음 더 나아가, 출애굽 2세대와 그 이후의 모든 영적 이스라엘 자손에게 '하나님의 말씀을 기억하고 순종하라'는 언약을 갱신하시면서, 새 언약의 증표로서 그들의 마음에 할례를 베풀어 주신 것입니다.

> 목사님, 질문이 있습니다.
> 시내산 언약을 재갱신한다, 시내산 언약과 달리, 듣는 대상이 달라졌다.
> 다 알겠는데요.
> 그렇다면 할례를 다시 한 번 주면 되지 육체의 할례가 아닌 마음의 할례를 주신 이유는 무엇입니까?

그 이유는 외적인 표시에만 그쳤던 육체의 할례를 뛰어넘어 마음의 변화까지 함께 가져올 새로운 언약을 주시기 위함이었습니다.

과거 이스라엘 백성의 마음에는 하나님을 향한 원망이 있었습니다. 출애굽한 지 얼마 안 됐을 때부터 그들은 젖과 꿀이 흐르는 가나안 땅을 주신다는 하나님의 약속을 온전히 신뢰하지 못하고, 가나안이 어떤 곳인지 알아보려고 정탐꾼 출정을 모세에게 요구합니다. 그런데 정탐꾼 12명 중에 10명은 가나안 땅에 대해 좋지 않은 말을 합니다. 불신앙에 근거해, 눈에 보이는 불가능한 이유만 댑니다.

민수기 13장 31-33절의 말씀을 보시길 바랍니다.

> ³¹ 그와 함께 올라갔던 사람들은 이르되 우리는 능히 올라가서 그 백성을 치지 못하리라 그들은 우리보다 강하니라 하고
> ³² 이스라엘 자손 앞에서 그 정탐한 땅을 악평하여 이르되 우리가 두루 다니며 정탐한 땅은 그 거주민을 삼키는 땅이요 거기서 본 모든 백성은 신장이 장대한 자들이며
> ³³ 거기서 네피림 후손인 아낙 자손의 거인들을 보았나니 우리는 스스로 보기에도 메뚜기 같으니 그들이 보기에도 그와 같았을 것이니라

3. 마음에서 비롯된 불신앙

이들의 불신앙은 마음에서부터 비롯된 것입니다. 마음이 꼬일 대로 꼬여 있으니까, 악평이 나오고 험담이 나오는 것입니다. 어떤 일과 사람에 대한 악평이 나오고 험담을 일삼으면, 그 악평과 험담이 하나님에 대한 원망으로까지 확대됩니다.

욥의 경우도 그렇지 않습니까?
욥이 현실의 고난과 이해할 수 없는 고통 가운데 마음을 지키지 못하니까, 입술에서 무엇이 나옵니까?
'차라리 태어나지 말 걸!' 하는 원망이 나오지 않습니까?

우리 입술에도 이런 원망이 자주 나옵니다.
예수님을 믿는다고 하면서, 하나님 한 분만 의지하고 그분의 말씀만 순종한다고 하면서, '그때 차라리 그 일을 하지 말 걸, 애초에 그 사람을 만

나지 말 걸' 하면서, 삶의 모든 순간을 인도하시고 은혜로 보살펴 주신 하나님을 원망하는 모습은 없습니까?

우리의 신앙을 바로 세우고 믿음을 새롭게 하는 일에는 마음을 다잡는 것이 우선되어야 합니다.

우리 힘과 능력으로 그 마음이 주님께 매이도록, 하나님의 말씀에만 순종하도록 하는 것이 가능할까요?

안 된다는 것입니다.

그것은 가데스 반역 사건 당시 이스라엘 백성 1세대가 보여준 불순종과 하나님에 대한 원망, 마음을 지키지 못한 일로 이미 증명되었잖아요?

이스라엘 백성 1세대의 원망이 어디로부터 나왔는지 잘 보시길 바랍니다.

민수기 14장 26-30절의 말씀입니다.

> 26 여호와께서 모세와 아론에게 말씀하여 이르시되
> 27 나를 원망하는 이 악한 회중에게 내가 어느 때까지 참으랴 이스라엘 자손이 나를 향하여 원망하는 바 그 원망하는 말을 내가 들었노라
> 28 그들에게 이르기를 여호와의 말씀에 내 삶을 두고 맹세하노라 너희 말이 내 귀에 들린 대로 내가 너희에게 행하리니
> 29 너희 시체가 이 광야에 엎드러질 것이라 너희 중에서 이십 세 이상으로서 계수된 자 곧 나를 원망한 자 전부가
> 30 여분네의 아들 갈렙과 눈의 아들 여호수아 외에는 내가 맹세하여 너희에게 살게 하리라 한 땅에 결단코 들어가지 못하리라

민수기 14장 27절과 28절의 말씀을 잘 보시길 바랍니다.

> 원망하는 말을 내가 들었노라, 내 귀에 들린 대로 내가 너희에게 행하리라.

이스라엘 백성은 그 마음에 불신이 가득했고 불신앙적인 눈과 귀로 보고 들은 일로 인해 불안했습니다. 그래서 하나님께서 주신 시내산 언약을 믿지 못하고 흔들렸습니다.

그들은 완전히 거듭나지 못한 것입니다. 육체의 할례를 받아 외적으로는 하나님의 백성이라는 표시는 얻었으나, 정작 할례받은 자답지 않게 마음이 하나님께 향하지 못했고, 그 결과 하나님을 원망하는 불신앙과 불순종의 행위를 보이고 말았습니다. 따라서, 믿음이 전부가 되지 못한 그들에게는 멸망 외에는 돌아올 것이 없었습니다.

그래서 하나님은 모세를 통해, 이스라엘 2세대와 후손들과 신약 시대의 영적 이스라엘에게 '마음의 할례'를 베푸셔서, 마음으로부터 우러나오는 진실한 믿음을 가지라 명하신 것입니다. 전심으로 하나님의 말씀을 기억하고 순종할 수 있도록 그들 마음을 변화시켜 주시는 것입니다.

4. '마음의 할례'를 베푸신 목적

마음의 할례의 결과는 '진실한 믿음과 순종'입니다.
오늘 본문인 신명기 30장 6절의 말씀을 다시 한번 보시길 바랍니다.

> ^{6} 네 하나님 여호와께서 네 마음과 네 자손의 마음에 할례를 베푸사 너로 마음을 다하며 뜻을 다하여 네 하나님 여호와를 사랑하게 하사 너로 생명을 얻게 하실 것이며

하나님께서 마음에 할례를 베풀어, 두 가지를 이루게 해 주신다고 말씀하십니다. 마음과 뜻을 다해 하나님을 사랑하게 하시고, 생명을 얻게 하시는 것입니다.

마음의 할례를 받아 거듭난 자들은 굳은 마음 대신 부드러운 마음으로 변화됩니다. 하나님이 인정하시는 마음 상태가 되는 것입니다. 변화된 마음으로 우리는 하나님을 사랑하게 되고 생명을 얻을 수 있습니다. 이것은 거듭난 모든 영적 이스라엘, 그리스도인들의 마음입니다. 하나님을 사랑하는 자가 되어, 그 사랑 안에서 구원을 선물로 받아, 그리스도의 생명 가운데 영원히 살게 되는 것입니다.

오늘날 사탄은 어떻게 하면 한 영혼이라도 더 노략질하고 훔쳐서 멸망의 길로 떨어지게 할까 혈안이 되어 있으나, 우리를 구원하신 예수 그리스도는 그분을 믿는 자들에게 자신의 생명을 선물로 주시고 영원한 구원의 길로 인도하시는 것입니다.

하나님께서 마음의 할례를 주신 목적과 예수님이 이 땅에 오신 목적이 동일하다는 것입니다.

요한복음 10장 10절의 말씀입니다.

> ¹⁰ 도둑이 오는 것은 도둑질하고 죽이고 멸망시키려는 것뿐이요 내가 온 것은 양으로 생명을 얻게 하고 더 풍성히 얻게 하려는 것이라

그런데 여기서 이런 질문을 하실 수 있습니다.

> 목사님, 질문이 있습니다!
> 오늘 주신 말씀이 모세가 죽기 전 출애굽한 이스라엘 2세대에게 당부한 고별 설교의 마지막 결론 부분이라는 것도 알겠고요. 육체의 할례를 받은 이스라엘 1세대들이 거듭나지 못한 불순종으로 죽고 난 후, 출애굽 2세대만큼은 제발 시내산 언약을 기억하고 순종하라고 갱신의 의미로 마음의 할례를 베푸신 것을 알겠습니다.

그런데 믿으라고만 하면 되지, 왜 꼭 원망하는 마음을 불신과 연결하여 마음의 변화를 믿음과 순종으로 연결하는 것입니까?
우리의 마음과 믿음은 무슨 상관관계가 있는 건가요?

예수님은 믿음 없는 것과 마음이 완악한 것을 동일한 상태로 보십니다. 예수님께서 부활을 목격한 증거를 믿지 못하는 제자들을 책망하실 때, 그들의 믿음 없음과 마음의 완악한 것을 동일한 것으로 간주하셨습니다.
마가복음 16장 14절의 말씀입니다.

> 14 그 후에 열한 제자가 음식 먹을 때에 예수께서 그들에게 나타나사 그들의 믿음 없는 것과 마음이 완악한 것을 꾸짖으시니 이는 자기가 살아난 것을 본 자들의 말을 믿지 아니함일러라

예수님은 부활을 믿지 못하는 제자들의 어떤 부분을 꾸짖으셨습니까?
믿음 없는 것과 마음이 완악한 것을 책망하셨습니다. 왜냐하면, '마음이 완악한 것'은 확실한 증거를 거절하는 굳은 마음을 뜻하기 때문입니다.
마음이 완악한 것이 무엇을 뜻한다고요?
완악한 마음은 확실한 증거를 거절하는 굳은 마음입니다. '마음이 완악한 것'의 정의와 의미를 반드시 기억하시길 바랍니다.
제자들의 마음은 단단하게 굳어져 있었기 때문에, 다른 어떤 것을 받아들일 수 없는 상태였습니다. 아무리 확실한 증거가 있어도, 거절하는 것입니다. 자기가 믿고 싶은 대로 믿고 받아들이고 싶은 것만 받아들이는 것입니다.
믿어야 할 확실한 증거를 거절하는 것이 바로 제자들의 믿음 없는 상태요, 완악한 마음이었습니다. 마음이 완악한 자들은 아무리 진리의 말씀이 주어져도 믿지 못합니다.

출애굽 1세대 이스라엘 백성도 굳은 마음, 완악한 마음으로 꾀일 대로 꾀여 험담하고 악평하고 원망했습니다. 그들에게는 진정한 믿음이 없었습니다. 확실한 증거인 하나님의 말씀인 언약을 기억하지 못하고, 자신의 눈과 귀에 보이고 들리는, 확실치 못한 증거만 붙잡았습니다.

사도행전 7장 51절의 말씀입니다.

> 51 목이 곧고 마음과 귀에 할례를 받지 못한 사람들아 너희도 너희 조상과 같이 항상 성령을 거스르는도다

마음의 할례를 받지 못한 자들은 확실한 증거의 말씀을 거절하는 완악함으로 항상 성령을 거스를 수밖에 없습니다. 그래서 출애굽 2세대 이스라엘 백성과 그 후손들, 오늘날의 영적 이스라엘인 우리는 반드시 마음의 할례를 받아야 하는 것입니다. 하나님과 언약을 맺었음에도 불구하고 마음이 완악하여 확실한 증거인 말씀을 거절하고 굳은 마음을 계속 고집한다면, 결코 하나님을 사랑하며 살 수도 없고 예수 그리스도의 생명을 가지고 사는 일 또한 영원히 불가능해질 것입니다.

사랑하는 성도 여러분, 진정으로 거듭난 자입니까?

마음의 할례를 받았습니까?

그렇다면, 예수 그리스도의 생명을 얻은 자로서 그 생명을 계속 소유하며 살 수 있습니다. 예수님의 생명이 있는 자들은 그분의 말씀을 듣고 행하게 되어 있습니다. 믿음과 순종이 뒤따릅니다. 마음이 완악해져서 확실한 증거인 말씀을 거절하는 일이 결코 없어야 합니다.

마음의 할례를 받은 우리에게, 진실로 거듭난 저와 여러분에게 주님은 영생을 선물로 주셨습니다. 그렇기에 그 무엇도 주님의 손에서 우리를 빼앗을 자가 없음을 기억하시길 바랍니다.

요한복음 10장 27-28절의 말씀입니다.

> ²⁷ 내 양은 내 음성을 들으며 나는 그들을 알며 그들은 나를 따르느니라
> ²⁸ 내가 그들에게 영생을 주노니 영원히 멸망하지 아니할 것이요 또 그들을 내 손에서 빼앗을 자가 없느니라

진실로 우리 주님은 믿음이 없고 완악한 제자들을 꾸짖어 깨닫게 하시고, 다시금 믿게 하시는 긍휼이 풍성한 은혜의 하나님이십니다. 우리 주님은 그분이 친히 택하여 거듭나게 한 모든 영혼을 단 한 명도 포기하지 않고, 끝까지 하나님의 사랑을 나타내 주십니다. 우리 주님은 완악한 죄인들의 마음에 십자가 보혈을 뿌려 대속의 은혜를 베풀어 주셨고, 그렇게 거듭난 우리에게 부드러운 마음, 말씀을 거절하지 않는 순종의 마음을 허락해 주셨다는 사실을 믿으시길 바랍니다.

베드로전서 1장 18-19절의 말씀입니다.

> ¹⁸ 너희가 알거니와 너희 조상이 물려 준 헛된 행실에서 대속함을 받은 것은 은이나 금 같이 없어질 것으로 된 것이 아니요
> ¹⁹ 오직 흠 없고 점 없는 어린 양 같은 그리스도의 보배로운 피로 된 것이니라

그러니 우리 죄를 대속하신 그리스도의 십자가 사랑을 받은 자답게, 진정으로 거듭난 자답게, 마음의 할례를 받은 자답게, 확실한 증거인 말씀을 거절하지 말고, 받은 모든 말씀을 기억하며 순종하는 축복의 사람이 다 되시길 주님의 이름으로 축원합니다.

기도 제목

1. 확실한 증거를 거절하는 굳은 마음, 마음의 완악함을 버릴 수 있도록

2. 마음이 꼬일 대로 꼬여 우리 입술에서 악평과 험담이 나오고 하나님에 대한 원망으로까지 이어지는 일이 없도록

3. 마음의 할례를 받은 부드러운 마음을 가지고 거듭난 자답게 말씀을 기억하고 순종하는 참된 믿음의 사람이 될 수 있도록

12

하나님의 씨
[요한일서 3장 9절]

> ⁹ 하나님께로부터 난 자마다 죄를 짓지 아니하나니 이는 하나님의 씨가 그의 속에 거함이요 그도 범죄하지 못하는 것은 하나님께로부터 났음이라

거듭난 그리스도인의 삶은 열매 맺는 삶입니다.

어떤 열매가 맺힐까요?

성령의 아홉 가지 열매가 주렁주렁 맺힙니다. 봄에 뿌린 씨앗이 가을에 열매를 맺듯이, 우리가 뿌린 거룩한 말 한마디, 정결하고 깨끗한 행실 하나하나가 오늘날 성숙하고 인자한 믿음의 성품으로 열매 맺게 되는 것입니다.

거룩한 말과 행실의 씨앗을 열심히 뿌리고 계십니까?

거듭난 자라면 우리는 하나님께서 주신 마음을 품고 영혼에 대한 사랑과 하나님 나라의 의와 평강을 구하는 삶을 살아야 합니다.

그런 우리에게 주님께서는 <하나님의 씨>라는 제목으로 요한일서 3장 9절의 말씀을 통해 진실로 거듭난 우리들이 뿌려야 할 거룩한 하나님의 씨가 무엇인지 깨닫고, 하나님의 씨가 열매 맺는 풍성한 은혜의 삶을 살아내기를 원하십니다.

요한일서 3장 9절의 말씀입니다.

⁹하나님께로부터 난 자마다 죄를 짓지 아니하나니 이는 하나님의 씨가 그의 속에 거함이요 그도 범죄하지 못하는 것은 하나님께로부터 났음이라

1. 사도 요한의 권면

하나님께로부터 난 자는 죄를 짓지 않습니다. 그 이유는 하나님의 씨가 있기 때문에 범죄하지 못하는 것입니다.

이 성경 구절을 이해하기 위해서는 '하나님께로부터 난 자'가 무엇인지 알아야 하고, '하나님의 씨'가 구체적으로 무엇인지도 알아야 합니다. 또한, '하나님께 난 자들 속에 있는 하나님의 씨가 어떻게 범죄하지 못하도록 하는지, 그 기능의 상관관계'도 볼 수 있어야 합니다.

하지만, 그보다 선행돼야 할 일이 있습니다. 요한일서가 어떤 배경으로 어떤 메시지를 전달하기 위해 쓰였느냐에 대한 지식이 있어야 오늘 본문이 우리의 삶에 밀접하게 다가올 수 있습니다.

요한일서는 누가 썼습니까?

사도 요한입니다. 그가 밧모섬에 유배되기 전에 에베소에서 목회를 하던 시기에 소아시아 지역의 성도들을 대상으로 기록한 것입니다. 예수님이 부활, 승천하신 다음 A.D. 90-95년에 쓰인 것으로 알려져 있습니다.

예수님이 제자들을 떠난 다음 무슨 일이 있었던 것입니까?

한 세대를 지나면서 예수님의 십자가 죽음 이후로 부활을 믿고 천국을 소망하던 그리스도인들에게 어떤 일들이 일어났기에, 사도 요한이 서신을 써서 그리스도인들의 분별력 있는 신앙을 가르치고자 한 것입니까?

사도 요한이 이 서신서를 쓰던 시점, 즉 1세기 말엽에 영지주의 사상으로 무장한 거짓 교사들이 활개를 치고 있었습니다. 그들은 바른 진리에 서

있는 그리스도인들을 미혹하기 시작했습니다. 영지주의(Gnosticism, 靈知主義)자들은 인간을 육체의 감옥에 갇힌 불쌍한 영혼으로 보았기에, 영적 세계에 속한 신적 의지로부터 계시된 지식, 곧 영지를 통한 영혼 해방을 꿈꿨습니다. 자신들만이 가진 영지가 육체의 감옥에 갇힌 영혼을 해방시켜 구원을 이룰 수 있다고 본 것입니다.

이게 말이나 되는 것입니까?

그런데 그리스도에 대한 참된 지식과 하나님의 말씀에 대한 올바른 앎이 간절했던 당시의 무수한 그리스도인은 영지주의자들의 미혹에 자주 걸려 넘어졌습니다. 영지주의자들의 주장에 솔깃한 부분이 있었기 때문입니다. 영지주의자들은 육체의 악함을 이유로, 그리스도의 성육신을 거부했습니다. '그리스도는 그냥 몸을 가진 것처럼 보였을 뿐이야!'라는 가현설이나, '예수라는 인간에게 그리스도가 임했다가 떠난 것이다!'라는 케린투스파의 주장이 바로 영지주의의 거짓된 말이었습니다.

이런 영지주의자들의 주장이 성도의 삶에 어떤 결과를 가져왔을까요?

극단적인 금욕주의와 극단적인 쾌락주의를 낳았습니다. "악한 육체는 가혹하게 다뤄서 더 금욕을 향해 나아가야 해!" 내지는 "악한 육체는 원래 악하니까 죄를 지어도 상관없어"라는 식으로 표출됩니다.

사도 요한은 이런 영지주의 사상으로 똘똘 뭉친 거짓 교사들이 얼마나 미웠겠습니까?

진리를 훼방하는 악한 무리를 쫓아내야 마땅하다고 생각하지 않았을까요?

우리는 사도 요한이 아니지만, 요한과 같이 복음의 진리를 거스르는 일체의 학문과 세상 지식, 철학과 사상, 무슨 무슨 주의를 다 배격해야 합니다. 이단과 사이비는 물론, 예수 그리스도께서 핏값을 지불하고 사신 이 땅의 모든 그리스도인을 노략질하고 미혹하는 승냥이와 이리 떼 같은 악한 영과 미혹하는 자들을 경계해야 합니다.

이 세대를 본받지 않고, 분별하여 깨어 있는 성숙한 신앙인이 되어야 합니다. 더불어 우리 교회가 추구하는 바르고 건전한 교리와 신학에 관심을 갖고 배우고 익히는 일에 최선을 다하는 그리스도인이 되어야 합니다.

이제 우리가 살펴볼 성경 구절이 쓰인 배경을 알게 되셨지요?

사도 요한은 영지주의가 판치는 때에, 성도들에게 바른 진리를 전하고자 했으며 그들이 진리를 소유한 자답게, 하나님의 자녀답게 빛 된 삶, 성결하고 거룩한 삶을 살아낼 것을 가르치고자 했습니다. 사도 요한은 물질이 악하다면서 방종과 쾌락을 옹호하는 거짓 교사들의 미혹을 반박하며, 오직 죄를 짓지 않는 자들만이 빛 되신 하나님의 자녀다운 모습을 취할 수 있다고 권면한 것입니다.

2. 하나님께로부터 난 자

> 하나님께 난 자는 죄를 짓지 않습니다. 그 이유는 하나님의 씨가 있기 때문에 범죄하지 못하는 것입니다.

이 성경 구절을 이해하기 위해서는 '하나님께로부터 난 자'가 무엇인지 알아야 하고 '하나님의 씨'가 구체적으로 무엇인지도 알아야 한다고 말씀드렸습니다.

또한, '하나님께 난 자들 속에 있는 하나님의 씨가 어떤 기능으로 죄를 짓지 못하도록 하는지의 상관관계'도 살펴볼 수 있어야 한다고 말씀드렸습니다.

먼저 '하나님께 난 자'는 어떤 사람을 가리킵니까?

위로부터 난 자입니다. 영적으로 거듭난 자가 하나님께로부터 난 자입니다.

요한복음 3장 3-5절의 말씀입니다.

> ³ 예수께서 대답하여 이르시되 진실로 진실로 네게 이르노니 사람이 거듭나지 아니하면 하나님의 나라를 볼 수 없느니라
> ⁴ 니고데모가 이르되 사람이 늙으면 어떻게 날 수 있사옵나이까 두 번째 모태에 들어갔다가 날 수 있사옵나이까
> ⁵ 예수께서 대답하시되 진실로 진실로 네게 이르노니 사람이 물과 성령으로 나지 아니하면 하나님의 나라에 들어갈 수 없느니라

영적으로 거듭난 자라야 하나님 나라를 볼 수 있는 영적인 안목을 갖추게 됩니다. 세상을 보고 세속적인 것에 혈안이 되어 육체의 정욕과 안목의 정욕, 이생의 자랑에 매여 있는 자들은 결코 성령으로 난 자에 합당한 삶을 살 수 없습니다. 하나님께로 나서 거듭남의 은혜를 받은 자들은 그 삶의 기준이 예수님으로 바뀌기 때문에 살아가는 데 중요한 가치와 의미도 영적인 것과 하늘 나라의 신령한 것들로 채워지게 됩니다.

진정으로 거듭난 자, 하나님께로 난 자들은 오직 위로부터 주시는 은혜로 다시 태어남을 경험합니다. 내가 의지를 가지고 '거듭나야지' 다짐을 백 번, 만 번 한다고 해서 그런 일들이 일어날 리 만무합니다.

어떤 강한 능력을 지닌 자가 힘이 센 어떤 자로 인해 거듭날 수 있습니까?

결코 그렇지 않습니다.

'하나님께로부터 난 자'가 무엇을 의미합니까?

하나님이 우리를 거듭나게 하실 수 있다는 말이 아니고 무엇이겠습니까?

하나님의 주권적인 역사로 말미암아, 타락한 죄 된 본성을 가지고 하루에도 수십 번, 수만 번 죄짓기를 즐겨하는 불쌍한 중생이 거듭남의 은혜를

입어 불법을 멀리하고 죄를 싫어하는 자들로 변화받게 되는 것입니다. 거룩하고 성결한 영이신 성령의 인도하심을 따라, 진리의 말씀이 우리를 거듭나게 하시어, 죄를 멀리하고 성령과 말씀이 인도하는 밝고 거룩한 빛의 자녀로서 살게 되는 것입니다.

야고보서 1장 18절과 베드로전서 1장 23절의 말씀을 보시겠습니다.

> [18] 그가 그 피조물 중에 우리로 한 첫 열매가 되게 하시려고 자기의 뜻을 따라 진리의 말씀으로 우리를 낳으셨느니라

> [23] 너희가 거듭난 것은 썩어질 씨로 된 것이 아니요 썩지 아니할 씨로 된 것이니 살아 있고 항상 있는 하나님의 말씀으로 되었느니라

사랑하는 성도 여러분, 진실로 우리는 썩지 아니할 씨인 하나님의 진리의 말씀으로 거듭난 하나님의 자녀입니다. 하나님께로 난 자는 성령과 물로, 말씀으로 거듭난 자를 뜻하며, 그렇기 때문에 말씀에서 말하는 '하나님의 씨'는 다른 무엇이 아니라, 성령이요 말씀을 가리키는 것입니다.

하나님의 씨가 무엇이라고요?

성령이요, 말씀입니다. 하나님께로 난 자들은 성령의 인도하심을 받으며 말씀을 따라 살아가게 됩니다. 우리 안에 하나님의 씨인 말씀과 성령이 계시기에 우리는 성령 안에서 말씀과 동행하는 삶을 살 수 있습니다.

그렇다면, 오늘 본문이 말하는 '하나님께로부터 난 자'가 범죄하지 못하는 이유는 무엇입니까?

요한일서 3장 9절의 말씀을 보시길 바랍니다.

> [9] 하나님께로부터 난 자마다 죄를 짓지 아니하나니 이는 하나님의 씨가 그의 속에 거함이요 그도 범죄하지 못하는 것은 하나님께로부터 났음이라

하나님께로 난 자는 죄를 짓지 않는다고 합니다. 하나님의 씨가 있기 때문에 범죄하지 못한다는 것입니다. 우리는 하나님께 난 자들 속에 있는 하나님의 씨가 어떻게 범죄하지 못하도록 하는지 그 기능에 대해서도 알아야 할 것입니다.

말씀과 성령은 거듭난 자가 죄짓지 않도록 도와준다고 성경에서 증거하고 있습니다.

그렇다면, 질문을 드려보겠습니다.

여러분 안에 말씀과 성령이 있습니까?
말씀과 동행하고 성령과 동행하고 있습니까?
그렇다면 아무런 죄를 짓지 않고 살아가고 있습니까?

그렇지 않습니다. 하나님의 씨인 말씀과 성령이 우리 안에 거하지만, 우리는 죄를 짓고 살아갑니다. 구원받은 인생이지만 반복되는 죄를 짓게 됩니다. 어떨 땐 믿지 않는 세상 사람들보다 더 범죄를 저지르는 것처럼 보입니다. 한마디로 세상에 속한 자들이나 천국 백성이나 죄를 짓고 살아가는 건 같다는 말입니다. 현실 속에서 누가 죄를 더 짓고 덜 짓느냐 하는 정도의 차이가 있을 뿐, 믿는 자나 믿지 않는 자나 죄를 짓고 살아갑니다.

하지만, 결정적인 차이가 있습니다. 세상에 속한 자들은 죄를 짓고도 아무 거리낌이 없거나, 죄를 두려워하지 않고, 오히려 죄를 즐겨 범하기도 합니다. 죄에 대해 무감각합니다. 반면에 하나님께로 난 자들, 하나님의 씨가 있는 자들은 죄를 멀리하려 애쓰고, 설사 은연중에 죄를 지었다 해도 극심한 양심의 가책을 느끼고 하나님께 나아가 지은 죄를 회개하려 합니다. 죄에 대한 돌이킴과 회개 여부가 세상에 속한 자들과 하나님께로 난 자의 차이라고 볼 수 있습니다.

거듭난 자들이 회개를 통해 지은 죄에 대해 슬퍼하고 죄를 짓지 않으려고 발버둥치며 죄짓지 않도록 성령께 구하고 말씀을 따라 살아가는 것은 당연한 일이지만, 세상에 속한 자들에게는 당연한 일이 아닙니다.

우리 안에 있는 하나님의 씨, 성령과 말씀이 우리로부터 죄가 아닌 거룩을 추구하는 삶을 살게 해 줍니다.

3. '하나님께로 난 자'에게 임하는 성령의 역할

지금부터 하나님께로 난 자들의 죄와 관련한 성령과 말씀의 역할을 살펴보고자 합니다.

하나님께 난 자들에게 있어 성령은 죄와 관련해 두 가지 일을 하게 됩니다. 먼저 죄인임을 깨닫게 하는 일입니다. 모든 죄는 그리스도를 믿음으로 해결받을 수 있으나, 죄를 씻는 능력인 '그리스도의 보혈의 공로'가 적용되는 일은 성령의 역할입니다. 성령은 우리가 성도가 되도록 우리가 죄인임을 깨닫게 해 줍니다.

요한복음 16장 8절의 말씀입니다.

> [8] 그가 와서 죄에 대하여, 의에 대하여, 심판에 대하여 세상을 책망하시리라

예수님은 성령이 오시면 죄에 대해 세상을 책망하실 것이라고 말씀하셨습니다. 성령이 책망하시는 죄는 일상생활에서 반복적으로 범해 양심의 가책을 느끼게 하는 일반적인 죄가 아닙니다.

성령은 모든 사람이 날 때부터 죄인이라는 사실과 그리스도를 믿지 않아 멸망에 이르는 죄의 근원을 깨닫게 해 주십니다. 아무리 옆에서 "너는 날 때부터 원죄를 가지고 있었어. 예수 그리스도를 믿지 않는 것이 죄야"

라고 말해도, 성령께서 책망하시지 않은 영혼은 "내가 왜 죄인이야? 예수님 안 믿는 게 무슨 잘못이냐?"라고 반응할 수밖에 없는 것입니다.

또한, 성령은 하나님께 난 자들의 마음에 내주하셔서 죄에 대해 승리하게 하십니다.

갈라디아서 5장 16절의 말씀입니다.

> ¹⁶ 내가 이르노니 너희는 성령을 따라 행하라 그리하면 육체의 욕심을 이루지 아니하리라

성령이 육체의 욕심을 이루지 않게 해 주십니다. 죄짓지 않도록 도우시는 것입니다.

본래 모든 인간은 아담의 후손으로 마귀를 따라 사는 부패한 존재, 사망의 종노릇하는 불쌍한 자들입니다.

에베소서 2장 2-3절의 말씀입니다.

> ² 그 때에 너희는 그 가운데서 행하여 이 세상 풍조를 따르고 공중의 권세 잡은 자를 따랐으니 곧 지금 불순종의 아들들 가운데서 역사하는 영이라
> ³ 전에는 우리도 다 그 가운데서 우리 육체의 욕심을 따라 지내며 육체와 마음의 원하는 것을 하여 다른 이들과 같이 본질상 진노의 자녀이었더니

마귀의 종, 죄의 종, 사망과 멸망과 진노가 예정된 자들이 본래 모든 인간의 상태였습니다. 거짓의 아비 마귀는 죄악 된 인간이 욕심대로 살며 계속 범죄하게 만듭니다. 진리와 거리가 먼 삶을 살게 하는 것입니다.

하지만, 성령이 우리 안에서 역사하시면 죄를 멀리하고 죄짓는 것에 양심의 가책을 느껴 죄를 짓지 않게 해 주시는 것입니다. 죄를 멀리하고 죄를 짓지 않는 것은 개인의 노력이나 정신 수양으로 이뤄지지 않습니다.

성령의 도우심이 없이는 그 누구도 스스로 죄를 내쫓았다고 할 수 없는 것입니다.

죄에 있어 말씀의 역할은 절대적입니다. 죄를 범하는 것은 근본적으로 하나님의 말씀을 어기는 것입니다.

요한일서 3장 4절의 말씀입니다.

> ⁴ 죄를 짓는 자마다 불법을 행하나니 죄는 불법이라

여기서 불법은 하나님의 말씀을 거스르고 대적하는 모든 잘못된 사상과 주장을 가리킵니다.

사도 요한이 요한일서를 쓸 당시, 하나님의 말씀을 파괴하는 자들은 영지주의자들이었습니다. 그들은 진리를 왜곡했습니다.

진리에 맞서는 거짓과 잘못된 사상, 이단이 판치는 세상은 무엇이 진리이고 무엇이 거짓인지 분간할 수 없어, 죄가 죄인지 인식조차 하지 못하게 됩니다.

하나님의 말씀이 기준 되지 못하면 그 어떤 누가 죄를 죄라고 깨닫고 돌이킬 수 있겠습니까?

그러나 우리 모든 믿는 그리스도인은 하나님께로 나서 그 중심에 하나님의 씨인 말씀을 가슴에 새기고 살아가는 자들이기에, 모든 말과 행실의 판단 기준을 말씀에 비추어 보아야 한다는 사실을 기억하시길 바랍니다.

인간의 모든 죄를 짊어지시기 위해 이 땅에 오신 예수님은 죄를 용서하시기 위한 목적으로만 오신 것이 아닙니다. 예수님은 인간의 마음을 지배하고 다스리는 죄를 대신 짊어지셨을 뿐만 아니라, 죄를 멸하되 죄 범한 인간들에게서 죄를 완전히 제거해 버리심으로, 죄에 대해 승리하셨음을 믿으시길 바랍니다. 예수님은 십자가에서 죄의 우두머리이자 근본인 사탄을 물리치고 승리하셨습니다. 그리스도는 지상 사역을 통해 사탄의 세력

을 물리치셨음을 기억하시길 바랍니다.

다만 그 완전한 성취는 예수님의 재림의 시기에 이뤄지기 때문에, 그날에 이르기까지 여전히 죄 된 본성을 따르는 육신에 거하는 동안 끊임없이 말씀으로 죄와 싸워 승리해야 합니다.

하나님께로 난 자요, 하나님의 씨인 말씀과 성령을 소유하신 모든 거듭난 성도 여러분, 우리는 이미 죄와 단절된 자입니다. 성령과 말씀은 우리를 거룩한 자로 변화시켜 줍니다. 어떤 정책이나 철학이 인간을 변화시킬 수 없음을 알아야 합니다.

하나님의 씨인 말씀과 성령을 더욱 의지함으로 의를 행하고 죄와 불법을 멀리하는 성도님들이 되시길 바랍니다.

기도 제목

1. 진리를 소유한 자들답게, 하나님의 자녀들답게 빛 된 삶, 성결하고 거룩한 삶을 살아가도록

2. 거듭난 우리들 안에 있는 하나님의 씨가 죄짓지 않고 범죄하지 않게 해 준다는 것을 믿고 성령과 말씀 중심의 삶을 살아가도록

3. 예수님은 죄 용서뿐만 아니라 죄에 대해 승리하셨음을 믿고 불법과 죄를 멀리하도록

13

중생
[베드로전서 1장 3절]

³ 우리 주 예수 그리스도의 아버지 하나님을 찬송하리로다 그의 많으신 긍휼대로 예수 그리스도를 죽은 자 가운데서 부활하게 하심으로 말미암아 우리를 거듭나게 하사 산 소망이 있게 하시며

1. 구원의 서정

모든 생명체의 새로운 삶은 '태어남'과 함께 시작합니다. 태어남이라는 과정을 거치지 않으면 그 어떤 생명체도 이 세상에서 삶을 꾸려 나갈 수 없습니다. 그렇기 때문에 인간은 '태어남'을 통해 존재하고, 일생을 시작하게 되는 것입니다.

스스로 '태어남'의 때와 장소를 선택할 수 없습니다. 태어나게 되는 것입니다. 내가 주체적으로 결정할 수 없습니다.

영적인 태어남, 거듭나는 일도 마찬가지입니다. 오직 하나님의 전적인 은혜로 성령의 능력을 힘입어 성도의 부패한 심령이 새로운 피조물로 거듭나게 되는 것입니다. 거듭남을 다른 말로 '중생'이라고 합니다.

주님께서는 <중생>이라는 제목으로 베드로전서 1장 3절의 말씀을 통해 중생의 의미와 본질이 무엇인지 깨닫고 우리에게 주어진 구원의 은혜를 되새기길 원하십니다.

우리는 『Rebirth: 만물을 새롭게』를 통해 거듭남에 대해 많이 들었지만, 구원의 서정에서는 거듭남이라는 문자적 의미를 지닌 '중생'이라는 표현을 더 많이 사용합니다.

중생은 구원의 서정에서 어떤 위치를 지니고 있을까요?

학자들마다 달리 언급하고 있지만, 대략 8개로 간추려 볼 수 있습니다. 부르심이라는 소명, 거듭남이라는 중생, 회개를 동반하는 회심, 의롭다 함을 얻는 칭의, 하나님의 자녀로 입양되는 양자, 거룩함을 입는 성화, 끝까지 구원에 이르게 하는 견인, 구원의 최종 단계인 영화가 그것입니다.

오늘 우리가 살펴볼 거듭남이라는 문자적 의미를 지닌 '중생'은 구원의 서정을 기준으로 볼 때, 부르심을 입은 자들이 소명을 받은 다음 단계에 해당한다고 볼 수 있습니다. 중생을 거친 자들이 회개와 믿음을 통해 칭의함을 받을 수 있다는 논리적인 순서를 주장하는 것입니다. 중생이 없이, 부패한 자들 마음에 회개가 일어나거나 예수를 주라 시인하는 믿음을 가질 수 없다는 주장입니다.

우리는 '구원의 서정'을 구원이 하나님의 백성에게 적용되는 과정을 이해하는 수단 정도로 알고 이해해야 합니다.

'구원받았다.' 이 한 문장만으로도 구원을 받은 사실을 믿고 확신할 수 있으나, 기독교 교리는 구원의 서정을 통해 구원이 성도에게 어떻게 적용되는지 그 과정을 세분화하여 설명하고 있습니다.

음식은 맛있게 먹으면 사실 그만입니다. 하지만, 그 음식은 정해진 칼로리가 있고 영양 성분이 각각 다르게 들어 있습니다. 알고 먹어서 나쁠 것이 없고, 모른다고 하여 욕먹을 일도 아닙니다.

다만 구원은 단순히 먹고 마시는 음식과 달리, 우리 존재와 본질, 삶에 있어 매우 중요하기에 조금 더 세밀하게 알고 연구하는 자세가 요청되는 것은 사실입니다. 알아서 손해될 것이 없을 뿐 아니라, 나도 좋고 남에게도 전할 수 있어 좋은 것은 알아둘 필요가 있습니다.

결혼하는 남녀는 끊임없이 이야기하고, 끊임없이 서로를 연구하고, 끊임없이 서로를 탐구합니다. 참으로 사람 속은 알다가도 모를 일이기 때문에 모든 궁금증이 일시에 해소되는 법이 없습니다. 그렇기에 어쩌면 결혼한 남녀의 서로를 향한 연구와 탐구는 평생의 과업일 수 있습니다.

구원도 마찬가지입니다. 구원은 하나님의 백성에게 적용되는 우리의 일이지만, 구원은 하나님의 전적인 은혜와 도우심, 능력이 개입되는 초자연적인 일이기 때문에, 인간의 한정된 지식과 지혜로는 다 깨우치기 어려운 것이 사실입니다. 성경을 배우고 알기에 힘쓰듯이, 나에게 적용된 구원이 무엇인지, 그 '구원의 서정' 중에서 '중생'이란 도대체 무엇인지 정확하게 알고 배우는 시간이 필요합니다. 특히, '중생'의 의미와 본질을 조금 더 심도 있게 탐구하시길 바랍니다.

2. 중생

성경에서 중생이라는 단어는 한 번 나옵니다.
디도서 3장 5절의 말씀입니다.

> [5] 우리를 구원하시되 우리가 행한 바 의로운 행위로 말미암지 아니하고 오직 그의 긍휼하심을 따라 중생의 씻음과 성령의 새롭게 하심으로 하셨나니

여기서 중생은 원어로 '팔링게네시아'입니다. '다시 태어남', '새로운 탄생'을 말합니다. 하나님의 주권적 행위로 말미암아 인간의 부패한 영혼이 거룩하게 변하는 행위를 '중생'이라 일컫습니다. 죄악에 갇혀 세속적인 욕망과 개인적인 육체의 만족을 위해 살던 사람이 궁극적인 소망을 하나님께 두는 자로 변하는 것입니다.

이를 위해 하나님 안에서 죄 씻음을 받고 의롭다 인정받는 사람으로 새롭게 태어나는 중생이 반드시 필요합니다. 하나님은 성령의 능력과 복음의 말씀으로 모든 죄인을 새롭게 하시는 것입니다.

하나님은 도저히 구원받을 수 없는 극악무도한 원수들에게 긍휼하심과 자비하심을 베풀어 주심으로 우리를 구원해 주셨습니다. 하나님은 긍휼히 여김을 받을 수 없는 자들을 위해 독생자 예수 그리스도를 십자가에 죽게 하심으로 그분의 사랑을 나타내셨습니다.

여기에 하나님의 위대함이 있습니다. 어떤 자격이나 조건을 갖추지 않았음에도, 무가치하고 버려져도 되는 쓸모없는 죄인들을 거듭나게 하신 것입니다. 그래서 실존을 아는 자들은 하나님을 찬송할 수밖에 없습니다.

오늘 본문인 베드로전서 1장 3절의 말씀을 보시겠습니다.

> ³ 우리 주 예수 그리스도의 아버지 하나님을 찬송하리로다 그의 많으신 긍휼대로 예수 그리스도를 죽은 자 가운데서 부활하게 하심으로 말미암아 우리를 거듭나게 하사 산 소망이 있게 하시며

그리스도의 부활과 거듭남, 산 소망이 연결되어 있습니다. 우리가 중생하여 산 소망이 있게 된 것은 하나님께서 부활하신 예수 그리스도를 통해서입니다. 그리스도의 부활로 인해 그리스도의 지체인 성도의 부활이 일어난 것입니다.

고린도전서 15장 16절과 17절의 말씀입니다.

> ¹⁶ 만일 죽은 자가 다시 살아나는 일이 없으면 그리스도도 다시 살아나신 일이 없었을 터이요
> ¹⁷ 그리스도께서 다시 살아나신 일이 없으면 너희의 믿음도 헛되고 너희가 여전히 죄 가운데 있을 것이요

그리스도의 육체의 부활과 함께 우리의 영적 부활이 일어났습니다. 그리스도의 부활로 인해 우리에게 중생이 있고 산 소망이 있는 것입니다. 산 소망은 천국에서의 소망입니다. 산 소망은 새 하늘과 새 땅에서의 새로운 삶을 의미합니다. 그 새로운 삶을 주시기 위해 우리를 거듭나게 하신 것입니다.

우리의 중생에는 목적이 있습니다. 하나님은 우리에게 새로운 삶과 산 소망을 주시려고 중생이라는 은혜를 허락하셨습니다. 그러나 이 사실을 안다고 해도 다 믿으려 들지 않습니다. 새로운 삶과 산 소망이 있다고 해도 누군가는 믿으려 들지 않는 것입니다. 그들은 여전히 세상에서의 삶이라는 유한한 생각과 가치관에 갇혀 있기 때문에, 하나님의 창조적 사역인 중생이 우리 인생의 본질적인 부분을 어떻게 다른 차원으로 나아가게 할지 가늠조차 하지 못합니다.

참으로 안타까운 일입니다. 실제 일어나는 일임에도 믿지를 못하는 것입니다. 주변의 그리스도인들이 중생을 경험했음에도 불구하고 그 일을 자신과 무관한 것으로 여기고, 없는 일처럼 취급합니다. 그들은 진리를 아는 일을 그다지 중요하다고 여기지 않습니다. 도리어 오류와 왜곡을 오히려 진리와 진실로 받아들입니다.

그러나 우리는 눈에 보이는 기업이 아니라 보이지 않는 영원한 하늘 기업을 수여받을 자입니다. 누군가는 '하늘에 우리를 위해 무슨 예비한 것이 있을까?'라고 질문하며 의심하느라 시간을 허비하지만, 우리는 다릅니다. 우리는 하나님께서 부활하신 그리스도를 통해 우리를 위해 하늘에 영원한

기업을 마련해 두고 계신다는 사실을 알아야 합니다.

3. 완전한 구원, '영화롭게 하셨느니라'

베드로전서 1장 4절과 5절의 말씀입니다.

> 4 썩지 않고 더럽지 않고 쇠하지 아니하는 유업을 잇게 하시나니 곧 너희를 위하여 하늘에 간직하신 것이라
> 5 너희는 말세에 나타내기로 예비하신 구원을 얻기 위하여 믿음으로 말미암아 하나님의 능력으로 보호하심을 받았느니라

베드로전서 1장 4절은 '우리가 받을 기업은 썩지 않고 쇠퇴하지 않는다'라고 말씀합니다. 우리가 받게 될 기업은 '천국'입니다. 그렇기 때문에 일반적으로 생각하는 세상의 기업이나 사업체와는 본질적으로 다릅니다.

세상에 있는 기업은 어떻습니까?

썩습니다. 쇠락하고 침체하고 상합니다. 더럽고 때로 추하기까지 합니다. 천국의 기업은 세상의 기업에 비할 바가 되지 않습니다. 우리가 받을 천국의 기업은 완벽합니다. 그 무엇도 세상에 있는 것과 비교할 수 없는 견고한 기업이며 영원무궁토록 유지됩니다. 우리가 받을 영적 기업은 거칠 것이 없고 방해나 공격에 영향받지 않습니다. 그 자체로 시들지 않는 완전한 기업인 것입니다.

하나님은 이런 영적 기업을 하늘에 간직하고 계심을 베드로전서 1장 4절이 증거하고 있습니다.

견고한 하늘의 기업만 간직하고 계십니까?

하나님은 산 소망과 썩지 않을 영적 기업을 주시기 위해 우리를 중생하게 하시고, 궁극적으로 예비하신 구원을 얻게 하시는 것입니다.

베드로전서 1장 4절과 5절의 말씀을 보면, 우리가 완전한 구원을 이루기까지, 하나님의 능력으로 보호받을 수 있다는 사실을 알 수 있습니다. 천국 기업을 받을 때까지 보호받을 수 있습니다.

얼마나 든든하고 믿음직스럽습니까?

그렇다면 우리 모든 성도가 얻을 완전한 구원은 언제 주어집니까?

예수 그리스도의 재림 이후에 얻어집니다. 그렇다고 이 말이 예수님의 이름을 믿어 얻은 구원이 불완전하다는 것을 의미하지는 않습니다. 우리의 구원은 완전합니다.

그러면 주의 재림 시 완전한 구원을 얻는다는 것은 무슨 뜻입니까?

재림 때 완전한 구원을 얻는다는 것은, 구원 사역에 있어 하나님께서 인류 구원을 계획하시고, 예수님이 구원 계획을 성취하셨으며 성령님이 구원을 적용하시며, 마지막 때인 주의 재림 시에 구원이 완성된다는 것을 의미합니다.

우리는 믿음으로 칭의함을 받았으나 여전히 죄 된 본성으로 인한 자범죄를 짓고 살아가는 죄인입니다. 그래서 믿음의 선한 싸움을 하며 성화의 길을 걷고 있습니다. 주께서 이 땅에 다시 오실 때, 그 재림의 때에 우리는 완전한 구원의 단계인 영화에 다다르게 됩니다.

영화가 무엇입니까?

영화는 영어로는 'Glorification'으로, 문자적 의미는 '영광스럽게 함', '영광의 자리에 오름'으로 해석될 수 있습니다. 모든 성도가 경험하는 구원 과정의 최종 단계가 영화입니다.

로마서 8장 29-30절의 말씀입니다.

²⁹ 하나님이 미리 아신 자들을 또한 그 아들의 형상을 본받게 하기 위하여 미리 정하셨으니 이는 그로 많은 형제 중에서 맏아들이 되게 하려 하심이니라
³⁰ 또 미리 정하신 그들을 또한 부르시고 부르신 그들을 또한 의롭다 하시고 의롭다 하신 그들을 또한 영화롭게 하셨느니라

'영화롭게 하셨느니라.'

영화의 단계에 들어가는 것은 중생의 목적과 맞닿아 있습니다. 우리가 부르심을 받아 거듭나, 의롭다 인정받고 영화롭게 되는 것입니다.

중생의 목적이 무엇이었습니까?

새로운 삶과 산 소망을 주시려고 우리에게 중생이라는 은혜를 허락하신 것이 아닙니까?

이 세상에 의인은 하나도 없기에 구원받은 우리조차 세상 사람과 별반 다를 것 없이 연약하고 유약한 죄 된 모습을 보일 때가 많습니다. 이런 모습이 매우 실망스러움에도 불구하고, 하나님은 구원한 자를 반드시 영화에 이르게 하신다는 사실을 믿어야 합니다.

중생을 경험한 자들은 필연적으로, 확실하게, 영화롭게 되는 것입니다.

주의 재림 시 다가올 미래에 최종적인 영광에 참여하는 것은 이미 우리를 향한 하나님의 구원 계획 속에 완료되고 확정된 사실임을 기억하시길 바랍니다.

우리를 거듭나게 하신 하나님, 중생의 은혜를 베풀어 주신 하나님께서 필연적으로, 확실하게 우리를 영화롭게 하실 것입니다. 구원의 최종 완성에 이르기까지 보호하시며 마침내 주님이 다시 오시는 그날, 우리를 위해 예비하신 구원의 실체를 명백하게 바라보게 될 것입니다. 이를 베드로전서 1장 5절이 설명합니다.

베드로전서 1장 5절의 말씀을 다시 보시길 바랍니다.

⁵ 너희는 말세에 나타내기로 예비하신 구원을 얻기 위하여 믿음으로 말미암아 하나님의 능력으로 보호하심을 받았느니라

'말세에 나타내기로 예비하신 구원!'
이 말을 오해하지 말아야 합니다.

하나님께서 구원을 말세에 나타내신다면 지금은 우리가 받은 구원은 뭐지?
지금은 구원이 나타나지 않는다는 거야?'

이런 질문이 생길 수 있습니다.
말세에 나타내기로 하신 구원은, '성도를 향한 완전한 구원의 성취가 주의 재림의 때에 이뤄진다'라는 말입니다. 그렇기 때문에 지금 아무리 구원의 완전한 실체를 보려고 해도 볼 수 없습니다. 말세까지 구원의 진정한 실체가 가리어져 있기 때문입니다.
만일 구원의 실체가 명백하게 다 드러난다면 어떻게 되겠습니까?
그리스도를 믿지 않을 사람이 없을 것입니다.
우리는 구원을 눈으로 보지 않고도 믿는 자들이 아닙니까?
성경은 믿음이 '보이지 않는 것들의 증거'라고 합니다.
히브리서 11장 1절의 말씀입니다.

¹ 믿음은 바라는 것들의 실상이요 보이지 않는 것들의 증거니

우리가 하나님의 약속이 지금 당장 눈에 보이지 않아도 믿고 따라가듯이, 이미 수많은 믿음의 선진과 성경의 인물이 손에 잡히지 않고 눈에 보이지 않는 하나님의 말씀을 따라 걸어갔습니다. 인내로 출애굽한 모세가 대표적인 예입니다.

히브리서 11장 27절의 말씀을 보시길 바랍니다.

> ²⁷ 믿음으로 애굽을 떠나 왕의 노함을 무서워하지 아니하고 곧 보이지 아니하는 자를 보는 것 같이 하여 참았으며

보이지 않던 완전한 구원의 실체는 주의 재림의 때에 선명하게 드러나게 될 것입니다. 그때 눈으로 마주 보는 것 같이 가까이에서 보게 될 구원의 실체에 하나님의 영광이 나타날 것입니다. 그 영광은 신비롭고 엄청난 것입니다.

다만 구원의 영광을 보기 위해, 하나님이 예비하신 영적 기업을 받기 위해, 그리스도와 함께 한 상속자가 되기 위해서는 그리스도가 받은 고난도 받아야 하는 것입니다.

4. 믿는 자는 고난받기를 두려워하지 않는다

로마서 8장 17절의 말씀입니다.

> ¹⁷ 자녀이면 또한 상속자 곧 하나님의 상속자요 그리스도와 함께 한 상속자니 우리가 그와 함께 영광을 받기 위하여 고난도 함께 받아야 할 것이니라

영광은 받고 싶지만, 고난은 거부하는 자들이 있습니다.

어떤 경기에서 중간 지점에 넘기 어려운 장애물이 있다면, 장애물을 통과할 생각을 해야지, '나는 장애물이 있는 경기는 싫으니 출발 자체를 하지 않겠다'라고 하면, 그 선수는 끝내 결승전에 도달할 수 없지 않겠습니까?

우리는 성경이 참 진리임을 믿는 자들입니다. 하나님은 우리를 거듭나게 하셨고, 그런 중생의 은혜를 받은 자들은 영화에 이르며 최종 구원의 때에, 하나님의 영광을 본다고 했습니다.

그런데 그 과정에 무엇이 필수적으로 들어가 있습니까?

고난입니다. 영광을 받기 위해 고난도 함께 받아야 합니다.

고난받는 것은 싫다?

그렇다면 영광도 받지 말아야 합니다.

모든 사람은 고난받기를 거절합니다. 싫어합니다.

그런데 유독 믿음이 있는 자, 믿음이 좋은 자들은 고난받기를 기뻐합니다.

왜 그럴까요?

그들은 영광을 받기 위해 고난도 함께 받아야 한다는 성경의 진리를 믿기 때문입니다. 종국에 하나님의 놀라운 영광을 보기 위해 기꺼이 고난을 감수하는 것입니다. 중생한 자를 영화롭게도 할 것을 믿는 자들만이 고난을 달게 받으며 믿음을 지키는 것입니다.

고린도전서 2장 9절의 말씀입니다.

> 9 기록된 바 하나님이 자기를 사랑하는 자들을 위하여 예비하신 모든 것은 눈으로 보지 못하고 귀로 듣지 못하고 사람의 마음으로 생각하지도 못하였다 함과 같으니라

지금 우리는 우리를 위해 예비된 영광을 보지 못하고, 듣지도 못합니다. 그러나 우리는 종국에 영화롭게 될 것을 믿고 현실의 고난을 이겨냅니다. 참으로 믿는 자는 고난받기를 두려워하지 않습니다. 아니, 오히려 다가올 영광을 소망하며 고난받기를 기뻐합니다.

사랑하는 성도 여러분, 지금 고난의 때를 지나고 계십니까?

예수님을 믿고 거듭나 새로운 삶이 예비되었다고 해서 이전과는 다른 거룩하고 깨끗한 천국 같이 새하얀 세상이 눈앞에 펼쳐지던가요?
도리어 내 눈앞의 행악자가 잘되는 불합리한 일들이 도사리고 있진 않습니까?
예수님 믿고 나서 왜 더 남들보다 참고 인내해야 하는지 의문이 드십니까?

중생한 자들에게 주어질 영광은 세상의 영광이 아니며, 중생한 자들에게 주어질 소망은 세상 소망이 아닙니다. 세상의 영광과 소망은 중생한 자들에게는 헛것이요 버려질 것입니다. 그렇기에 주님은 우리가 갈 고난의 길을 미리 걸으셨고, '십자가의 좁은 길이 영화에 이르는 유일한 길'임을 알려주신 것입니다.

진실로 예수님이 걸어가신 길을 걸어가고 싶습니까?
주님이 여러분의 삶에서 제일 중요하게 여기던 소망과 영광을 앗아가신다고 해도 변함없이 그분을 따라 걸어감으로, 종국에 하나님의 영광을 취하는 자들이 되시기를 원하십니까?
예수님이 걸으신 좁은 십자가의 길을 걸어가시길 바랍니다. 주님은 죄인들을 위해 모진 고난을 받으사 십자가에서 죽으시고, 마침내 부활하시고 우리를 거듭나게 하사 산 소망을 갖게 하셨습니다.
베드로전서 1장 3절의 말씀입니다.

> ³ 우리 주 예수 그리스도의 아버지 하나님을 찬송하리로다 그의 많으신 긍휼대로 예수 그리스도를 죽은 자 가운데서 부활하게 하심으로 말미암아 우리를 거듭나게 하사 산 소망이 있게 하시며

거듭나 산 소망이 있게 하신 주님을 찬양하고 경배하시길 바랍니다. 주님만이 소망 없는 이 땅에 영광 가득한 충만함을 부어주실 분이십니다. 오직 부활하신 주님만이 우리를 거듭나게 하사, 하나님의 영광을 바라보게 하실 분이십니다.

새로운 삶과 산 소망을 주시려고 우리를 중생하게 하신 주님을 찬양하며 그분의 충만함으로 가득 채워지는 우리의 삶이 되길 주님의 이름으로 축원합니다.

기도 제목

1. 우리가 받을 영적 기업은 거칠 것이 없고 방해나 공격에 영향받지 않고, 그 자체로 완전한 기업임을 믿을 수 있도록

2. 천국 기업을 받고 완전한 구원을 이룰 때까지 완전한 주의 능력으로 보호받을 수 있는 사실에 감사하도록

3. 좁은 십자가의 길을 걸어가며 겪는 고난을 기뻐하며, 다가올 그리스도의 영광을 보기 위해 산 소망을 강하게 붙들 수 있도록

14

영원한 생명
[누가복음 10장 20절]

> ²⁰ 그러나 귀신들이 너희에게 항복하는 것으로 기뻐하지 말고 너희 이름이 하늘에 기록된 것으로 기뻐하라 하시니라

어제보다 나은 오늘의 삶이 있습니다. 예수님과 동행하며 성령과 함께하는 믿음의 여정에는 어제보다 더한 축복과 은혜가 있는 것입니다.

'어제보다 낫다! 어제보다 더 좋아졌다!'와 같은 낙관적인 비교를 통해 변화된 삶으로 나아가는 것은 좋은 일입니다. 다만 타인과 견주어 자신의 삶을 비하하는 비교 의식이나 경쟁의식은 바람직하지 않습니다.

비교는 잘 사용해야 그 진가를 발휘할 수 있습니다.

비교란 무엇입니까?

비교는 둘 이상의 사물이나 현상을 견주어 공통점이나 유사점, 차이점을 밝혀내는 일입니다.

글쓰기를 할 때 비교를 통해 문장의 의미를 강조하거나 효과적으로 의미를 전달합니다. 또한 수 개념이나 과학 실험에서 비교하지 않으면 정확한 계산값과 실험값을 얻기 어렵습니다.

1. 거듭난 자가 얻게 되는 영원한 생명의 가치

오늘 본문에서 예수님은 '무엇 무엇이 무엇보다 낫다!'라는 비교를 통해 거듭난 자가 얻게 될 영원한 생명의 가치를 말씀하고 계십니다.

우리 주님께서는 <영원한 생명>이라는 제목으로 누가복음 10장 20절의 말씀을 통해 거듭난 자들이 범하게 되는 오류와 착각을 지적하시고, 우리가 궁극적으로 지향해야 할 것이 무엇인지 가르쳐 주고 계십니다.

누가복음 10장 20절의 말씀입니다.

> [20] 그러나 귀신들이 너희에게 항복하는 것으로 기뻐하지 말고 너희 이름이 하늘에 기록된 것으로 기뻐하라 하시니라

이 구절은 예수님이 70인의 전도단에게 파송 보고를 들은 후에 하신 말씀입니다. 예수님은 열두 제자와 별도로 70명의 제자들을 따로 세우셨습니다.

70이라는 숫자는 신학적으로 의미가 있습니다. 유대인들이 거룩하게 여기는 7에, 완전수인 10을 곱하면 70입니다. 예수님이 파송한 70인 전도단에서 70이 갖는 의미는 모든 성도에 의해 온 세상에 복음을 전파될 것을 상징하기도 합니다. 그래서 70이 갖는 완전과 충만의 상징적 의미를 반영해, 이스라엘 장로가 70명이요 유대 최고 의결 기구인 산헤드린 공의회 회원 수도 70명인 것입니다.

70인 전도단은 전도 사역을 마치고 돌아온 뒤 예수님께 기쁨에 차서 보고했습니다.

> 예수님 저희가 당신이 주신 능력으로 귀신들을 내어쫓았습니다.
> 예수님의 이름으로 축사하자, 그 귀신들이 항복하지 뭡니까?

누가복음 10장 17절의 말씀입니다.

> **17** 칠십 인이 기뻐하며 돌아와 이르되 주여 주의 이름이면 귀신들도 우리에게 항복하더이다

이들의 보고에 예수님은 무엇이라 답하셨습니까?

예수님은 70인 전도단, 즉 제자 70명이 전도 시에 복음을 듣지 못한 영혼에게 행하였던 귀신 내쫓는 일을 이미 지켜보고 계셨다고 말씀하십니다.

우리는 영의 세계를 볼 수 없습니다. 귀신이 쫓겨나는 모습을 눈으로 보고 확인할 수 없습니다. 하지만, 예수님은 영적인 세계를 면밀히 살피시고 똑바로 보고 계셨던 것입니다. 예수님은 귀신들의 우두머리인 사탄이 하늘에서 떨어지는 모습을 이미 보시고 잘 알고 계셨습니다. 그렇기 때문에 제자들이 예수님의 이름으로 축사한 사실이 전혀 새롭지 않았던 것입니다.

그에 반해 제자들은 들뜨고 신기했습니다. 자신들의 기대를 넘어선 결과와 뜻밖의 일이 일어난 것에 대해 놀라움을 금치 못했습니다.

하지만, 예수님은 축사의 신기한 광경을 보고 놀란 제자들의 보고를 듣고도 담담하게 말을 이어가셨습니다.

누가복음 10장 17-18절의 말씀입니다.

> **17** 예수께서 이르시되 사탄이 하늘로부터 번개 같이 떨어지는 것을 내가 보았노라
> **18** 내가 너희에게 뱀과 전갈을 밟으며 원수의 모든 능력을 제어할 권능을 주었으니 너희를 해칠 자가 결코 없으리라

예수님께서 제자들에게 능력을 주셨습니다. 제자들은 원수들의 악한 능력을 무찌르고 제어할 권능을 예수님께 받았고, 그 능력대로 행한 결과 사탄을 제압할 수 있었습니다. 그들이 놀라는 것이 당연합니다.

> 예수님이 주신 권능을 써보니까 정말 돼요!
> 주님 말씀대로 하길 잘했어요. 주님이 주신 권능을 가지고 귀신들을 무찔렀습니다.
> 정말 신기하고 놀라워요!

이렇게 보고하는 일이 당연할 수 있습니다. 하지만, 예수님께서는 신기한 일도, 놀라운 일도 아닙니다. 오히려 예수님은 이런 생각을 하셨을지 모릅니다.

> 왜 제자들은 당연히 이뤄질 일에 호들갑을 떨며 놀라는 거지?
> 그럼 내 말을 그동안 못 믿고 있었던 거야?
> 내 이름의 권능을 어느 정도 축소해서 생각하고 있었던 거지?
> 제자들이라면 나 예수가 어떤 능력을 가졌는지, 내가 천지 만물을 만들고 주관하시는 하나님이라는 사실을 믿어야 정상 아니야?

예수님이 하나님이란 진리를 깨닫고 믿기에 예수님의 뒤를 따르는 자들을 제자라고 부르지 않습니까?
예수님의 제자라면 그분이 하나님이신 것을 알고 믿어야 합니다. 예수님은 귀신을 쫓을 수 있는 분이실 뿐만 아니라, 종말론적으로 사탄을 패배하게 만드신 분이라는 사실을 믿어야 합니다.

> 내가 너희에게 … 권능을 주었으니 너희를 해칠 자가 결코 없으리라(눅10:19).

이 말씀을 믿으십니까?
제자들을 해칠 자가 없습니다. 우리가 예수의 이름으로 나아갈 때 거칠 것이 없습니다. 예수님은 우리의 든든한 보호자요 방패이십니다. 그를 의지하는 자들에게 도움이 되어주시며, 용기와 담대함을 가지고 살아가게 하시는 것입니다.

왜 우리를 보호하십니까?

왜 친히 방패가 되어주셔서 어떤 해도 당하지 않게 해 주실까요?

생명의 면류관을 얻기까지 우리는 해함을 당하거나 성도의 지위에서 떨어지면 안 되기 때문입니다.

예수님을 믿는 자에게 능치 못함이 없습니다.

이것을 믿으십니까?

이 말씀을 믿는다면 좌절하면 안 되고, 낙심하면 안 됩니다.

그러나 우리는 두려워합니다. 실패가 두렵고, 지금까지 쌓아온 명성이 무너질까 두렵고, 가정의 울타리가 깨질 것이 두렵습니다. 인기가 사그라지는 것이 두렵고, 늙고 병드는 것이 두렵습니다. 점점 감퇴하는 기억력을 보면서 이러다 영 바보가 되는 것이 아닐까 두렵습니다. 눈이 침침하면 앞이 안 보여 두렵고, 귀가 안들리면 누가 뒤에서 나를 험담하는 말도 못 들을까 두렵습니다. 사랑하는 사람의 변심이 두렵고, 사랑하는 자들이 내 곁을 떠날까 두렵습니다. 사업 실패나 죽음, 사고와 질병과 같은 큰일이 아니어도, 일상을 파고드는 두려움은 수없이 많습니다.

예수님은 우리가 무엇 때문에 기쁘고 두려운지, 잘 알고 계십니다. 그리고 우리가 무엇 때문에 기뻐하고 무엇을 두려워해야 하는지도 알려주십니다.

세상의 모든 두려움의 뿌리는 하나님을 믿지 못하기 때문입니다. 하나님에 대한 불신이 이 세상의 모든 두려움의 원인입니다.

두려움의 대상은 단 한 분 하나님 외에 없습니다.

2. 거듭난 자에게 허락하실 하나님의 정당한 보수

우리의 '보수'는 하나님이시다!
창세기 15장 1절의 말씀입니다.

> [1] 이 후에 여호와의 말씀이 환상 중에 아브람에게 임하여 이르시되 아브람아 두려워하지 말라 나는 네 방패요 너의 지극히 큰 상급이니라

지금 아브라함은 두려워하기보다 승리의 기쁨에 도취되는 것이 더 자연스러운 상황입니다. 왜냐하면, 아브라함은 가나안 전쟁에서 열세인 병력을 가지고 메소포타미아 4개국 연합군을 이겨 승리하고 조카 롯을 구해 온 혁혁한 공을 세웠기 때문입니다. 그런데도 그는 언제 메소포타미아 4개국 연합군이 자신을 또다시 공격해 올지 몰라 두려웠습니다. 성공 뒤에 찾아올 실패의 무게에 짓눌린 것입니다. 게다가 아브라함은 하나님이 약속한 기업을 얻기 위해 나아가는 과정 중에 하나님께서 약속하신 기업의 후사인 자녀가 없다는 사실에, 매우 낙담하고 실망했습니다.

예를 들어, 수만 평의 대지를 여러분이 취득했다고 칩시다. 그런데 그 넓은 땅을 물려줄 자식이 없는 것입니다. 누군가는 '나만 잘 먹고 잘 살면 되지' 하고 생각하겠지만, 아브라함은 하나님께서 허락하신 가나안 땅을 일차원적인 사회 경제적 가치로만 여기지 않았습니다.

믿음을 가진 아브라함이었기에, 천국의 관점으로 가나안 땅을 바라보았던 것입니다. 가나안은 하나님의 나라와 의를 이루고 복음이 확장되고 전파되는, '이 땅에서의 천국'으로 아브라함에게 주어진 것입니다. 아브라함을 이어 계속 천국 복음을 선포할 후사가 마땅히 있어야 하나님께서 약속하신 것이 온전히 성취될 수 있는 것입니다.

가나안 땅과 후사에 대한 개념을 잘 이해하고 있었던 아브라함이었기에, 자녀가 태어나는 일이 중요했고, 무자(無子)한 사실은 낙담 이상으로 크게 다가와 그를 두렵게 만들었습니다.

그런데 하나님은 아브라함에게 이런 말씀을 해 주셨습니다.

> 너의 축복은 가나안 땅과 언약의 후사보다 더 큰, 다른 게 있단다!
> 그건 말이야. 내가 너의 보호자가 되고 너의 상급이 되는 거야.

"아브람아 두려워하지 말라, 나는 네 방패요 너의 지극히 큰 상급이니라."

이 말씀이 바로 우리에게 주시는 말씀입니다. 우리가 세상일이 뜻대로 안 될 때, 마음먹은 일이 예상 밖의 결과를 낼 때, 스스로 똑바로 걷고 있지 못하다고 여겨져 자책감이 들고 부끄러운 마음이 들 때, 하나님은 '두려워하지 마, 내가 너를 보호해 줄게, 나는 너의 아주 큰 보수야, 봉급이야'라고 말씀하시는 것입니다.

창세기 15장 1절의 상급은 '보수'를 말합니다. 상급은 히브리어로 '사카르'라고 합니다. 정당한 보수를 뜻하는데, 민수기 18장 31절에 나온 '보수'와 같은 개념입니다.

> [31] 너희와 너희의 권속이 어디서든지 이것을 먹을 수 있음은 이는 회막에서 일한 너희의 보수임이니라

여러분은 연봉을 얼마까지 받아 보셨습니까?
자영업이나 사업을 하시는 분이라면, 한 달에 얼마나 벌어보셨습니까?
우리가 받는 봉급이 '하나님'이라면, 그것은 무엇을 뜻하는 것일까요?

우리가 받아야 할 정당한 보수가 '하나님'이라는 말씀의 의미가 실감이 나십니까?

노예제도가 있을 때, 사람을 돈으로 사고팔았습니다. 있어서는 안 될 일이지만, 실제 역사입니다.

사람을 돈으로 환산해서 사고판다?

있을 수 없는 일입니다.

그런데 요즘 시대에도 사람을 돈으로 사고팔지는 않지만, 연봉 협상이라는 것을 하지 않습니까?

그 사람이 기업에 기여할 만한 가치와 능력을 돈으로 환산하여 지불해 주는 것입니다. 그것이 연봉이고 봉급이고 보수입니다. 누군가는 정당한 보수를 받지 못하고 일하기도 합니다. 능력을 정당하게 인정받지 못하면 연봉이나 봉급이 낮게 책정되고 스스로 자괴감에 빠지기도 합니다. 세상은 온갖 불합리한 것들로 가득 차 있기 때문에 정당한 보수를 받지 못하는 경우가 허다합니다.

그런데 거듭난 자가 하나님 나라와 의를 이루는 데 어떤 기여를 했기에, 하나님의 완벽한 보호를 받되 구원의 완성을 이루는 그날까지 견인의 은혜를 받는 것입니까?

우리가 복음을 전하고 확장하는 어떤 역할을 했기에, 그 보수로 '하나님'을 받게 되는 것입니까?

거듭난 자라야 보호하심과 견인의 은혜를 받고 하나님이라는 큰 상급을 받을 수 있다는 사실을 기억하시길 바랍니다. 예수님을 믿어 거듭난 자들에게 있어 큰 은혜와 축복은 하나님께서 우리의 보호자가 되어주시어 악한 세력이 해하지 않도록 방패가 되어주시고, 그 하나님이 우리의 상급이 되어주신다는 것입니다.

우리의 보수가 하나님이시다!

참으로 놀라운 일이 아니고 무엇이겠습니까?

그러니 그 무엇도 우리를 해치지 못할 것을 믿으며, 오직 하나님 한 분만 두려워하는 성도님들이 되시길 바랍니다.

3. 너희 이름이 하늘에 기록된 것으로 기뻐하라

오늘 본문에서 예수님은 무엇 때문에 기뻐하고 무엇을 두려워해야 하는지를 제자들에게 알려주시고자 하셨습니다.

누가복음 10장 20절의 말씀을 다시 보시길 바랍니다.

> 20 그러나 귀신들이 너희에게 항복하는 것으로 기뻐하지 말고 너희 이름이 하늘에 기록된 것으로 기뻐하라 하시니라

세상에 있는 모든 두려움의 근원은 하나님을 믿지 않음에서 비롯된다고 말씀드렸습니다.

제자들은 예수님의 이름으로 사탄에 대한 두려움을 물리칠 수 있었습니다.

두려움을 몰아내고 믿음의 승리를 거둔 자신들의 모습이 얼마나 자랑스럽고 기뻤겠습니까?

하지만, 예수님은 이보다 더한 기쁨이 있다고 말씀하십니다. 기쁨의 정도를 비교하기 위해 "- 하지 말고, - 하라!"고 말씀하신 것입니다.

"귀신들이 항복하는 것으로 기뻐하지 말고, 이름이 하늘에 기록된 것으로 기뻐하라"고 하셨습니다.

이 말의 초점은 제자들에게 귀신들이 항복하는 것을 기뻐하지 말라는 것이 아닙니다. 귀신들이 항복하는 것보다 더 큰 기쁨이 있다는 데 초점을

두어야 합니다. 제자들의 이름이 하늘에 기록된 것에 비하면, 귀신들이 항복하는 것은 아무것도 아니라는 말입니다. 하늘에 이름이 기록된 것의 기쁨이 그만큼 크다는 사실입니다. 하늘에 이름이 기록된 것이 귀신을 예수님의 이름으로 쫓아낸 것보다 더욱 놀랍고 뜻밖의 일인 것입니다.

귀신을 쫓아내는 것과 이름이 하늘에 기록되는 것에 무슨 차이가 있길래, 예수님은 하늘에 기록된 것이 우위에 있음을 비교하여 설명해 주시는 것일까요?

예수님의 공생애 당시, 사람들은 눈에 보이지 않는 영역을 크게 두려워했습니다. 그래서 토속 신앙과 온갖 우상이 활개쳤습니다. 과학이나 학문의 수준이 낮았기 때문에 자연 현상에 대한 두려움이 컸습니다. 미래에 대한 두려움도 당연히 있었습니다. 현실의 먹고 사는 문제도 시급한 해결 과제였습니다. 그들에게 세상은 안전하고 보장된 곳이 아니라 늘 위험이 도사리는 예상치 못할 불안과 두려움이 가득한 곳이었습니다. 특히, 당시에는 질병과 귀신을 연관 지어 생각하곤 했습니다. 또한, 좋지 못한 일이 일어나거나 나라에 자연재해가 발생하면, 자연물에 깃든 귀신이나 우상이 노해서 일어난 것이라 착각했습니다.

그렇기 때문에, 귀신들을 쫓아낸다는 일에 제자들은 큰 성취감과 안도감을 느끼며 기뻐했을 것입니다.

하지만, 예수님을 믿는 자들에게는 이미 사탄을 이길 권세가 주어졌다는 사실을 기억해야 합니다.

요한복음 16장 33절의 말씀입니다.

> 33 이것을 너희에게 이르는 것은 너희로 내 안에서 평안을 누리게 하려 함이라 세상에서는 너희가 환난을 당하나 담대하라 내가 세상을 이기었노라

세상을 이기신 예수님은 귀신을 쫓는 일보다 더 기쁜 일은 예수님과 저 천국에서 영원히 살 수 있도록 그들의 이름이 하늘의 생명책에 기록되는 일임을 제자들에게 알려주시고자 하신 것입니다.

'귀신 축출'과 '하늘에 이름이 기록된 것'을 비교해 보겠습니다.

귀신을 쫓아낸다고 구원받아 천국에 갈 수 있습니까?

아닙니다. 하지만, 하늘에 이름이 기록된 저와 여러분은 반드시 천국에 들어갑니다. 귀신 축출은 제자들이 얻은 부가적인 특권이지만, 하늘에 이름이 기록된 것은 제자들의 가장 큰 본래적 특권입니다.

무엇으로 보나, 하늘에 이름이 기록된 일이 더 기뻐할 일입니다.

요한계시록 20장 15절, 21장 27절의 말씀입니다.

> [15] 누구든지 생명책에 기록되지 못한 자는 불못에 던져지더라

> [27] 무엇이든지 속된 것이나 가증한 일 또는 거짓말하는 자는 결코 그리로 들어가지 못하되 오직 어린 양의 생명책에 기록된 자들만 들어가리라

귀신을 쫓아낸 경험으로 들뜨고 흥분하며 기뻐하던 제자들에게 예수님은 생명책에 이름이 기록된 것을 더 기뻐해야 함을 강조한 것을 놓치지 말아야 합니다. 그리스도를 믿어 거듭난 우리 역시 세상의 기준이 아닌 말씀이 우선된 사역의 현장에서 제자들이 범하는 실수를 자주 하곤 합니다. 가시적인 성과나 결과물에 도취되어, 정작 하나님을 후 순위로 밀어 놓거나 하나님을 잊어버리는 큰 과오를 범하게 됩니다.

은사와 재능을 많이 받은 것은 당연히 기뻐하고 감사해야 할 일이지만, 우리가 놓치지 말아야 할 것은 '은사보다 은혜가 앞선다'라는 사실입니다.

예수님 당시에 '주여! 주여!' 외치지만 '경건의 능력이 없는 무리들'과 주의 이름으로 능력을 행하던 '거짓 선지자들'이 주님께 얼마나 큰 책망을

받았습니까?

마태복음 7장 21절과 22절의 말씀을 보시겠습니다.

> ²¹ 나더러 주여 주여 하는 자마다 다 천국에 들어갈 것이 아니요 다만 하늘에 계신 내 아버지의 뜻대로 행하는 자라야 들어가리라
> ²² 그 날에 많은 사람이 나더러 이르되 주여 주여 우리가 주의 이름으로 선지자 노릇 하며 주의 이름으로 귀신을 쫓아 내며 주의 이름으로 많은 권능을 행하지 아니하였나이까 하리니

거듭난 자들이 진정 기뻐할 것은 '일시적인 은사'가 아니라, 그 이름이 생명책에 기록된 '영원한 구원의 은혜'입니다.

사랑하는 성도 여러분, 무엇을 기뻐하시겠습니까?

무엇을 두려워하시겠습니까?

두려움은 예수님의 이름으로 행할 때 사라집니다. 어린 양 예수 그리스도를 믿어 거듭난 모든 성도 여러분, 하늘 생명책에 이름이 기록된 사실로, 영원한 생명을 소유한 사실로 기뻐하시길 바랍니다.

마태복음 10장 30-31절과 누가복음 12장 32절의 말씀입니다.

> ³⁰ 너희에게는 머리털까지 다 세신 바 되었나니
> ³¹ 두려워하지 말라 너희는 많은 참새보다 귀하니라
>
> ³² 적은 무리여 무서워 말라 너희 아버지께서 그 나라를 너희에게 주시기를 기뻐하시느니라

사랑하는 성도 여러분, 마지막으로 질문 하나 드려보겠습니다.

둘 중 하나만 선택할 수 있다고 가정해 봅시다.

귀신 물리치는 능력과 영원한 생명, 둘 중 무엇을 고르시겠습니까?

이 땅에서 살면서 귀신과 마귀, 사탄을 예수님의 이름으로 쫓아내며 사는 삶을 꿈꾸십니까?

이 땅에서뿐만 아니라 죽어서도 천국에 가서 하나님의 얼굴을 마주 보는 것 같이 하며 예수님과 영원히 함께 살며 영생을 누리는, 영원한 생명 가운데 거하겠습니까?

사실 질문 자체가 어리석습니다.

우리가 살고 말하고 행하는 일 중에 예수님의 이름으로, 그분의 권능과 은혜를 힘입지 않고 할 수 있는 것이 하나라도 있겠습니까?

이 세상 그 무엇도 영원한 생명보다 더 귀한 것은 없다!

이것은 영원한 진리입니다.

예수님의 이름, 하나님께서 지극히 높여 모든 이름 위에 뛰어나게 하시고 하늘에 있는 자나 땅에 있는 자들과 땅 아래 있는 자들로 그 이름에 무릎 꿇게 하신 그 존귀한 이름을 믿어 거듭난 모든 성도 여러분, 영원한 생명을 소유한 자로서 말할 수 없는 영광스러운 즐거움으로 기뻐하시길(벧전 1:8) 주님의 이름으로 축원합니다.

기도 제목

1. 예수님만이 우리의 보호자가 되시고 가장 큰 상급이 되어주심을 믿고 나아가도록

2. 두려움의 근원은 하나님을 믿지 못하는 것임을 알고 오직 하나님 한 분만 두려워하는 우리가 되도록

3. 예수님의 뛰어난 이름을 믿어 거듭난 자로서 누리게 될 영원한 생명을 소중히 여기고, 이를 지키기 위해 믿음에 굳게 설 수 있도록

제5부

거듭남의 결과

15

영적으로 성장하라
[베드로전서 2장 1-2절]

¹ 그러므로 모든 악독과 모든 기만과 외식과 시기와 모든 비방하는 말을 버리고
² 갓난아기들같이 순전하고 신령한 젖을 사모하라 이는 그로 말미암아 너희로 구원에 이르도록 자라게 하려 함이라

믿는 자에게는 새로운 삶이 있습니다. 하나님의 말씀은 우리를 새롭게 합니다. 말씀 안에 있는 생명력은 낡고 부패한 심령을 새롭게 만들어 줍니다.

말씀이 우리를 새롭게 하는 것과 세상에서 말하는 새로움은 전혀 다른 차원입니다. 세상의 것들이 새로움, 이전과 다른 전혀 다른 새로운 모습을 주장해도, 그것은 이미 존재했던 그 무엇을 가공하거나 조합해서 만들어 내거나 변형한 것에 불과합니다. 새 건물, 새 옷, 새 집처럼 물질적인 새로움이 금방 낡은 것이 되는 것은 말할 것도 없고, 새로운 이론과 새로운 개념이라는 것도 아주 오래전에 있었던 일부를 바꾸거나 예전 것의 반대 개념을 끌어낸 것이기에 완전히 새로운 이념이나 철학, 사유는 존재하지 않습니다.

우리의 육체를 한번 보시길 바랍니다.

새롭습니까?

어제보다 더 아름다워졌습니까?

아닙니다. 모든 인생은 풀이요, 우리들의 아름다움은 꽃과 같아서 금방 시들고 맙니다.

이사야 40장 6-8절의 말씀을 보시길 바랍니다.

> ⁶ 말하는 자의 소리여 이르되 외치라 대답하되 내가 무엇이라 외치리이까 하니 이르되 모든 육체는 풀이요 그의 모든 아름다움은 들의 꽃과 같으니
> ⁷ 풀은 마르고 꽃이 시듦은 여호와의 기운이 그 위에 붊이라 이 백성은 실로 풀이로다
> ⁸ 풀은 마르고 꽃은 시드나 우리 하나님의 말씀은 영원히 서리라 하라

풀은 마르고 꽃은 시들지만, 무엇이 영원한 새로움 그대로를 간직합니까?

하나님의 말씀만이 그 안에 살아 있는 생명력으로 영원한 새로움 그대로를 간직합니다. 영생은 바로 그것입니다. 마르고 시들지 않는 영원한 생명력이 영생입니다.

그런 하나님의 말씀으로 거듭난 우리는 영적인 생명이 충만한 상태에서 끊임없이 성장하며 성숙을 이루는 성화의 과정을 통해, 하나님께서 원하시는 구원의 최종 단계인 영화에 이르게 되는 것입니다. 그렇기 때문에 말씀으로 거듭난 모든 그리스도인은 마땅히 영적으로 성장해야 합니다.

우리 주님께서는 <영적으로 성장하라>는 제목으로 베드로전서 2장 1절과 2절의 말씀을 통해 거듭난 그리스도인의 성장을 가로막는 것은 무엇이며, 진정한 성장을 이룬 그리스도인들에게 나타나는 삶의 열매가 무엇인지 깨닫길 원하시고, 그런 우리가 하나님이 기뻐하시는 자에 합당한 모습으로 살아가길 원하십니다.

1. 버려야 할 것과 취해야 할 것

베드로전서 2장 1절과 2절의 말씀입니다.

> ¹ 그러므로 모든 악독과 모든 기만과 외식과 시기와 모든 비방하는 말을 버리고
> ² 갓난아기들 같이 순전하고 신령한 젖을 사모하라 이는 그로 말미암아 너희로 구원에 이르도록 자라게 하려 함이라

요약하면, '사람의 거짓된 말을 버리고 진실된 하나님의 말씀을 사모하라!'는 말씀입니다. 영적인 성장을 위해 버려야 할 것과 취해야 할 것이 정해져 있다는 말입니다.

먼저 질문을 하나 던지고자 합니다.

갓난아기가 건강하게 잘 자라기 위해 절대 취하지 말아야 할 것과 취해야 할 것이 무엇이라고 생각하십니까?

이제 막 세상의 빛을 본, 갓난아기들이 취할 수 있는 것은 어머니의 젖뿐입니다. 금은보화를 가져다 준들, 갓난아기를 한 뼘도 자라게 할 수 없습니다. 쾌적하고 청결한 환경을 제공해도, 어머니의 젖이 없으면 모두 헛것입니다. 그 비싸다는 캐비어나 샥스핀도 갓난아이에게는 무용지물입니다. 먹을 수 없을 뿐만 아니라, 갓난아이에게 적합하지 않은 식품이기 때문입니다.

갓난아기는 어머니의 젖을 먹어야 성장할 수 있습니다. 성도들도 마찬가지입니다. 영적으로 순결하고 정직한 자들, 거듭난 자들이 취할 수 있는 것은 세상에 널린 포장된 말, 자신의 이익을 숨기는 거짓과 비방, 외식, 기만이 아닙니다. 영원한 하나님의 말씀만이 우리를 새롭게 하고 영적인 생명력을 충만하게 만들어 주어 더욱 성장하고 성숙하게 해 주는 비결입니다.

그래서 베드로는 영적인 성숙을 위해, 거짓되고 악독이 가득한 인간의 말을 버리고 순전하고 깨끗한 하나님의 말씀만 추구하라고 권면합니다.

예나 지금이나, 세상은 거짓 되고 악합니다. 진실되고 선한 하나님과 반대되는 세상은 진리를 거스르며 항상 악을 도모해 왔습니다.

이 땅에 천국을 건설하겠다는 인류의 노력은 끊임없이 계속되어 왔으나, 여전히 세상에는 전쟁이 끊이지 않고 있으며, 범죄와 타락의 정도는 점점 수위가 높아지고 있는 것이 현실입니다. 세상에는 진실되고 선한 하나님의 말씀보다 거짓 되고 악한 인간의 말이 더 숭상되고 횡행하고 있습니다.

하나님이 죄 된 인간을 구원하시며 행하라고 하신 십자가의 사랑은 온 데간데없고, 무한 경쟁과 권모술수, 중상모략만 가득합니다.

이 땅에 오신 예수님은 회개하라 하시며, 하나님 나라를 선포하셨습니다. 모든 악독과 기만, 외식, 시기와 비방이 난무하고 사랑과 긍휼, 자비가 없는 세상에 사랑과 의가 가득한 하나님 나라가 임하도록, 말씀이 육신이 되어 이 땅에 예수님이 찾아오신 것입니다. 그때 이 땅에는 영혼을 죽이고 수탈하려는 이리 떼가 가득했습니다. 단순히 세상만 아니라, 종교 지도자라 일컫는 유대인들마저도, 사탄의 앞잡이가 되어 외식과 거짓이 가득했습니다.

악한 세상과 사탄은 거짓으로 영혼을 수탈하고 죽이고 멸망시키려 하지만, 예수님은 생명의 복음을 선포하여 의와 사랑이 가득한 천국으로 우리를 인도하십니다.

요한복음 10장 10절의 말씀입니다.

> [10] 도둑이 오는 것은 도둑질하고 죽이고 멸망시키려는 것뿐이요 내가 온 것은 양으로 생명을 얻게 하고 더 풍성히 얻게 하려는 것이라

영혼을 풍성하게 하는 생명의 복음이 선포되었음에도, 여전히 말씀에 무감각하거나 하나님의 말씀의 권위를 무너뜨리려는 대적들의 저항은 매우 거셌습니다. "서로 사랑하라!"는 가치관은 당시 시대를 지배하던 체제와 구조를 무너뜨리는 것으로 인식되었고, 그리하여 예수님의 복음은 기득권 세력에 의해 철저히 배척 당하고 무시 당할 수밖에 없었습니다.

베드로가 본문을 기록한 때는 예수님이 부활하시어 승천하신 후 적어도 30년 이상 흐른 시점이었습니다. 로마 황제가 군림하고 수직적인 지배 구조가 당연하게 여겨지던 때에, 가난한 자나 배우지 못한 자나 차별 없이 평등하다는 메시지를 강조하는 복음이 시대를 전복하는 저항의 도구로 받아들여진 것입니다.

로마 황제 중심의 지배 구조를 유지하려면, 평등과 사랑, 박애의 정신을 퍼뜨리는 복음이 걸림돌이 되기 때문에, 무조건 예수님과 관련된 것은 처단해야 했습니다.

그래서 예수님을 믿는 그리스도인들에게 핍박과 고난은 당연했습니다.

비방과 시기, 기만과 외식, 악독은 말해 무엇하겠습니까?

비방과 욕설, 해고와 폭행, 심지어 살인까지 겪어야 했습니다.

사랑하는 성도 여러분, 여러분은 거듭났습니까?

우리는 서로 비난하고 거짓된 말로 속이는 자가 아니라, 진실함으로 서로 사랑하는 자들이 되어야 합니다. 세상의 모든 것은 시간이 지나면 변질되고 부패함에도 불구하고, 여전히 세상 사람들은 가진 것을 더 움켜쥐고 놓치지 않으려고 거짓과 비방, 속임수를 쓰는 것을 아무렇지도 않게 생각합니다. 영원히 새롭게 지속되는 영생을 소유하는 방법을 모르기 때문에 썩어질 세상의 자랑과 권세를 붙들고 쓰러지지 않으려고 안간힘을 쓰는 것입니다.

2. 서로 사랑하라

　영원한 것은 진실된 하나님의 말씀과 그분의 사랑밖에 없음을 기억하시길 바랍니다. 거듭난 우리는 세상의 많은 힘과 능력을 자랑하던 권세가들과 정치 권력자들이 그토록 원했던 '영원한 능력'을 이미 소유한 자들임을 잊지 마시길 바랍니다.
　베드로전서 1장 23-24절의 말씀입니다.

> [23] 그러므로 모든 육체는 풀과 같고 그 모든 영광은 풀의 꽃과 같으니 풀은 마르고 꽃은 떨어지되
> [24] 오직 주의 말씀은 세세토록 있도다 하였으니 너희에게 전한 복음이 곧 이 말씀이니라

　이 세상이 궁극적으로 추구하는 능력은 무엇을 위한 것입니까?
　영원한 아름다움과 영원한 생명을 취하려는 것이 아니고 무엇이겠습니까?
　클레오파트라는 아름다움을 유지하기 위해 우유로 목욕을 했다고 하지 않습니까?

　불로장생을 꿈꾸며 늙지 않고 오래 살고자 하는 인간의 노력에도 불구하고, 모든 인간은 늙고 쇠하며, 썩고 죽습니다. 이 세상에 썩지 않는 것은 없습니다. 다 소멸되고 멸망합니다.
　단 한 가지, 하나님의 말씀만은 썩지 않습니다.
　그 말씀으로 거듭나 새롭게 된 영혼이 해야 할 일은 무엇입니까?
　서로 사랑해야 합니다.
　베드로전서 1장 22-23절의 말씀입니다.

> ²² 너희가 진리를 순종함으로 너희 영혼을 깨끗하게 하여 거짓이 없이 형제를 사랑하기에 이르렀으니 마음으로 뜨겁게 서로 사랑하라
> ²³ 너희가 거듭난 것은 썩어질 씨로 된 것이 아니요 썩지 아니할 씨로 된 것이니 살아 있고 항상 있는 하나님의 말씀으로 되었느니라

비방이나 시기, 다툼이나 미움 같은 거짓된 마음이 아니라, 거룩하고 정결한 마음, 진실된 마음으로 형제 사랑하기를 자신을 사랑하듯이 하고 마음으로 뜨겁게 사랑하는 것입니다. 거듭난 자에게 요구되는 모습은 '서로 사랑하는 것'입니다.

그런데 사랑은 결코 쉽지 않습니다. 예수님은 새로운 계명을 우리에게 주셨고, 그 새 계명 역시 하나님 사랑과 이웃 사랑입니다. 베드로가 말하는 거듭난 자의 합당한 모습 역시 서로 사랑하는 것이며, 예수님이 구원받은 백성에게 바라는 새로운 계명 또한 하나님 사랑, 이웃 사랑입니다.

영원히 썩지 않는 하나님의 말씀으로 거듭난 영혼은 과거에 좋지 못했던 모든 모습을 버려야 합니다.

그것이 오늘 본문에 잘 나타나 있지 않습니까?

그런데 순전하고 신령한 하나님의 말씀과 대치된 인간의 말은 '서로 사랑하라'를 도저히 실천할 수 없게 만듭니다.

3. 모든 악독과 기만과 외식과 시기와 비방을 버리고! 오직 말씀으로!

베드로전서 2장 1절의 말씀을 다시 한번 보시길 바랍니다.

> ¹ 그러므로 모든 악독과 모든 기만과 외식과 시기와 모든 비방하는 말을 버리고

지금부터 악독, 기만, 외식, 시기, 비방이 구체적으로 무엇을 뜻하는지 알고, 이런 인간의 말이 '서로 사랑하라'는 예수님의 가르침에 위배되는 이유를 살펴보겠습니다.

모든 악독은 마음속에서 남을 해하려는 무자비한 악을 의미합니다. 베드로는 성령의 권능을 돈으로 사려고 시도했던 마술사 시몬을 악독하다고 꾸짖었습니다.

사도행전 8장 22-23절의 말씀입니다.

> ²² 그러므로 너의 이 악함을 회개하고 주께 기도하라 혹 마음에 품은 것을 사하여 주시리라
> ²³ 내가 보니 너는 악독이 가득하며 불의에 매인 바 되었도다

마술사 시몬은 성령 자체를 사모하지 않고, 베드로와 요한이 행한 성령의 능력을 탐하여 돈을 주고 사고자 했습니다. 그는 영혼을 경제적 이익을 위한 수단으로 생각하는 악한 자였기 때문에, 돈으로 성령의 능력을 사서 영혼 파멸의 악독한 일을 계속 행하려 했습니다. 그래서 영혼을 돈벌이 수단으로 악용한 마술사 시몬의 악독은 영혼을 구원하시고자 하는 하나님의 사랑과는 대치될 수밖에 없었습니다.

하나님은 그 누구도 악독으로 채워지거나 불의에 매이지 않기를 원하십니다. 악독은 전적으로 사탄에 속한 것으로, 악독은 사랑과 화평 같은 성령의 열매와는 정반대되는 요소입니다. 남에게 쓴 뿌리와 올무가 되어 그 영혼을 악한 데로 빠지게 하는 악독을 품은 자들이 영혼을 향해 진실한 사랑을 실천할 리 만무합니다.

모든 기만과 외식, 시기는 무엇입니까?

미끼와 덫, 올가미와 같이 속이는 것이 기만이요, 겉과 속이 다르게 판단하는 것이 외식이요, 열등감에 의해 다른 사람이 잘되는 것을 방해하는

것이 시기입니다. 기만과 외식, 시기는 모두 '단 하나의 목표'를 향해 일합니다. 다른 사람이 잘되지 않기를 바랍니다. 다른 사람이 잘되는 꼴이 보기 싫어서 속이고, 다른 사람이 잘되는 꼴이 보기 싫어서 겉과 다르게 판단하고, 다른 사람이 잘되는 꼴이 보기 싫어서 열등감에 휩싸여 다른 사람의 일을 방해하고 막는 것입니다. 또한, 모든 비방은 온갖 종류의 중상모략이나 악담을 의미합니다. 악의에 찬 마음에서 모든 비방이 나옵니다.

상대방을 비방하는 데서 참된 하나님의 사랑이 실현되겠습니까?

서로 사랑하는 일이 가능하겠습니까?

우리는 베드로의 권면대로 인간의 말인 모든 악독과 모든 기만과 외식, 시기와 모든 비방을 버려야 합니다. 영원히 새롭게 할 거룩한 말씀의 씨로 거듭난 우리는 인간의 말이 우세했던 옛 모습을 과감하게 버리고 순전하고 신령한 말씀을 사모해야 합니다.

오늘 본문인 베드로전서 2장 2절의 말씀입니다.

> ² 갓난아기들 같이 순전하고 신령한 젖을 사모하라 이는 그로 말미암아 너희로 구원에 이르도록 자라게 하려 함이라

"갓난아기들 같이 순전하고 신령한 젖을 사모하라."

이럴 때 구원에 이르도록 자랄 수 있습니다. 영적인 성장을 위해 서로 사랑하지 못하게 만드는 인간의 말을 버리고, 오직 말씀을 추구해야 합니다.

우리가 추구할 말씀은 순전하고 신령합니다. '순전하다'는 '정직한, 진짜의, 섞인 것이 없는'이라는 뜻을 가지고 있습니다. '순전하다'는 것은 베드로전서 2장 1절의 '미끼와 덫, 올가미'와 같은 모든 속이는 '기만'과는 반대되는 개념입니다.

'신령하다'는 것은 또 무슨 뜻을 가지고 있을까요?

'영적인, 이성적인, 합리적인, 적합한'이라는 다양한 의미를 가집니다. 어떤 거짓도 섞이지 않은, 순전하고 가장 합리적이며 적합한 젖은 갓난아기와 같이 영적으로 거듭난 모든 성도가 끊임없이 먹고 채워 넣어야 하는 말씀입니다. 이 말씀이 거듭난 성도를 어른의 장성한 분량까지 성장하도록 만들어 줍니다. 그래서 순수하고 진실된 하나님의 말씀을 사모하고 열심히 들어야 합니다. 갓난아기가 어머니의 젖을 갈망하듯, '말씀이 아니면 성장할 수 없다는 간절함과 절박함을 가지고 하나님의 말씀을 추구하며 사모해야 한다'라고 오늘 베드로는 권면하는 것입니다.

사랑하는 성도 여러분, 순전하고 신령한 젖인 말씀이 우리를 구원에 이르도록, 성장하도록 만드는 귀한 자양분이 됨을 기억하시길 바랍니다. 단 한 번이라도 하나님의 사랑과 인자하심을 맛본 자라면, 하나님의 사랑을 지속적으로 받으며 영적으로 성장하기 위해 순전하고 신령한 말씀을 간절히 사모해야 합니다. 그리고 우리가 받은 주님의 풍성한 사랑의 말씀으로 거듭난 자에게 주어진 새로운 계명, '하나님 사랑과 이웃 사랑'을 실천하는 삶을 살아내야 합니다.

데살로니가전서 3장 13절과 요한일서 3장 16절의 말씀입니다.

> [13] 너희 마음을 굳건하게 하시고 우리 주 예수께서 그의 모든 성도와 함께 강림하실 때에 하나님 우리 아버지 앞에서 거룩함에 흠이 없게 하시기를 원하노라

> [16] 그가 우리를 위하여 목숨을 버리셨으니 우리가 이로써 사랑을 알고 우리도 형제들을 위하여 목숨을 버리는 것이 마땅하니라

'서로 사랑하라!'는 말씀을 받을 때 어떤 마음이 드셨습니까?

그거 잘 안 돼요. 내 힘으로 하는 것 아니에요. 예수님께서 우리를 위해 대신 죽으셨으니까, 받은 사랑을 실천해야 하는 거, 머리로는 잘 알지만 서로 사랑하라는 실천은 어렵습니다.

이렇게 생각하실 수도 있습니다.

왜 그럴까요?

거듭난 자로서 영적 성장을 위해 말씀을 사모해야 하는 것을 알지만, 실제로는 하나님의 말씀보다는 내 말이 우선되기 때문입니다.

그런데 성경은 우리 입에서 나오는 모든 말이 악하다고 합니다. 사람의 마음에 악독과 죄악이 가득하고, 그 마음에서 나오는 말 역시 악하기에 입술로는 쉽게 떠들면서도 사랑을 실천하는 데는 느리고 더딜 수밖에 없습니다.

그런데 예수님은 입을 열지 않으셨습니다. 자신을 향한 비방과 억측, 시기와 악독이 가득한 세상과 대적의 공격에 입을 열지 않으셨습니다.

그 이유는 무엇일까요?

중요한 것은 "누가 더 죄를 지었나가 아니라, 모두 죄인이기 때문"입니다. 이것이 초점입니다. 자기 말만 우선시하는 자들은 자신은 죄가 없고 다른 사람에게만 죄가 있다고 생각합니다. 그러니 악독과 시기, 비방이 난무할 수밖에 없습니다.

예수님은 유일하게 죄가 없으신 분이시며 무엇이 죄이고 아닌지를 판단하실 수 있는 유일한 분이셨으나, 끝까지 입을 열지 않으셨습니다.

이사야 53장 7절의 말씀입니다.

> 7 그가 곤욕을 당하여 괴로울 때에도 그의 입을 열지 아니하였음이여 마치 도수장으로 끌려 가는 어린 양과 털 깎는 자 앞에서 잠잠한 양 같이 그의 입을 열지 아니하였도다

우리도 예수님처럼 잠잠해지길 바랍니다.

죄가 없으신 예수님조차 잠잠히 하나님의 말씀만 영영히 서길 바라셨는데, 우리가 무엇이라고 악독한 말을 고집한단 말입니까?

오직 순전하고 신령한 하나님의 말씀을 추구하고 사모하시길 바랍니다. 그로 인해 주님이 원하시는 정도의 영적인 성장을 이루어, 하나님 사랑, 이웃 사랑이 전혀 어색하지 않은 삶이 되고, '서로 사랑하라'는 삶이 실재가 되길 주님의 이름으로 축원합니다.

기도 제목

1. 거듭난 자답게 영적인 성장을 이루도록 순전하고 신령한 하나님의 말씀만 추구하고 사모하도록
2. '서로 사랑하라'는 주님의 가르침이 우리 삶에 실재가 되고 실천적 행동이 될 수 있도록
3. 악독과 기만, 외식, 시기, 비방과 같은 모든 악한 인간의 말을 버리고 우리 입에서 복음만 증거되도록

16

의를 행하라
[요한일서 2장 29절]

²⁹ 너희가 그가 의로우신 줄을 알면 의를 행하는 자마다 그에게서 난 줄을 알리라

1. 의(義), 거듭남의 증거

믿음으로 살아가는 우리는 새로운 피조물입니다. 거듭난 자에게는 의로운 삶이 있습니다.

역사적으로 불의한 세상에 맞서는 의인은 항상 있었습니다. 이 사회에 정의를 실현하고자 하는 지도자들의 노력과 성실은 우리의 삶을 더욱 윤택하게 만들고 살기 좋은 세상으로 만드는 데 기여했습니다. 또 소시민적인 삶을 살아가는 우리 역시 어느 정도는 진리에 부합한 의로운 행실을 추구하고 의로움에 긍정적인 가치를 부여하는 것도 사실입니다. 누구나 불의보다는 의로운 삶에 더 큰 가치와 의미를 두고 살아갑니다.

그러나 '세상이 말하는 의'와 '성경이 말하는 의'는 다릅니다. '세상에서 말하는 의'는 '진리에 맞는 올바른 도리'를 뜻합니다. 하지만, 민족과 지역에 따라 진리로 믿고 따르는 것이 다르기 때문에, 의와 바른 도덕의 기준

과 개념이 달라집니다. 단언하건대, 시대와 장소를 초월한 '의', 즉 '절대 의'는 성경에만 있습니다.

성경이 말하는 '의'는 예수 그리스도가 죄인들을 위해 십자가에서 죽으심으로 성취되었습니다. 그의 의로우신 행위로 말미암아 모든 죄악과 저주, 사망은 꺾이고 절대 의와 진리가 비로소 실현되었습니다.

그렇기 때문에 예수님을 믿는 자들만이 진정한 의가 무엇인지 알고 실제로 의로운 삶을 살 수 있습니다. 진정으로 성령으로 거듭난 그리스도인들은 의를 행하는 삶을 살게 됩니다.

우리 주님께서는 <의를 행하라>는 제목으로 요한일서 2장 29절의 말씀을 통해 거듭난 우리가 거듭난 결과로써 행하게 되는 의가 무엇인지 깨닫고 그 의를 행하는 삶을 살길 권면하십니다.

> [29] 너희가 그가 의로우신 줄을 알면 의를 행하는 자마다 그에게서 난 줄을 알리라

이 말씀의 핵심이 무엇입니까?
하나님의 자녀라는 증거는 의를 행함에 있다는 것입니다. 의를 행하는 것은 거듭남의 증거입니다.

여러분은 거듭났습니까?
그 증거는 무엇인가요?
우리가 거듭났다는 증거가 도대체 무엇입니까?
우리가 불의가 아닌 의를 행하는 삶을 살고 있다는 것!

그 사실이 거듭남의 증거가 됩니다.
무언가 믿어지지 않고 의심이 생길 때 사람들이 뭐라고 합니까?

증거를 대 봐!
　　믿을 수 없어, 그래서 증거가 뭔데?

　이렇게 물을 수 있잖아요. 그런 것처럼, 우리 주변에 어떤 사람이 하나님을 믿는 사람인지 아닌지, 예수님을 삶의 주인으로 인정하고 살아가고 있는지 아닌지, 교회에 나가서 예배를 드린다고는 하는데 참된 신자인지 아닌지 궁금하다면, 무엇이 그 증거의 단초가 될까요?
　그가 의롭게 살고 있는지 확인해 보면 됩니다.
　스스로에게 물어봅시다.
　나는 의로운 사람인가?
　나는 의를 행하며 살고 있는가?
　사랑하는 성도 여러분, 사실 우리는 그동안 거듭남의 증거가 의로운 행실이라는 것에 대해 그렇게 깊게 생각하며 살지 못했습니다. 도덕적으로나 윤리적으로 바른 삶을 사는 것은 그리스도를 믿지 않는 자들도 그렇게 하고 있고, 그리스도인 중에는 불신자들보다 더 못된 짓을 많이 하고 다니는 사람도 있기 때문에 그렇습니다. 그래서 '거듭남의 핵심적인 증거가 의로운 행위다?' 라는 말에 스스로를 돌아봐도 왠지 의문을 품게 되는 것입니다.

2. 의(義), 거듭난 자가 가져야 할 속성

　성경은 진리입니다.
　믿으십니까?
　성경이 증거하고 있는 바, 거듭난 자의 정체성은 무엇일까요?
　에베소서 4장 24절은 이렇게 증거하고 있습니다.

²⁴ 하나님을 따라 의와 진리의 거룩함으로 지으심을 받은 새 사람을 입으라

거듭난 자의 정체성은 '의와 진리의 거룩함으로 지으심을 받은 존재'입니다. 예수님을 소유한 자들은 그분의 의로운 씨앗이 마음에 심겼으므로 당연히 의를 행하게 됩니다.

여기서 '의'는 '디카이오쉬넨'으로 하나님께서 받으시기에 합당한 진리를 따르는 삶을 의미합니다. 하나님이 받으시기에 합당한 진리는 다름 아닌 예수 그리스도이십니다. 예수님이야말로 하나님이 받으시기에 가장 합당한 진리 자체이십니다.

요한복음 14장 6절의 말씀을 보시길 바랍니다.

> ⁶ 예수께서 이르시되 내가 곧 길이요 진리요 생명이니 나로 말미암지 않고는 아버지께로 올 자가 없느니라

진리이신 예수 그리스도는 의로운 분이십니다. 누구든지 의를 행하면, 그는 그리스도께로부터 난 자임을 증명하는 것이 됩니다. 그리스도의 의로운 씨앗이 심긴 자마다 그리스도를 닮아 의를 행할 수 있습니다.

의를 행하는 것은 '거듭난 자의 증거'라고 말씀드렸습니다. 그리고 의를 행하는 것은 '하나님의 자녀가 가져야 할 속성'이기도 합니다.

시편 89편 14절의 말씀을 보시길 바랍니다.

> ¹⁴ 의와 공의가 주의 보좌의 기초라 인자함과 진실함이 주 앞에 있나이다

하나님은 만유의 주로서 이 땅을 의와 공의로 다스리십니다. 하나님이 무한한 능력으로 주권과 통치권을 행사하실 때, 의와 공의를 토대로 다스리신다는 것입니다.

만일 하나님께서 세상의 왕들처럼 사리사욕에 따라 절대 권력을 사용하신다면, 어떻게 될까요?

내가 편애하는 사람만 감싸주고 내 입맛에 맞는 자들만 도와주실 것입니다. 하나님이 그분의 능력을 세상의 왕들처럼 임의로 멋대로 사용하신다면, 결코 찬양의 대상이 되실 수 없을 것입니다.

하지만, 하나님은 언제나 의와 공의에 따라 행하십니다. 그 말이 시편 89편 14절에서 '의와 공의가 주의 보좌의 기초'라는 구절의 의미입니다.

그런데 공의의 하나님은 단순히 심판자로, 두려워할 분으로서 위엄만 지니신 것이 아니라, 인자함과 진실함도 함께 베푸십니다. 만일 우리가 하나님의 공의에 기초한 심판을 받는다면, 이 땅에는 살아남을 자가 없을 것입니다. 우리 모두는 하나님이 보시기에 죽어 마땅한, 불의만 저지르는 죄인들이기 때문입니다.

하지만, 하나님은 의와 공의에 기초해 다스리실 뿐 아니라 인자함과 진실함에 따라 자비로우심을 그의 자녀들에게 보여주시기도 합니다.

'인자함과 진실함이 주 앞에 있나이다'라는 말은 하나님께서 그의 주권과 통치권을 행사하실 때, 그 기초는 의와 공의이고, 인자함과 진실함을 그분 앞에 두고 행하신다는 뜻입니다.

하나님은 언약적 사랑에 근거해 그의 자녀들을 긍휼히 여겨주심으로, 우리 인간이 나약하거나 범죄함에도 불구하고 구원에 이르기까지 지켜 보호하시며 의와 공의를 실현해 주시는 것입니다. 우리가 진멸되지 않음은 하나님의 인자와 긍휼이 무궁하시기 때문입니다.

예레미야애가 3장 22절의 말씀입니다.

²² 여호와의 인자와 긍휼이 무궁하시므로 우리가 진멸되지 아니함이니이다

하나님의 공의와 사랑의 조화 안에서 우리가 다스림을 받는다는 사실에 감사하시길 바랍니다. 하나님은 사랑하는 아들, 예수 그리스도의 의가 우리 안에 있음을 기억하시며, 넘어지고 쓰러지는 연약한 죄인들이 실수하고 오점을 남길지라도, 그의 자비로우심에 근거해 용서해 주십니다. 그리고 변함없는 진실과 의로움으로 우리를 다스리고 인도하십니다. 그리고 그 인도하심은 우리가 천국에 도달할 때까지 이어집니다.

그러므로 거듭난 우리는 천국에 갈 때까지 의로운 행실과 행위로 하나님께 기쁨이 되어야 합니다.

3. 의(義), 천국에 가기 위한 필수 조건

의를 행하는 것은 '천국에 가기 위한 필수 조건'입니다.
마태복음 5장 10절의 말씀입니다.

> 10 의를 위하여 박해를 받은 자는 복이 있나니 천국이 그들의 것임이라

진실로 우리는 천국을 바라보며, 핍박에 굴하지 않고, 의를 행하는 자들이 되어야 합니다. 천국에 들어가려면 핍박을 받는 것을 이상히 여기지 말아야 하며, 오히려 기꺼이 핍박과 고난을 받아야 합니다.

"핍박을 받는 자들에게 천국이 있다"라는 말은 마지못해 핍박받는 소극적인 자들, 또는 어쩔 수 없이 핍박을 감내하는 자들에게 적용되는 말이 아닙니다. 마태복음 5장 10절은 적극적이고 능동적으로 핍박을 받는 태도를 강조합니다. 즉, 천국을 소유하려면 의를 얻어야 하고 그 의를 얻기 위해서는 핍박을 달게 받아야 한다는 말입니다.

의의 결과를 얻으려는 목적으로 '핍박의 자리에 능동적으로 들어간다' 라는 말은 매우 적극적인 태도를 가리킵니다. 핍박의 자리에 서지 않으면, 의를 얻지 못하며, 결국 천국을 소유할 수 없습니다. 그렇기 때문에 의를 행하는 것은 천국에 가기 위한 필수 조건이 됩니다.

예수님과 세상과 저울질하거나 적당히 타협하며 신앙생활을 하는 자들에게는 예수님을 믿음으로써 받게 되는 핍박이 현실적으로 와닿지 않을 수 있습니다.

예수님이냐, 세상이냐?

그 기로에서 적당주의의 태도로 핍박을 멀리하고 편안한 신앙생활만 해왔기 때문에, 핍박과 고난은 그들의 것이 아닙니다.

예수님이 천국 복음을 전할 당시에, 예수님을 따르는 자들은 유대교를 거스르는 이단자 취급을 받았습니다. '유대교를 거스른다는 것'은 '하나님을 대적한다'와 같은 말이었습니다. '예수님이 곧 하나님'이심을 믿지 못했던 사람들에게, 예수님은 허황된 말로 사람들을 현혹하는 이단자에 불과했기 때문입니다.

예수님을 따르기 위해서는 세상의 인정과 안정된 지위를 포기해야 했습니다. 마태복음의 수신자인 유대인 성도들 역시 예수님을 따른다는 이유로 핍박을 받았습니다.

> 아니, 어떻게 거룩하신 하나님을 나사렛 시골 출신의 예수와 같다고 하는 거야?
> 신성 모독을 해도 유분수지!

이런 핍박을 받으며 신성 모독자로 취급 받았습니다. 황제를 숭상하는 사회의 질서를 따르지 않고 예수님을 높이는 행동을 하면 '반국가 사범'이란 죄목으로 잔인하게 처형 당했습니다. 예수님을 믿으며 의를 행하는 자를 보고, 오히려 사회 질서를 어긴 부도덕한 자들이라고 비난했습니다.

"사람을 낚는 어부가 되리라"는 예수님의 부르심을 따라 그물을 버리고, 가족을 떠난 제자들은 어떤 비난을 받았습니까?

생업과 가족을 나 몰라라 하는 부도덕한 인간으로 매도 당하며 온갖 욕설과 폭언을 들어야 했습니다.

누가복음 9장 59-62절의 말씀입니다.

> 59 또 다른 사람에게 나를 따르라 하시니 그가 이르되 나로 먼저 가서 내 아버지를 장사하게 허락하옵소서
> 60 이르시되 죽은 자들로 자기의 죽은 자들을 장사하게 하고 너는 가서 하나님의 나라를 전파하라 하시고
> 61 또 다른 사람이 이르되 주여 내가 주를 따르겠나이다마는 나로 먼저 내 가족을 작별하게 허락하소서
> 62 예수께서 이르시되 손에 쟁기를 잡고 뒤를 돌아보는 자는 하나님의 나라에 합당하지 아니하니라 하시니라

핍박과 고난이 두려워 예수님을 따르기를 주저하는 자들은 하나님의 나라, 천국에 합당하지 않습니다. 남들이 뭐라고 하든지, 세상 사람들이 어떤 공격을 하든지, 우리가 최종적으로 도달할 곳은 이 땅, 이 나라가 아닌 하나님의 나라요, 천국입니다.

오늘날 그리스도인을 향한 사회의 인식은 어떻습니까?
이중인격자라며 매도 당하고 있지는 않습니까?
우리가 내는 헌금을 사회봉사나 기부하는 데 쓰지 않고, 왜 교회에 내냐고 구박을 받고 있지는 않습니까?

우리는 헌금을 드릴 때 하나님께 드린다고 생각하지만, 세상 사람들은 그렇게 생각하지 않습니다. 그 돈으로 가족이나 이웃을 더 챙기지 않고 쓸데없이 교회에 바친다며 어리석다 말하며 비난하기도 합니다.

주일 성수를 위해 주일에 근무하기 어렵다고 하면, 이기적인 사람이라고 뭇매를 맞습니다.

가족 안에서도 열심히 신앙생활을 하면 뭐라고 하죠?

'너무 유난 떤다. 교회가 너한테 밥을 주냐, 떡을 주냐?'라고 따집니다. 믿지 않는 배우자로부터 교회에 드리는 시간을 가족에게 쓰라는 핀잔을 듣기고 하고, 기도하고 말씀 보는 데 그만 좀 시간을 허비하라고 비난받기도 합니다. 목숨의 위협을 직접 가하지는 않는다고 해도, 보이지 않는 비아냥과 조소는 분명한 핍박이요 고난으로 우리에게 다가옵니다.

사랑하는 성도 여러분, 핍박받기를 마다하지 않고 계십니까?

하나님을 믿지 않는 것이 죄인 줄 모르고 불의를 행하면서도, 아무렇지 않게 시시덕거리는 불신자들에게는 결코 천국이 예비되어 있지 않습니다.

예수님의 이름을 높이기 위해, 내가 응당 받을 것과 누릴 것들이 점점 없어진다고 해도, 의를 취함으로 기뻐하는 자들이 되어야 합니다. 그때 우리에게 천국이 아주 가까이에 있다는 사실을 믿으시길 바랍니다.

성경 인물 중에 하나님의 의를 추구하는 삶을 살았던 예를 살펴보겠습니다. 먼저 모세는 바로 공주의 아들이라는 특권을 포기하고 하나님 백성으로 살기를 더 소망했습니다.

히브리서 11장 24-26절의 말씀을 보시길 바랍니다.

> 24 믿음으로 모세는 장성하여 바로의 공주의 아들이라 칭함받기를 거절하고
> 25 도리어 하나님의 백성과 함께 고난받기를 잠시 죄악의 낙을 누리는 것보다 더 좋아하고

²⁶ 그리스도를 위하여 받는 수모를 애굽의 모든 보화보다 더 큰 재물로 여겼으니 이는 상 주심을 바라봄이라

모세는 '바로 공주의 아들'이라는 신분이 보장해 주는 삶의 유익을 포기했습니다. 애굽의 모든 보화보다 상 주실 예수님을 더 크게 여겼기 때문입니다. 누군가는 모세의 행동이 말도 안 된다고 여길 것입니다.

왜 현실의 보장된 삶을 포기하고 눈에 보이지 않는 믿음을 선택하는 거야?

이해가 안 간다고 하겠지요. 이해타산이 밝은 자들은 '애굽의 금은보화도 챙기고 믿음도 챙기면 일거양득인데, 모세는 하나만 알고 둘을 모른다'라고 평가할 수도 있습니다.

하지만, 하나만 알고 둘은 모르는 건 모세가 아니라, 모세를 비난하는 자들입니다. 애굽의 금은보화는 모세가 살아가는 날 동안은 보장해 줄지는 몰라도 천국은 보장해 주지 못하기 때문입니다.

천국은 의에 주리고 목마른 자들이 가는 곳입니다. 세상의 금은보화와 예수님의 가치를 동등하게 보는 자들의 안목은 그렇게 탁월하지 못합니다. 그들에게는 보이지 않는 믿음의 세계를 발견하거나 천국의 가치를 투영해 볼 영적인 감각이 부족하거나 아예 존재하지 않기 때문입니다.

모세처럼 하나님의 의를 추구했던 성경 인물로 또 누가 있습니까?

다윗이 있습니다. 다윗은 사울에게 시기 질투를 받으며 죽임을 당할 위기를 겪은 사람입니다. 다윗은 사울에게 고난과 핍박을 당할 때 사울을 처치할 기회를 두 번씩이나 맞이했음에도, 사울을 왕으로 세우신 하나님의 섭리를 기억하며 불의를 저지르지 않았습니다.

다윗의 시로 유명한 시편 23편을 보면, 그가 사울에게 쫓길 때, 의로우신 하나님만을 의지하며 이겨냈음을 잘 알 수 있습니다.

사망의 음침한 골짜기 같은 세상 한복판에서 무엇을 선택해야 합니까?

의로운 자들이 정의의 편에 서서 사회 혁명과 개혁을 꿈꾸고 있지만 세상에는 여전히 불의가 가득합니다. 예수님이 없는 세상은 아무런 소망이 없기 때문입니다.

다윗은 '왜 내가 당하고 있어야만 하지? 내가 믿는 하나님의 능력으로 불의한 사울을 처단 하리라!'고 하지 않았습니다. 다윗은 잠잠히 주의 손길을 의지하며 의로운 행위를 선택했습니다. 그런 다윗을 하나님께서 높여주시고 다윗의 삶을 영광과 존귀로 덧입혀 주셔서 그의 영혼을 만족하게 하셨습니다.

시편 23편 5절의 말씀을 보시길 바랍니다.

> ⁵ 주께서 내 원수의 목전에서 내게 상을 차려 주시고 기름을 내 머리에 부으셨으니 내 잔이 넘치나이다

4. 핍박을 받을지라도 … 의를 행하라

의를 행할 때 우리 영혼은 진정한 만족에 거하고 영광의 자리에 설 수 있습니다.

우리가 믿는 예수님은 하나님의 의를 이루기 위해 사셨고, 그분은 '하나님의 의' 자체이십니다. 우리는 하나님의 의가 되시는 예수님을 믿고, 본받는 자들이며, 예수님의 제자입니다.

그리스도인이라는 이유만으로 세상에서 받는 핍박은 우리가 거듭난 그리스도인이라는 증거입니다. 그리스도의 의를 이루다가 당하는 수모도 마찬가지입니다. 우리는 의를 위해 고난과 핍박을 자처할 뿐만 아니라 능동적으로 핍박받기를 바라는 자들로서, 천국 시민권을 이미 획득한 자임을

자랑스러워해야 합니다.

불신자들은 우리에게 계속 압박을 가할 것입니다. 겁박할 것입니다. 사탄과 세상은 우리가 예수님을 부인하게 될 때까지, 계속 우리의 믿음이 흔들릴 거리만 제공할 것입니다. 의를 행하다 받는 핍박이 있다면 당연하게 여기시길 바랍니다.

요한복음 15장 18-20절의 말씀입니다.

> ¹⁸ 세상이 너희를 미워하면 너희보다 먼저 나를 미워한 줄을 알라
> ¹⁹ 너희가 세상에 속하였으면 세상이 자기의 것을 사랑할 것이나 너희는 세상에 속한 자가 아니요 도리어 내가 너희를 세상에서 택하였기 때문에 세상이 너희를 미워하느니라
> ²⁰ 내가 너희에게 종이 주인보다 더 크지 못하다 한 말을 기억하라 사람들이 나를 박해하였은즉 너희도 박해할 것이요 내 말을 지켰은즉 너희 말도 지킬 것이라

세상은 의를 행하는 자를 미워하는 것처럼 보이나, 실상은 우리 안에 계시며 우리를 다스리시고 주관하시는 분, 하나님의 의가 되시는 예수님을 미워하고 시기하는 것입니다.

나를 위해 대신 십자가의 모진 핍박을 받으신 예수님을 위해, 하나님의 의를 위해, 오직 믿음만을 지키며 마음을 지키기에 힘쓰시길 바랍니다.

"거듭난 자라면 의를 행하라!"

의를 행하는 일이 그렇게 쉽고 간단한 일은 아니기에, 주님은 의를 행하는 중에 비록 핍박을 받을지라도 의를 추구하며 의를 갈망하라고 당부하십니다.

디모데후서 3장 12절, 베드로전서 4장 14절의 말씀을 보시길 바랍니다.

> ¹² 무릇 그리스도 예수 안에서 경건하게 살고자 하는 자는 박해를 받으리라

¹⁴ 너희가 그리스도의 이름으로 치욕을 당하면 복 있는 자로다 영광의 영 곧 하나님의 영이 너희 위에 계심이라

그리스도의 이름으로 치욕을 당하는 자, 의를 추구하며 자신의 거듭남을 증명하는 자, 그런 사람들 위에 영광의 영, 하나님의 영이 계심을 믿으시길 바랍니다. 의를 추구했던 모세와 다윗이 세상의 특권은 포기했으나 천국의 특권은 결코 포기하지 않은 것처럼, 천국에 가기까지 의로운 삶을 사시길 바랍니다.

우리의 모든 삶에서 거듭난 자에 합당한 의를 적극적으로 행하시기를 주님의 이름으로 축원합니다.

기도 제목

1. 의를 행함으로 예수께로부터 난 자이며 성령으로 거듭난 자임을 증거할 수 있도록
2. 핍박이 닥칠지라도 의를 추구하며 갈망하는 삶을 살도록
3. 천국에 이르기까지 하나님의 의가 되시는 예수님만을 믿고 따르는 자들이 되도록

17

성도를 사랑하라
[요한일서 3장 10절]

> **10** 이러므로 하나님의 자녀들과 마귀의 자녀들이 드러나나니 무릇 의를 행하지 아니하는 자나 또는 그 형제를 사랑하지 아니하는 자는 하나님께 속하지 아니하니라

1. 형제를 사랑하지 않는 자, 하나님께 속하지 않는다?

거듭난 자에게는 의와 사랑이 가득합니다. 하나님의 거룩한 속성에는 공의와 사랑이 있습니다. 그리고 하나님의 자녀들 역시 예수 그리스도를 믿음으로 거듭난 자로서 의와 사랑이 넘치는 삶을 살아가게 되는 것입니다.

의와 사랑은 동전의 양면과 같습니다. 그래서 의와 사랑은 떼려야 뗄 수 없는 관계를 지니고 있습니다. 의를 행하는 삶이 거듭남의 첫 번째 증거라면, 거듭남의 두 번째 증거는 바로 사랑의 실천입니다.

사랑하는 성도 여러분, 사랑을 행하며 살고 있습니까?

참으로 성령으로 거듭난 그리스도인들은 사랑을 행하는 삶을 살게 되어 있고, 그런 삶을 살아야 합니다.

우리 주님께서는 <성도를 사랑하라>는 제목으로 요한일서 3장 10절의 말씀을 통해 거듭난 자들이 실천해야 할 '성도를 사랑하는 삶'을 권면하고 계십니다.

> [10] 이러므로 하나님의 자녀들과 마귀의 자녀들이 드러나나니 무릇 의를 행하지 아니하는 자나 또는 그 형제를 사랑하지 아니하는 자는 하나님께 속하지 아니하니라

하나님의 자녀와 마귀의 자녀가 드러나는 것은 죄를 짓는 여부에 달려 있습니다. 죄를 짓느냐 아니냐에 따라 누구의 자녀인지를 파악할 수 있다는 것입니다.

사도 요한은 오늘 본문 앞에 두 구절인 요한일서 3장 8-9절에서 죄를 짓는 자는 마귀의 자녀이고, 죄를 짓지 않는 자는 하나님의 자녀라고 말했습니다.

그렇기 때문에 오늘 본문의 "이러므로 하나님의 자녀들과 마귀의 자녀들이 드러나나니"라는 말은 요한일서 3장 8-9절의 내용을 정리한 구절입니다.

> [8] 죄를 짓는 자는 마귀에게 속하나니 마귀는 처음부터 범죄함이라 하나님의 아들이 나타나신 것은 마귀의 일을 멸하려 하심이라
> [9] 하나님께로부터 난 자마다 죄를 짓지 아니하나니 이는 하나님의 씨가 그의 속에 거함이요 그도 범죄하지 못하는 것은 하나님께로부터 났음이라

죄를 짓는 자는 마귀에게 속한 자녀이고, 죄를 짓지 않는 자는 하나님께 속한 하나님의 자녀입니다.

그런데 문제는 오늘 본문의 뒤에 있는 구절을 이어서 생각해 보면, 의를 행하지 않거나 형제를 사랑하지 않는 자들 또한 마귀에게 속한 자녀라는

사실에 있습니다.

> 의를 행하지 않고 형제를 사랑하지 않았다고 마귀의 자녀라니?

이런 의문이 생길 수 있습니다.
'의를 행하지 않거나 형제를 사랑하지 않는다.' 이를 좋게 여길 사람은 없을 것입니다. 거듭난 하나님의 자녀들은 마땅히 의를 행하고 형제를 사랑해야 한다고 생각할 것입니다. 의를 행하고 형제를 사랑하는 것을 당연한 의무나 책임으로까지 확장해서 생각해 볼 수도 있습니다.
그렇다고 해도 '의를 행하지 않거나 형제 사랑을 하지 않는 것이 마귀의 자녀라는 증거다'라는 명제에는 쉽게 동의하기 어렵습니다.
질문을 하나 드려보겠습니다.

여러분은 거듭난 하나님의 자녀입니까?
의를 행하시나요?
형제를 사랑하십니까?

이 둘을 행하지 않았다면, 여러분은 하나님의 자녀가 아닙니다.
여기에 쉽게 동의가 되고 순응하게 됩니까?
쉽지 않으실 겁니다. 그런데 사도 요한은 의와 사랑을 행하지 않는 자는 하나님의 자녀가 아니라, 마귀의 자녀라고 밝히고 있습니다.
성경은 진리입니다. 진리인 성경이 의를 행하지 않고 형제를 사랑하지 않으면 마귀의 자녀라고 말하고 있습니다.
그런데 왜 이 말이 이렇게 거북하게 들리고 믿어지지 않는 것일까요?
많은 그리스도인이 의를 행하지 않고 형제를 사랑하지 않으면서도, 스스로 여전히 거듭난 그리스도인으로 잘 살아가고 있다고 착각하기 때문입니다.

하나님을 믿지 않고 불법을 행하는 자마다 죄를 짓는 것이기에, 거듭난 자로서 의를 행하지 않는다는 것은 문제가 있다고 인식합니다. 의를 행하지 않으면 '그래, 마귀의 자녀가 맞다'라는 것까지는 인정이 됩니다.

하지만, 형제 사랑은 좀 다르게 다가옵니다. 형제를 미워하는 것은 죄가 되지만, 데면데면하든지 적극적으로 사랑하지 않는 것 정도는 괜찮다고 여깁니다. 자신이 감성과 감정이 부족해서 혹은 지나치게 이성적인 성향이 강해서 낯간지럽게 사랑 표현을 못 하는 것으로 여깁니다.

> 형제 사랑?
> 해야지. 예수님이 하나님과 이웃 사랑이라는 새 계명을 주셨으니까 반드시 실천해야지. 그렇다고 형제 사랑을 실천 못 한 것을 두고 마귀의 자녀라고까지 할 건 없잖아.
> 형제 사랑을 못 하는 거지, 안 하는 것이 아니야. 형제 사랑의 능력이 없는 거지, 안 하려고 한 것은 아니야.
> 그러니까 나는 죄를 지은 마귀의 자녀가 아니라 형제 사랑을 좀 못하는 하나님의 자녀 정도로 이해하는 것이 맞아.

그들은 형제를 사랑하지 않는다고 미워하는 것은 아니며 단지 무관심할 뿐이라며 자신의 행위를 합리화합니다. 미워하는 것은 문제가 있지만, 무관심은 죄가 아니며 모든 사람과 친하게 지낼 필요성을 느끼지 못하기 때문에 가까이하지 않을 뿐이라고 변명합니다. 다른 이를 향한 관심과 사랑을 감정 낭비라고 여기기도 합니다.

하지만, 형제 사랑은 낭비가 아닙니다. 하나님의 명령입니다.

요한일서 4장 21절과 요한일서 2장 10-11절의 말씀을 이어서 보시겠습니다.

²¹ 우리가 이 계명을 주께 받았나니 하나님을 사랑하는 자는 또한 그 형제를 사랑할지니라

¹⁰ 그의 형제를 사랑하는 자는 빛 가운데 거하여 자기 속에 거리낌이 없으나
¹¹ 그의 형제를 미워하는 자는 어둠에 있고 또 어둠에 행하며 갈 곳을 알지 못하나니 이는 그 어둠이 그의 눈을 멀게 하였음이라

형제를 미워하면 그 안에 거리낌이 있는 것이 정상입니다.

형제를 미워하는 것은 어두움에 속했다는 증거입니다. 오늘 본문의 말씀처럼, 형제를 사랑하지 않는 것은 마귀의 자녀라는 증거입니다.

그런데도 형제를 미워하면서도 아무런 거리낌도 느끼지 않는 사람들은 자신의 입장을 어떻게 합리화합니까?

사람을 미워하는 것을 옹호하지는 않지만, 미워하는 것은 다른 사람이 짓는 큰 죄악들에 비해 큰 죄는 아니라고 주장합니다. 누구나 누군가를 미워했던 경험이 있고, 평생 한두 명쯤은 미워하며 살기 때문에 '남들이 하는 만큼만 나도 미워했으니 괜찮다'라고 여기고, 오히려 항변합니다. 사람을 미워하는 것보다 훨씬 무겁고 악한 죄들이 많은데, 고작 미움이라는 감정을 느낀 것 때문에 우리가 왜 마귀의 자녀라는 끔찍한 말까지 들어야 하냐고 반문하기까지 합니다.

왜 미움이 별것 아니라고 여길까요?

죄악 된 마음 때문입니다.

2. 미움의 원인, 죄악 된 본성

인간은 죄 된 본성에 의해 다른 이들을 미워하고 핍박합니다. 인간은 사랑보다 미움과 핍박이 더 쉬운 존재입니다. 사랑이신 하나님을 알지 못하기 때문에, 하나님과 그리스도를 미워하고 십자가의 의미를 미워하며 경건을 미워하는 것입니다. 만약 우리가 누군가를 핍박하고 있다면, '죄 된 본성' 때문입니다.

혹은 반대로, 여러분 중에 어떤 분은 누군가로부터 핍박을 받고 있지는 않습니까?
핍박하는 그 누군가는 어디에 속한 자들이겠습니까?
여전히 죄 된 본성에 좌우되는, 세상에 속한 자가 아니겠습니까?

세상에 속한 자들은 죄 된 본성에 따라 하나님께 속한 자들을 핍박하기를 즐겨합니다.
그러니 세상에서 누가 미움과 핍박을 더 많이 받겠습니까?
세상에 속한 자들과 하나님께 속한 자들 중에 누가 더 많은 미움과 핍박을 받겠습니까?
바로 의인들입니다. 하나님께서 의롭다고 인정하시는 자들, 성령으로 거듭난 자들은 죄 된 본성을 지닌 사람들에게 핍박받습니다.
갈라디아서 4장 29절의 말씀입니다.

> [29] 그러나 그 때에 육체를 따라 난 자가 성령을 따라 난 자를 박해한 것 같이 이제도 그러하도다

성령을 따라 난 자가 누구입니까?

거듭난 자가 아닙니까?

아브라함의 독자요, 약속의 자녀인 이삭 같이 하나님의 언약 안에 있는 자들이 핍박을 받습니다. 의로운 자들은 핍박을 받을 뿐만 아니라 순교도 불사할 정도의 고통을 받다가 유명을 달리하기도 합니다.

우리 주님이 받으신 핍박은 그가 죄가 없으신 의로우신 분이시기에 받으신 '의인의 고난'이었습니다.

이사야 50장 6절과 요한복음 18장 22절의 말씀입니다.

> ⁶ 나를 때리는 자들에게 내 등을 맡기며 나의 수염을 뽑는 자들에게 나의 뺨을 맡기며 모욕과 침 뱉음을 당하여도 내 얼굴을 가리지 아니하였느니라

> ²² 이 말씀을 하시매 곁에 섰던 아랫사람 하나가 손으로 예수를 쳐 이르되 네가 대제사장에게 이같이 대답하느냐 하니

예수님께서 모진 고난과 핍박을 받으시고 죽으신 것 같이 의인들은 예수님의 뒤를 따라 순교했습니다. 의인이었던 바울이 예루살렘에 가기 전에 죽음을 불사하는 '순교의 각오'를 다졌던 것을 우리는 잘 알고 있습니다.

사도행전 21장 13절의 말씀입니다.

> ¹³ 바울이 대답하되 여러분이 어찌하여 울어 내 마음을 상하게 하느냐 나는 주 예수의 이름을 위하여 결박당할 뿐 아니라 예루살렘에서 죽을 것도 각오하였노라 하니

3. 서로 사랑하라! 사랑은 증거다

바울이 자신의 목숨을 아끼지 않고 순교의 각오로 사명을 감당한 것은 예수님을 향한 사랑 때문이었습니다. 바울은 그리스도를 향한 불타는 사랑과 복음에 대한 헌신 때문에 순교라는 결과를 담담하게 받아들일 수 있었습니다.

이처럼 사랑은 제자 됨의 증거입니다.

요한복음 13장 34-35절의 말씀입니다.

> [34] 새 계명을 너희에게 주노니 서로 사랑하라 내가 너희를 사랑한 것 같이 너희도 서로 사랑하라
> [35] 너희가 서로 사랑하면 이로써 모든 사람이 너희가 내 제자인 줄 알리라

예수님은 그의 제자로서 살아가는 증거가 '서로 사랑하라'는 새 계명이라고 말씀하셨습니다.

그런데 실상 사랑은 전혀 새롭지 않은 명령이었습니다. 낯선 계명이 아닙니다. 구약성경 레위기에도 "네 이웃 사랑하기를 네 자신과 같이 사랑하라"는 말씀이 기록되어 있습니다(레 19:18).

그렇다면 예수님이 새로운 계명으로 제자들에게 주신 '서로 사랑하라'는 명령은 옛 계명에서의 '내 몸과 같이 이웃을 사랑하라'는 명령과 어떤 차이가 있습니까?

예수님이 제자들에게 주신 새 계명을 이해하기 위해서는, 예수님의 관점에서 '새롭다'라는 용어를 이해해야 합니다. 새 계명은 예전에는 없던 전혀 다른 계명을 뜻하는 것이 아니라, 이전에 주어졌던 계명에서 보다 완성되고 승화된 차원에서 새롭게 주어진 것, 율법의 폐기가 아닌 율법의 완성으로 오신 예수님이 주신 완전한 계명입니다.

예수님의 제자들은 '원수를 사랑하고 너희를 박해하는 자를 위해 기도하라'는 새로운 사랑의 계명을 받았습니다(마 5:44). 제자들에게는 '자기 몸과 같이 이웃을 사랑하라', 곧 자기애에 근거한 제한적인 사랑에서 한 걸음 더 나아가 '원수까지 사랑하라'는 자기희생적인 완전한 사랑을 실천해야 할 당위성이 생긴 것입니다.

그래서 자신을 핍박하고 죽이려는 원수의 손에서 소리 없는 죽음, 순교를 당하면서도 제자들은 예수님에 대한 사랑을 끝까지 증명해 보일 수 있었던 것입니다. 실제로 여러 전승에 의하면 예수님을 따르던 제자들은 모두 순교했습니다. 성경에 기록된 경우는 열두 집사 중 하나인 스데반과 야고보의 순교를 들 수 있습니다.

사도행전 7장 59절과 12장 1-2절의 말씀입니다.

> ⁵⁹ 그들이 돌로 스데반을 치니 스데반이 부르짖어 이르되 주 예수여 내 영혼을 받으시옵소서 하고

> ¹ 그 때에 헤롯 왕이 손을 들어 교회 중에서 몇 사람을 해하려 하여
> ² 요한의 형제 야고보를 칼로 죽이니

사랑은 거짓이 없으며 악을 행하지 않습니다. 선에 속하고 진리를 기뻐합니다. 모든 율법의 완성이 사랑이요, 믿음과 소망, 사랑 중 제일은 사랑입니다. 이는 세상에 있는 서적이나 현인이라 일컬어지는 사람들의 지혜에서 나온 말이 아니라 성경이 말하는 사랑입니다.

성경의 많은 부분에서 무엇을 가르치고 있습니까?

모든 성도는 예수 그리스도께 받은 사랑을 가지고 그리스도의 사랑 안에서 행할 것을 가르치고 있습니다. 거듭난 우리는 예수님의 가르침을 따라 사랑으로 행하는 삶을 살아야 하는 것입니다. 그래서 사랑은 그리스도

인들의 행동 원리입니다.

요한이서 1장 6절의 말씀입니다.

> ⁶ 또 사랑은 이것이니 우리가 그 계명을 따라 행하는 것이요 계명은 이것이니 너희가 처음부터 들은 바와 같이 그 가운데서 행하라 하심이라

사랑의 사도라는 별칭을 가진 사도 요한은 그의 서신서에서 사랑의 행동이 얼마나 중요한지를 강조하고 있습니다. 요한이 사랑의 계명을 실천할 것을 권면하며 결론지은 사랑의 정의가 요한이서 1장 6절의 "또 사랑은 이것이니 우리가 그 계명을 따라 행하는 것이요"라는 구절입니다.

요한이 말한 사랑이란 예수님의 계명을 따라 행하는 것입니다.

우리가 세상에서 배운 사랑은 무엇입니까?

묘한 감정이나 설렘, 뜨거운 마음과 열정, 막연한 감정이나 이성에게 느끼는 호감을 사랑이라고 부르지 않습니까?

하지만, 요한은 그런 호감이나 감정을 사랑이라고 정의하지 않습니다. 요한은 '예수 그리스도께서 명하신 계명 그대로를 따라 살아가는 행동'을 사랑이라고 말합니다.

요한복음 15장 10절의 말씀입니다.

> ¹⁰내가 아버지의 계명을 지켜 그의 사랑 안에 거하는 것 같이 너희도 내 계명을 지키면 내 사랑 안에 거하리라

예수님께 이런 질문을 던질 수 있을 것입니다.

> 예수님, 저는 당신을 사랑합니다.
> 제가 당신을 사랑한다는 것을 어떻게 증명할 수 있습니까?

이 질문에 대해 예수님은 이렇게 대답하십니다.

계명을 지키라!

예수님은 내가 당신을 사랑하는 것을 무엇으로 증명해 보일 수 있겠냐는 질문에 '나의 계명을 지켜 행하면 나를 사랑하는 줄 알 것'이라 말씀하십니다(요 14:21).

예수께서 자기 자신을 버리신 사랑으로 우리를 구원하신 그 은혜에 감사하는 자들은, 사랑을 그들의 행동 원리로 만들어야 합니다. 그리고 그런 사랑은 예수님만 생각하면 가슴이 뜨거워지고 눈물이 흐르는 외적 표지가 전부가 아닌, 구체적인 계명의 실천이라고 정의할 수 있습니다.

예수님을 믿기 전에는 죄악 된 본성에 의해 남을 미워하고 핍박하며, 다른 이의 것을 탐하는 이기적인 욕망으로 가득한 모습이었다면, 예수님을 믿어 거듭난 이후에는 사랑으로 서로 종노릇하며 이웃을 뜨겁게 사랑할 수 있어야 합니다. 거듭난 자의 모습은 타인에 대한 핍박이 아닌 사랑입니다. 성령으로 거듭난 그리스도인들의 새로운 생활의 증거는 사랑입니다. 진실로, 사랑은 새로운 생활의 증거입니다.

성령으로 거듭난 자는 새로운 피조물입니다. 새로운 피조물이 된 자들에게는 그에 따른 새로운 생활이 예비되어 있습니다. 성령은 우리에게 하나님의 사랑을 알게 하고, 우리 마음에 충만한 사랑이 넘치도록 만들어 줍니다. 성령을 소유한 자들의 삶에는 하나님의 사랑이 가득하게 될 줄 믿으시길 바랍니다.

로마서 5장 5절의 말씀입니다.

> [5] 소망이 우리를 부끄럽게 하지 아니함은 우리에게 주신 성령으로 말미암아 하나님의 사랑이 우리 마음에 부은 바 됨이니

이렇게 성령 안에서 새로운 피조물이 된 자들에게는 성령의 활발한 활동의 결과로 사랑의 운동이 일어나게 됩니다. 거듭난 자들의 생활의 면면에는 성도 간 서로 사랑하는 진실한 교제의 모습이 나타납니다.

대표적인 예가 골로새 교회의 성도들이 보여준 모습입니다. 그들은 새로운 생활의 증거로써의 사랑을 실천했습니다. 골로새 교회는 바울에게 복음을 듣고 회심한 에바브라가 세운 교회로 성령 안에서 사랑을 나누는 교회였습니다. 에바브라가 바울과 디모데를 방문했을 당시, 골로새 교회의 소식을 전해 주었는데, 골로새 교회에 현실적으로 어려움이 없지 않으나, 성령 안에서 나누는 사랑을 실천하고 있다는 고무적인 소식이었습니다.

골로새서 1장 6절에서 8절까지의 말씀입니다.

> [6] 이 복음이 이미 너희에게 이르매 너희가 듣고 참으로 하나님의 은혜를 깨달은 날부터 너희 중에서와 같이 또한 온 천하에서도 열매를 맺어 자라는도다
>
> [7] 이와 같이 우리와 함께 종 된 사랑하는 에바브라에게 너희가 배웠나니 그는 너희를 위한 그리스도의 신실한 일꾼이요
>
> [8] 성령 안에서 너희 사랑을 우리에게 알린 자니라

믿음 안에서 하나 된 우리 또한 골로새 교회에 깃든 사랑을 다른 사람들과 함께 나누고 세상에 널리 전해야 합니다. 골로새 교회와 같이 '사랑의 공동체'를 만들어 나가길 소망합니다.

안타깝게도 세상의 많은 사람에게는 아직 성령이 내주하지 않았습니다. 그렇기에 죄 된 본성에 의해 미워하고 시기하며 질투, 악담, 비방하는 모습을 여전히 버리지 못하고 있는 것입니다.

하지만, 거듭난 자는 다릅니다. 성령 안에서 새로운 피조물 된 자들에게는 새로운 생활의 증거인 사랑이 가득합니다. 우리가 사랑의 교제를 나눌 때, 세상 사람들은 우리를 통해 하나님의 사랑을 깨닫게 될 것입니다.

성령으로 거듭난 그리스도인들은 사랑을 행하게 됩니다. 우리가 성령을 받았음에도 불구하고 형제를 사랑하기보다는 미워하는 데 열심을 낸다면, 그것은 우리가 하나님의 자녀가 아니라는 증거밖에 되지 않습니다. 형제를 미워하는 것을 가볍게 여겨서는 안 됩니다. 그것은 심각한 죄이며 마귀가 좋아하는 일임을 잊지 말아야 합니다.

하나님께 속한 자는 이웃을 사랑하되, 원수까지 사랑하는 '완전한 자기희생적 십자가 사랑'까지 나아가야 합니다. 우리가 받은 새 계명은 예수님께서 몸소 십자가에서 보여주신 완전한 사랑입니다. 사랑은 우리가 예수님의 제자라는 증거, 모든 그리스도인의 행동 원리, 거듭난 자에 합당한 새로운 생활의 증거입니다.

이를 기억하시어 자기애에 근거한 제한적인 사랑이 아니라, 핍박한 자와 원수까지 사랑하는, 보다 완성되고 승화된 차원의 십자가 사랑을 행하시길 바랍니다.

성도를 사랑하라!

우리가 보여준 사랑의 실천을 통해 많은 불신자가 예수님을 알고 하나님의 사랑을 깨닫게 되는 놀라운 역사가 일어나길 주님의 이름으로 축원합니다.

기도 제목

1. 성령으로 거듭난 하나님의 자녀답게 사랑의 행위를 삶에서 실천할 수 있도록

2. 자기애에 근거한 제한적인 사랑이 아니라 자기희생적인 완전한 십자가의 사랑까지 나아가도록

3. 다른 이를 미워하는 것은 심각한 죄임을 깨닫고, 성령이 주시는 하나님의 충만한 사랑이 우리 마음에 넘쳐날 수 있도록 간구하도록

18

주님의 형상을 닮아 가라
[고린도후서 3장 18절]

> **18** 우리가 다 수건을 벗은 얼굴로 거울을 보는 것 같이 주의 영광을 보매 그와 같은 형상으로 변화하여 영광에서 영광에 이르니 곧 주의 영으로 말미암음이니라

거듭난 자들에게는 예수님의 향기가 나고 예수님의 형상이 비칩니다. 마치 거울을 보듯, 그리스도인들을 보면 예수님의 모습이 보이는 것입니다.

흔히 자식은 부모의 거울이라고 하지 않습니까?

자녀들이 부모님이 하는 것을 보고 그대로 따라 하기 쉽기 때문에 나온 말입니다. 그래서 부모님들은 자녀들 보는 앞에서 물 마시는 것도 조심하게 되는 것입니다.

여러분은 자녀가 따라 해도 좋은 모습만 보이는 부모입니까?

자녀들이 따라 해도 무방할 말과 행동을 하고 있습니까?

아무도 그렇다고 자신있게 말할 수 없습니다. 자녀든 부모든 우리는 연약한 피조물에 불과하기 때문에, 아무리 조심하고 경건하게 살려고 해도 실수와 악함을 드러낼 뿐입니다.

그런 우리에게 완전한 모본이 되어주시는 분은 오직 한 분, 예수님뿐입니다. 성인 군자 몇만 트럭에 비할 바 없이, 우리가 열심을 다해 배우고 따라야 할 분은 예수님이십니다. 성령으로 거듭난 자들은 예수 그리스도를 닮아가야 하는 것입니다.

그래서 우리 주님은 <주님의 형상을 닮아가라>는 제목으로 고린도후서 3장 18절의 말씀을 통해 거듭난 자들이 주님의 형상을 닮아가고 있는지 되돌아보고 영화에 이르기까지 예수님을 닮아가는 삶을 지속할 것을 권면하고 계신 것입니다.

> 18 우리가 다 수건을 벗은 얼굴로 거울을 보는 것 같이 주의 영광을 보매 그와 같은 형상으로 변화하여 영광에서 영광에 이르니 곧 주의 영으로 말미암음이니라

1. 수건이 그 마음을 덮었도다

예수 그리스도를 믿어 거듭난 자들은 수건을 벗은 얼굴로 거울을 보는 것 같이 주의 영광을 보는 자들입니다. 여기서 수건은 '예수 그리스도를 알아보지 못하도록 영적 지각을 가리는 어두움'을 상징합니다. 수건은 예수님을 똑바로 볼 수 없는 영적인 어두움을 뜻합니다. 영적으로 둔감한 자들은 거울을 보듯 예수님이 바로 눈앞에 있어도 알아채지 못할 것입니다. 복음에 대한 시야가 가려져 있기 때문입니다.

수건으로 얼굴을 가리고 거울을 보면, 무엇이 보이겠습니까?

수건밖에 보이지 않을 것입니다. 수건이 영적인 어두움을 뜻한다면, 영적으로 가리어져 있는 자들은 진리가 있어도 분별하지 못하고 계속 어두움에 있는 것처럼 갑갑한 삶을 살아가게 됩니다.

그러면 영적 어두움이 걷히고 밝은 빛을 보게 되는 것은 언제쯤일까요?

바로 그리스도가 우리 안에 가득 찰 때, 그리스도 안에서 없어지는 것입니다.

고린도후서 3장 14절의 말씀입니다.

> ¹⁴ 그러나 그들의 마음이 완고하여 오늘까지도 구약을 읽을 때에 그 수건이 벗겨지지 아니하고 있으니 그 수건은 그리스도 안에서 없어질 것이라

"그 수건은 그리스도 안에서 없어질 것이라." 수건이 벗겨지는 일은 그리스도 안에 있을 때 일어납니다. 그렇기 때문에, 요즘은 '내가 영적으로 깨어 있지 못하는 것 같아', '분별이 안 되고 있어' 같은 말을 해서는 안 됩니다. 우리는 거듭난 자로서, 이미 그리스도 안에서 수건이 벗겨진 자들입니다.

수건이 벗겨지지 않은 채로 살고 있다고 상상해 보시길 바랍니다. 여전히 마음이 완고하여 말씀을 봐도 감흥이 없고, 기도를 해도 별반 다를 바 없는 일상을 살아가게 될 것입니다.

실제로 유대인들은 복음에 무지했고 예수님을 배척하며 살지 않았습니까?

이는 그들의 마음이 수건으로 덮여 있었기 때문입니다.

고린도후서 3장 15절의 말씀입니다.

> ¹⁵ 오늘까지 모세의 글을 읽을 때에 수건이 그 마음을 덮었도다

모세의 글은 모세가 시내산에서 하나님께 직접 받은 율법 조문입니다. 유대인들은 율법을 보아도 그 율법 그대로 지켜내지 못할 뿐만 아니라, 예수 그리스도께서 그들을 친히 찾아와 주셨음에도, 그분을 배척하고 모함하며 시기하기 바빴습니다. 예수님께서 전하신 천국 복음과 회개의 메시

지에 아무런 반응을 하지 못한 것입니다.

"수건이 그 마음을 덮었도다!" 이런 안타까운 상황으로 인해 그리스도로부터 점점 멀어지게 됩니다. 여기서 '마음'은 생명이 거하는 처소입니다. 육체적 생명의 중심과 원천이 마음이며, 인간의 감정과 소원이 이뤄지는 곳도 마음입니다. 그래서 성경은 마음과 생명의 중요성을 강조합니다.

잠언 4장 23절의 말씀입니다.

> 23 모든 지킬 만한 것 중에 더욱 네 마음을 지키라 생명의 근원이 이에서 남이니라

생명의 근원이 어디에서 비롯된다고 말씀합니까?

마음입니다. 마음과 인간의 생명이 밀접한 연관이 있습니다. 그렇기 때문에, 수건이 그 마음을 덮게 된다면 매우 심각한 상태임을 의미합니다. 생명의 근원을 덮어버린 것이기 때문입니다.

수건이 마음을 덮은 자들은 진리에 아둔할 수밖에 없습니다. 그 아둔함은 생명을 파산에 이르게 하는 심각한 위협이 됩니다. 마음이 수건으로 덮여 있는 아둔한 상태는 생명이 위협 받는 상황인 것입니다.

여러분, 생명의 위협을 느껴보신 적이 있으십니까?

밤길을 혼자 걷는 데 뒤에서 따라오는 검은 그림자가 보입니다. '내 뒤를 쫓아오고 있는 사람이 누굴까?' 이런 의심이 들고 불안에 빠질 것입니다. 턱밑에 칼을 겨누거나 머리에 총을 겨눈 도둑이 있다고 가정해 봅시다. 그들이 무서움과 불안을 느끼라고 흉기를 들이대면 생명의 위협을 느낄 수밖에 없습니다. 그래서 마음이 수건으로 덮여 있다는 것은 우리의 생명을 어두움과 절망에 내어 준 상태와 같습니다.

또 우리의 마음이 수건으로 덮여 있는 상태는 생명에 심각한 위협을 당하고 있는 상황입니다. 그렇기 때문에 자신의 마음이 수건으로 덮여 있는 아둔함에 빠져 있는지를 잘 살펴봐야 합니다. 만약 생명에 심각한 위협을

느끼고, 파산 직전에 다다르고 있음에도 불구하고 마음이 수건에 덮여 있는 상태의 심각성을 모른다면, 그야말로 가장 어리석은 사람이요 불쌍한 자가 될 것입니다. 이 세상이 전부인 줄 알고 천국과 지옥이 있음을 모르고 살아간다면, 그들에게 생명은 그저 그런 세상살이에 필요한 한 요소에 불과합니다.

마음의 수건이 예수님 안에서 벗겨진 자 중에도 여전히 예전의 생각과 삶의 모습에서 벗어나지 못하는 것은, '이 정도면 됐다'라는 자기만족과 안일함에서 비롯됩니다.

고린도전서 15장 19절의 말씀입니다.

> [19] 만일 그리스도 안에서 우리가 바라는 것이 다만 이 세상의 삶뿐이면 모든 사람 가운데 우리가 더욱 불쌍한 자이리라

우리가 주께 받은 생명은 이 땅에서 잠시 누리고 살기 위해 주어진 것이 아닙니다. 성령으로 거듭난 자는 예수님과 영원히 얼굴과 얼굴을 맞대고 살아가야 할 저 천국에서의 영원한 삶이 기다리고 있음을 기억해야 합니다.

천국은 밭에 감추인 보화(마 13:44)가 아닙니까?

자기 소유를 다 팔아서라도 취해야 하는 것이 천국입니다. 영생입니다. 그만큼 중차대한 문제입니다. 영적인 어두움에 빠진 자들은 천국을 사모하는 마음도, 귀하게 여기는 마음도 갖지 못합니다. 무지의 터널에 갇혀 참 지혜이신 예수님을 영접하지 못한 채, 서서히 죽음과 멸망에 다가가고 있는 것입니다.

이런 영적 무지의 터널에서 빠져나오려면 어떻게 해야 합니까?

누구든지 영적인 어두움에서 벗어나려면 예수 그리스도께 나와야 합니다.

고린도후서 3장 16절의 말씀입니다.

> ¹⁶ 그러나 언제든지 주께로 돌아가면 그 수건이 벗겨지리라

2. 주 안에 거할 때 '수건'이 벗겨진다

'수건으로 가리어진 사람들'은 예수와 상관없이 살고 그것이 무슨 문제가 되는 일인지 모른 채, 서서히 죽음의 문턱에 다다르게 됩니다. 예수 없이 사는 삶이 파멸이요 멸망이라는 사실을 모르고, 턱밑까지 조여오는 죽음의 기운이 느껴져도, 여전히 예수는 필요 없다고 여기는 것입니다.

하지만, 거듭난 자는 다릅니다. 또 우리가 천국으로 인도해야 할 영혼들도 다른 인생을 살아야 합니다. 생명의 위협을 느낀다면 그 생명을 지키려고 안간힘을 써야 합니다. 생명이 사라지든지 말든지 상관이 없다고 여겨서는 안 되는 것입니다.

고린도후서 3장 18절의 말씀을 다시 한번 보시겠습니다.

> ¹⁸ 우리가 다 수건을 벗은 얼굴로 거울을 보는 것 같이 주의 영광을 보매 그와 같은 형상으로 변화하여 영광에서 영광에 이르니 곧 주의 영으로 말미암음이니라

예수 그리스도를 믿어 거듭난 자들은 수건을 벗은 얼굴로 거울을 보듯 주님의 영광을 볼 수 있으며, 예수님으로 말미암아 주의 영광의 형상으로 변화되어 간다고 말씀하고 있습니다. 수건을 벗은 자, 영적 어두움에서 빠져나온 거듭난 자들은 주님의 형상으로 변화되어 영광에 이르게 됩니다.

이는 주의 영, 예수 그리스도 덕분입니다. 이해하기 쉽게 말하면, 거듭난 자들이 영적 어두움을 벗어버리고 예수 그리스도를 만나 새 사람이 되

면, 그들은 칭의함을 받은 순간부터 성화의 과정을 거쳐 영화에 이르기까지 주님의 영광스러움에 다다르게 된다는 것입니다.

거듭난 자들은 칭의함을 받은 순간부터 주님의 영광을 보게 됩니다. 복음의 빛이 비치면 하나님의 영광이 어떤지를 예수 그리스도를 통해 알게 되는 것입니다. 그리고 주님의 형상으로 변화되는 과정을 거쳐, 영화의 단계에 가면 하나님의 영광을 완전히 마주 보게 될 것입니다.

문제는 거듭난 자들이 주님의 형상으로 변화되는 과정, 즉 주님의 형상을 닮아가는 과정을 무시한 채 하나님의 영광만 누리려고 하는 데 있습니다. 누구든지 예수님을 통하지 않고서는 하나님의 영광을 볼 수 없습니다.

고린도후서 4장 6절의 말씀입니다.

> ⁶ 어두운 데에 빛이 비치라 말씀하셨던 그 하나님께서 예수 그리스도의 얼굴에 있는 하나님의 영광을 아는 빛을 우리 마음에 비추셨느니라

우리를 어두운 데서 불러내어 빛 가운데 들어가게 하신 하나님께서 허물과 죄로 영적 사망 상태에 놓인 우리 마음의 수건을 걷어내시고, 예수 그리스도의 얼굴에 있는 하나님의 영광을 알게 해 주셨습니다. 우리는 그리스도를 떠나서는 하나님의 영광에 다다를 수 없습니다.

"나! 예수님 믿어요"라는 말이 "예수님의 형상을 닮아가고 있어요"와 같은 말이 될 수 없습니다.

수건이 벗겨져 영적인 어두움에서 벗어났다고 하는 자들이 예수님을 닮아가는 성화를 이루지 않고, 스스로 이미 하나님의 영광이 자신의 것인 양 으스대고 있다면, 그보다 꼴불견은 없을 것입니다.

하나님이 독생자 예수 그리스도의 생명을 지불하면서까지 우리를 구원해 주신 목적이 이스라엘 백성처럼 선민 의식과 교만으로 우쭐대고 뽐내라고 주신 것이 결코 아님을 깨달아야 합니다.

거듭난 자에게는 삶과 언행에서 예수님의 형상을 드러내야 할 사명이 있습니다. 거듭난 우리를 통해 아름다운 덕, 복음이 선포되어야 합니다. 예수님의 형상을 닮아가는 것이 곧 아름다운 덕, 복음이 선포되는 것임을 알아야 합니다.

베드로전서 2장 9절의 말씀입니다.

> 9 그러나 너희는 택하신 족속이요 왕 같은 제사장들이요 거룩한 나라요 그의 소유가 된 백성이니 이는 너희를 어두운 데서 불러 내어 그의 기이한 빛에 들어가게 하신 이의 아름다운 덕을 선포하게 하려 하심이라

예수님을 영접하여 거듭난 자들은 아름다운 덕을 선포하는 일, 삶과 언행에서 예수님의 형상을 드러내는 일은 취사선택의 문제가 아닌, 영원한 생명을 누리기 위해 반드시 행해야 할 필수 요건이라는 점을 기억하시길 바랍니다.

거듭난 자들이 영화에 이르기까지, 무슨 일이 있어도 빼놓지 않고 할 일은 주님의 형상을 닮아가는 일입니다. 주님의 형상을 닮아가는 성화의 과정 없이 영화에 이르고 천국에 갈 수 있다는 착각을 버려야 합니다. 입술로만 '주여! 주여!' 하는 자가 아니라, 주님의 뜻대로 살아가는 자, 삶에서 예수님의 말과 거룩한 성품, 행실을 보이는 자들에게 천국이 임한다는 사실을 기억하시길 바랍니다.

그럼 구체적으로 그리스도의 형상을 닮아가는 자들의 모습이 어떠해야 하는지 살펴보겠습니다.

3. 그리스도의 형상을 닮아가는 방법

첫째, 육체의 정욕을 제어해야 합니다.
베드로전서 2장 11절의 말씀입니다.

> 11 사랑하는 자들아 거류민과 나그네 같은 너희를 권하노니 영혼을 거슬러 싸우는 육체의 정욕을 제어하라

예수님의 형상을 닮아가는 자들은 육체의 정욕을 이기는 삶을 살아야 합니다. 육체의 정욕은 하나님 밖에서 만족을 얻으려는 인간의 세속적인 욕구나 욕망을 뜻합니다. 성령으로 거듭나 새 사람이 되었음에도 불구하고 우리 마음은 늘 전쟁터와 같습니다. 옛 자아와 새로운 생명이 끊임없이 싸우고 있기 때문입니다. 육체의 정욕과 영혼이 서로를 거슬러 싸우는 동안 정신적인 갈등을 경험하게 됩니다.

하지만, 단호해야 합니다. 거룩함을 훼손하는 세속적이고 악한 본능을 끊어내야 합니다. 그러할 때, 우리는 빛의 자녀들처럼 예수님의 형상을 닮아가는 자들이 되는 것입니다.

에베소서 5장 8-9절의 말씀입니다.

> 8 너희가 전에는 어둠이더니 이제는 주 안에서 빛이라 빛의 자녀들처럼 행하라
> 9 빛의 열매는 모든 착함과 의로움과 진실함에 있느니라

착함과 의로움과 진실함의 열매들이 우리의 삶에 맺히길 원합니다. 선행이 아닌 비방하고 싸우며 모함하는 모습은 지양해야 합니다.

둘째, 그리스도의 형상을 닮아가는 선행을 도모하는 삶입니다.
베드로전서 2장 15절의 말씀입니다.

> ¹⁵ 곧 선행으로 어리석은 사람들의 무식한 말을 막으시는 것이라

거듭난 자들의 선행은 어리석은 위정자나 불신자들이 가진 복음에 대한 대적과 거부를 잠잠하게 만들어 줍니다. 우리가 하나님의 뜻대로 잠잠히 선을 행할 때, 대적자들 또한 그리스도인들을 향한 비방과 험담, 박해를 잠잠히 멈출 수 있습니다. "네가 틀렸어!"라며 불신자들과 싸우고 맞서서 변론하지 마시길 바랍니다.

선한 행실이 그리스도를 드러내는 가장 강력한 도구가 될 것입니다. 잠잠히 선을 행하는 우리를 보고, 그리스도인들의 선한 마음을 주장하셔서 선하게 살게 하시는 주님이 얼마나 대단하고 놀라운 분인지를 그들이 깨달을 수 있도록 해야 합니다.

셋째, 하나님의 종과 같이 형제를 사랑하며 하나님을 경외해야 합니다. 베드로전서 2장 16절과 17절의 말씀입니다.

> ¹⁶ 너희는 자유가 있으나 그 자유로 악을 가리는 데 쓰지 말고 오직 하나님의 종과 같이 하라
> ¹⁷ 뭇 사람을 공경하며 형제를 사랑하며 하나님을 두려워하며 왕을 존대하라

이 말씀은 사도 바울이 권면한 것이기도 합니다. 사도 바울은 자유를 육체의 기회로 삼지 말고 오직 사랑으로 종노릇하라고 권면합니다(갈 5:13). 예수님도 서로 사랑하라는 새 계명을 주셨습니다(요 13:34). 베드로 사도 역시 예수님과 일맥상통하는 권면을 하고 있습니다.

인간들은 서로 사랑하는 것이 마땅하며, 하나님에 대해서는 오직 두렵고 떨림으로 경외하는 것이 당연합니다. 우리가 예수님을 닮아가고 있다는 증거는 서로에 대한 사랑과 하나님을 향한 경외심입니다.

우리는 하나님이 보시기에 좋은 성도와 시민, 가족이 되어야 합니다. 어디서나 하나님께 인정받는 삶을 살려면 예수님의 거룩함이 우리들의 모든 모습에서 드러나야 함을 잊지 마시길 바랍니다.

사랑하는 성도 여러분, 우리는 모세가 율법을 받고 난 다음, 이스라엘 백성이 하나님의 영광의 빛을 가리기 위해 수건으로 모세의 얼굴을 가렸다는 사실을 알고 있습니다.

율법은 죄를 없애주지는 못하고 죄를 지적하는 기능만 있습니다. 그 제한적인 율법을 받을 당시에 이스라엘은 하나님의 영광의 빛을 본다는 것을 상상도 하지 못했을 것입니다.

거듭난 자들은 죄를 없애주는 율법의 완성되신 예수님을 만나고 그분을 인생의 주인으로 모시고 살아가는 사람들입니다. 우리는 예수님을 통해 하나님의 영광의 빛을 보고 살아가는 거듭난 하나님의 백성입니다. 선민이라 자처한 구약의 이스라엘 백성은 감히 누리지 못한 하나님의 영광이 우리가 누리는 영광이라는 사실에 기뻐하고 감사하시길 바랍니다.

우리가 하나님의 영광 가운데 들어가는 일은 칭의함을 받을 때부터 일어납니다. 그리고 영화에 이르기까지, 그리스도의 형상을 닮아가는 성화의 과정은 건너뛸 수 있는 것이 아니라, 거듭난 자라면 반드시 거쳐야 할 필수 과정임을 잊지 마시길 바랍니다. 그리스도의 형상을 닮아가는 일은 거듭난 자의 사명이며 책임입니다.

그러나 그 일은 우리의 힘이 아닌, 성령의 도우심으로 가능하며 우리 구원의 시작과 과정, 끝이 되어주시는 예수님의 은혜가 아니면 불가능합니다. 우리가 하나님의 얼굴을 마주 보며 살아가게 될 천국 소망을 가지고 해야 할 일은, 주님의 형상을 닮아가는 것입니다.

주님의 형상을 닮아가라!

그러기 위해서는 육체의 정욕을 제어하고, 선행을 도모하며, 형제 사랑과 하나님을 경외하는 자가 되어야 합니다.

바라기는 이 말씀을 듣고 읽는 모든 분이 '주님의 형상을 닮아가는 자'로서 당당히 살아가는, 거룩한 자가 되시길 주님의 이름으로 축원합니다.

기도 제목

1. 그리스도를 보지 못하게 만드는 영적 어두움이라는 수건을 과감히 벗어버리고, 오직 빛의 자녀들처럼 행할 수 있도록

2. 영화에 이르기까지, 그리스도의 형상을 닮아가는 성화의 과정을 잠잠히 감당할 수 있도록

3. 육체의 정욕을 제어하고 선행을 도모하며, 이웃 사랑과 하나님을 향한 경외함을 실천할 수 있도록

19

신령한 열매를 맺으라
[요한복음 15장 1-8절]

¹ 나는 참포도나무요 내 아버지는 농부라
² 무릇 내게 붙어 있어 열매를 맺지 아니하는 가지는 아버지께서 그것을 제거해 버리시고 무릇 열매를 맺는 가지는 더 열매를 맺게 하려 하여 그것을 깨끗하게 하시느니라
³ 너희는 내가 일러준 말로 이미 깨끗하여졌으니
⁴ 내 안에 거하라 나도 너희 안에 거하리라 가지가 포도나무에 붙어 있지 아니하면 스스로 열매를 맺을 수 없음 같이 너희도 내 안에 있지 아니하면 그러하리라
⁵ 나는 포도나무요 너희는 가지라 그가 내 안에, 내가 그 안에 거하면 사람이 열매를 많이 맺나니 나를 떠나서는 너희가 아무 것도 할 수 없음이라
⁶ 사람이 내 안에 거하지 아니하면 가지처럼 밖에 버려져 마르나니 사람들이 그것을 모아다가 불에 던져 사르느니라
⁷ 너희가 내 안에 거하고 내 말이 너희 안에 거하면 무엇이든지 원하는 대로 구하라 그리하면 이루리라
⁸ 너희가 열매를 많이 맺으면 내 아버지께서 영광을 받으실 것이요 너희는 내 제자가 되리라

우리는 새로운 피조물입니다. 거듭난 자에게는 새로운 삶이 있고, 반드시 열매를 맺습니다.

사랑하는 성도 여러분, 열매 맺는 삶을 살고 있습니까?

가을은 추수의 계절이라고 합니다. 자연만 아니라 우리 인생도 씨 뿌리고 열매 맺는 추수의 계절은 반드시 옵니다. 예수 그리스도를 믿어 거듭난 우리 삶에도 풍성한 '신령한 열매'가 나타나야 합니다. 주님은 '신령한 열매'를 많이 추수하는 자들이 예수님의 제자요, 하나님께 영광을 돌리는 인생을 살 수 있다고 가르쳐 주십니다.

여러분은 진정으로 신령한 자들입니까?

신령한 열매를 맺으며 살고 계십니까?

우리는 『Rebirth: 만물을 새롭게』 시리즈를 통해 '거듭남이 무엇인지, 거듭남이 우리에게 왜 필요한지, 거듭남은 무엇을 통해 이뤄지는지'에 대해 알게 되었습니다.

그리고 주님은 <신령한 열매를 맺으라>는 제목으로 요한복음 15장 1-8절의 말씀을 통해 우리 삶에 신령한 열매가 맺히기를 바라십니다. 또 거듭난 자들이 맺어야 할 신령한 열매는 무엇이며, 열매 맺은 자들에게 임할 은혜와 축복을 알고, 우리 인생을 하나님께서 기뻐하시는 인생으로 만들기 원하십니다.

요한복음 15장 1절의 말씀입니다.

> ¹ 나는 참포도나무요 내 아버지는 농부라

예수님은 자신을 참포도나무로, 하나님을 과수원을 가꾸시는 농부로 비유하셨습니다.

예수님이 언제, 누구에게 이 말씀을 하셨습니까?

십자가 수난을 당하기 바로 전날, 최후의 만찬 날에 예수님은 제자들을 향해 마지막 설교를 하셨습니다. 내일이면 예수님은 제자들의 곁을 떠나 십자가에서 인류 구원을 위해 죽으실 것입니다.

하지만, 예수님은 영원히 제자들을 떠나시는 것이 아닙니다. 몸은 떠나지만, 그 대신 성령을 보내주시고, 제자들은 성령 안에서 여전히 주님과 함께할 것입니다. 비록 몸은 떠나지만, 예수님은 제자들과 영원히 함께하실 것을 약속해 주셨습니다.

예수님은 참포도나무요, 제자들은 참포도나무에 연합된, 참포도나무이신 예수님께 붙어 있는 가지입니다. 따라서, 예수님을 떠나서 제자들이 할 수 있는 것은 아무것도 없습니다. 어떤 신령한 열매도 맺을 수 없습니다.

1. 참포도나무와 거짓 포도나무

여기서 한 가지 궁금한 점이 있습니다.
예수님은 왜 자신을 '참포도나무'라고 하셨을까요?
'그냥 포도나무'라고 말씀해도 됐을 텐데, 참포도나무라고 말씀하신 이유가 뭘까요?
예수님만이 '진실되고 완전한 포도나무'라는 의미에서 '참포도나무'라고 말씀하신 것입니다.
그렇다면 진실되지 않은 거짓 포도나무가 있다는 말입니까?
그렇습니다. 가짜 포도나무, 불완전한 포도나무가 그에 해당됩니다.
이스라엘 백성이 그랬습니다. 이사야 선지자는 포도원의 주인이신 하나님이 베푸신 풍족한 은혜에도 불구하고 좋은 열매를 맺지 못하는 남 유다 백성을 책망했습니다.
이사야 5장 7절의 말씀입니다.

> **7** 무릇 만군의 여호와의 포도원은 이스라엘 족속이요 그가 기뻐하시는 나무는 유다 사람이라 그들에게 정의를 바라셨더니 도리어 포학이요 그들에게 공의를 바라셨더니 도리어 부르짖음이었도다

태초에 하나님은 포도원에 비유되는 '에덴동산'을 만들어 주셨습니다. 보시기에 심히 좋은 동산을 만들어 주시고 최고 품질의 열매를 맺기 원하셨습니다. 하지만, 이런 기대를 저버리고 에덴동산에서 아담과 하와는 죄악의 열매만 가득 맺고 말았습니다. 하나님은 이에 한탄하시며 홍수로 인류의 모든 죄악을 쓸어버리셨습니다(창 6:7; 7:4).

하지만, 하나님은 다시 한번 인류에게 기회를 주시기 위해 이스라엘 백성을 택하시어 가나안 땅에 새로운 포도원을 만들어 주셨습니다. 애굽에서 건져낸 이스라엘 백성들을 젖과 꿀이 흐르는 가나안 땅에 옮겨 심으신 것입니다.

그러나 그들은 다시 허락된 하나님의 아름다운 포도원에서 품질이 떨어지는 '들포도'만 맺고 말았습니다. 결국, 남 유다는 멸망을 자초하고 말았습니다.

이사야 5장 4절의 말씀입니다.

> **4** 내가 내 포도원을 위하여 행한 것 외에 무엇을 더할 것이 있으랴 내가 좋은 포도 맺기를 기다렸거늘 들포도를 맺음은 어찌 됨인고

'들포도'가 무엇입니까?

하나님이 원치 않는 열매입니다. 들포도는 작고 신맛이 납니다. 품질이 떨어지고 가치 없는 나쁜 포도입니다. "내가 좋은 포도 맺기를 기다렸거늘 들포도를 맺음은 어찌 됨인고." 이것은 포도원 주인의 한탄이요, 실망 어린 한숨입니다.

하나님은 가치 없는 포도, 진실되지 못하고 불완전한 포도를 제거해 버리십니다.

오늘 본문인 요한복음 15장 2절의 말씀을 보시길 바랍니다.

> ² 무릇 내게 붙어 있어 열매를 맺지 아니하는 가지는 아버지께서 그것을 제거해 버리시고 무릇 열매를 맺는 가지는 더 열매를 맺게 하려 하여 그것을 깨끗하게 하시느니라

하나님은 포도원의 주인이요, 농부입니다. 하나님은 '최고의 극상품인 예수 그리스도'라는 참포도나무에 무가치한 거짓 열매들이 열린다면 가차 없이 제거해 버리십니다.

예수님은 자신에게 접붙여진 나뭇가지가 아니면 참되고 가치 있는 신령한 열매를 맺지 못한다는 진리를 제자들에게 설명해 주셨습니다. 오늘날 예수님을 따르는 우리도 참포도나무이신 예수님과 연합된 가지들입니다. 하나님은 최초의 에덴동산과 젖과 꿀이 흐르는 가나안 땅에 이어, 오늘날 신약 교회를 당신의 포도원으로 가꾸시길 원하십니다. 또 예수님께 접붙여진 가지로서 살아가는 자들이 거듭남에 합당한 거룩한 열매와 신령한 열매를 맺기를 원하십니다.

> 저희는 전적으로 타락하고 무능한 자들입니다.
> 저희한테 무슨 선한 것이 나오겠습니까?

이렇게 질문하실 수 있습니다.

하지만, 오늘 본문 요한복음 15장 3절의 말씀을 잘 보시길 바랍니다. 우리는 이미 예수님으로 인해, 깨끗하게 된 거듭난 하나님의 자녀요, 하나님 나라 천국 시민입니다.

³ 너희는 내가 일러준 말로 이미 깨끗하여졌으니

2. 오직 예수 안에 거하는 것

　예수님은 우리가 주님의 말씀을 믿는 믿음으로 거룩하고 깨끗하게 된 사실, 바로 칭의함을 받은 존재임을 잊지 말라고 말씀하십니다. 우리의 정체성을 깨닫길 바라시는 것입니다.
　오늘 본문의 배경은 최후의 만찬이며 십자가 수난을 하루 앞둔 예수님의 고별 설교라고 말씀드렸습니다. 이제 곧 예수님은 골고다에서 십자가 처형을 당하실 것입니다. 그가 걸어온 길, 가야할 길, 끝내 이뤄야 할 길은 하나님께 영광이 되는 십자가의 길이었습니다.
　그러나 제자들은 여전히 철없는 모습으로 경쟁심에 휩싸여 시기하고 질투하며, 치고받고 싸우며 갈등을 일으키고 있었습니다.
　그런 제자들이 한심해 보이지 않습니까?
　어쩌면 예수님은 철부지 제자들에게 하나님께서 위임하신 영혼 구원의 사명을 맡기고 떠나시는 일이 쉽지만은 않으셨을 것입니다. 하지만, 예수님은 물에 빠져 허우적거리는 제자들에게 험난한 물결을 헤쳐 나갈 방법과 어떤 힘과 능력을 공급받아야 하는지 가르쳐 주길 원하셨습니다.
　그래서 주님은 제자들이 사명을 완수하고 끝내 하나님이 원하시는 인생을 살 유일한 방법은 오직 자신 안에 거하는 것, 예수 안에 거하는 것이라고 단언하셨습니다.
　요한복음 15장 4-5절의 말씀입니다.

⁴ 내 안에 거하라 나도 너희 안에 거하리라 가지가 포도나무에 붙어 있지 아니하면 스스로 열매를 맺을 수 없음 같이 너희도 내 안에 있지 아니하면 그러하리라

> ⁵ 나는 포도나무요 너희는 가지라 그가 내 안에, 내가 그 안에 거하면 사람이 열매를 많이 맺나니 나를 떠나서는 너희가 아무것도 할 수 없음이라

누군가를 떠난 뒤 아무것도 할 수 없는 처지가 된다는 것에 대해 어떻게 생각하십니까?

'누군가의 곁에 있어야만 할 수 있는 것이 무한대로 많아지고, 누군가를 떠나면 아무것도 할 수 없다.' 참으로 절망적인 상황입니다. 그 누군가에게 절대적인 의지와 의탁을 하는 의존적인 존재가 되어야 하기 때문입니다.

하지만, 지금 예수님은 제왕적인 능력자인 자신을 떠나서는 아무것도 할 수 없다고 겁박하시는 것이 아닙니다. 오히려 우리는 예수님을 믿는 거듭난 자로서, 예수님 안에 거하며, 예수님과 연합할 때만이 열매 맺는 삶을 살 수 있다는 사실을 기대해야 합니다.

물론, 참포도나무에서 절단된 가지는 생명의 공급을 받을 수 없기 때문에 말라비틀어지고 버려질 운명에 처할 수밖에 없습니다. 하지만, 그것은 어디까지나 예수님을 삶의 주인으로 모시지 않는 자들의 것이지 거듭난 저와 여러분의 것은 아닙니다.

예수님이 제자들에게 강조하는 점도 이것입니다. 지금 예수님은 두려워하는 제자들에게 "나 없으면 너희 큰일 나!"라며 겁을 주시는 것이 아니라, 도리어 소망을 주고 계십니다. 예수님은 제자들을 사랑하시되 끝까지 사랑하시는 분이십니다(요 13:1). 그들이 경험할 당혹감과 두려움을 자신의 일처럼 여기시며, 앞으로 일어날 일에 대해 미리 말씀하시고 준비하게 하셨습니다.

비록 가룟 유다가 예수님을 배신하고 베드로가 세 번 부인한다고 해도, 여전히 '내가 하나님이요 오실 메시아라는 사실을 흔들림 없이 믿으라'고 격려하셨습니다(요 3:19).

요한복음 14장 1절의 말씀입니다.

> ¹ 너희는 마음에 근심하지 말라 하나님을 믿으니 또 나를 믿으라

근심하지 말라는 것입니다. 예수님이 사랑하는 제자들에게 주시고자 한 것은 위안과 평강이었습니다. 그러면서 예수님은 제자들이 예수님 없이 살아갈 동안 가장 강력한 능력의 원천이 되실 보혜사 성령을 보내주시겠다는 희망찬 약속도 주셨습니다.

> 나는 떠나도 성령을 보내줄 테니 걱정하지 마. 그 성령이 너희들에게 주는 것은 평안이야.

요한복음 14장 27절의 말씀입니다.

> ²⁷ 평안을 너희에게 끼치노니 곧 나의 평안을 너희에게 주노라 내가 너희에게 주는 것은 세상이 주는 것과 같지 아니하니라 너희는 마음에 근심하지도 말고 두려워하지도 말라

예수님은 제자들이 경쟁과 시기, 갈등과 싸움을 멈추고 서로 섬기며 사랑하기를, 기쁨을 되찾기를 바라셨습니다. 몸소 제자들의 발을 씻기시면서, 장차 그들이 사명을 감당하며 보여야 할 모습이 서로 섬기는 헌신과 희생하는 십자가 삶임을 직접 가르쳐 주셨습니다.

오늘날 교회에 하나님이 바라시는 것도 동일합니다. 거듭난 자로서 우리가 맺어야 할 열매는 신령한 열매이며, 예수님이 바라시는 삶은 서로 사랑하며 화평의 도구로서 기쁨이 넘치는 활력있는 삶, 생명력이 넘치는 인생인 것입니다.

거듭난 성도와 교회는 하나님이 원하시는 신령한 열매를 맺어야 합니다. 포도원에 심긴 참포도나무 가지처럼 하나님의 기대에 부응하고 충족시키는 성령의 열매를 맺어야 합니다.

갈라디아서 5장 22-26절은 거듭난 자들이 맺어야 할 성령의 열매가 무엇인지, 왜 육체의 정욕과 탐심을 십자가에 못 박아야 하는지 알려줍니다.

> 22 오직 성령의 열매는 사랑과 희락과 화평과 오래 참음과 자비와 양선과 충성과
> 23 온유와 절제니 이 같은 것을 금지할 법이 없느니라
> 24 그리스도 예수의 사람들은 육체와 함께 그 정욕과 탐심을 십자가에 못 박았느니라
> 25 만일 우리가 성령으로 살면 또한 성령으로 행할지니
> 26 헛된 영광을 구하여 서로 노엽게 하거나 서로 투기하지 말지니라

거듭난 자들에겐 사랑과 기쁨, 화평, 인내와 자비, 양선과 충성, 온유와 절제의 열매가 가득해야 합니다. 우리 심령에 내주하신 성령의 인도대로 살지 못한다면, 정욕과 탐심으로 인해 헛된 영광을 구하며 살게 됩니다. '헛된 영광'이란 허영이 부풀어진 상태, 영적인 교만이 팽배해진 상태를 말합니다. 허영과 영적 교만에 빠지게 되면 서로 노하게 되고 투기하는 과거의 모습, 즉 거듭나기 전의 거룩하지 못했던 모습이 나타나게 됩니다.

그러니 하나님의 영광과는 거리가 먼 인간적이고 세속적인 헛된 영광을 구하지 말아야 합니다. 헛된 영광에 취한 자들의 결국은 버려지는 무가치한 '가지'의 신세를 면하지 못하기 때문입니다.

이를 경계하기 위해, 예수님은 제자들에게 요한복음 15장 6절의 말씀을 주셨습니다.

> 6 사람이 내 안에 거하지 아니하면 가지처럼 밖에 버려져 마르나니 사람들이 그것을 모아다가 불에 던져 사르느니라

예수님은 제자들이 버려지는 가지가 되는 것을 원하지 않으셨습니다. 예수님이 지금 바라보는 제자들의 영적 상태와 앞으로 변화되기를 기대하

는 모습 사이에는 큰 간극이 존재했습니다. 지금까지 제자들이 보여준 모습은 버려지는 가지, 그 이상도 그 이하도 아니었습니다. 제자들은 예수님께서 이루실 정치적 메시아 왕국에서의 입지 싸움에 여념이 없었습니다. 자리 다툼을 하느라 정작 본인들의 사명이 무엇인지, 그 사역의 본질조차 모르고 있었습니다.

그러나 그렇다 하여, 예수님이 제자들을 한심하게 쳐다보셨습니까?

> 이제 가망 없어, 내가 같이 있어도 이 모양 이 꼴인데, 나 없이 어떻게 살아? 다 포기하자.

예수님이 이런 마음을 품으셨습니까?

결코 아닙니다. 예수님은 사역의 본질을 깨닫기는커녕 예수님의 십자가 수난을 하루 앞둔 중요한 시점에도 분쟁을 일으키는 제자들을 향한 사랑과 기대를 거두지 않으셨을 뿐 아니라, 소망의 말씀을 주셨습니다.

오늘 본문인 요한복음 15장 7절의 말씀입니다.

> [7] 너희가 내 안에 거하고 내 말이 너희 안에 거하면 무엇이든지 원하는 대로 구하라 그리하면 이루리라

3. 신령한 열매를 맺어라

참포도나무 되신 예수님 안에 거하면 어떤 결과를 낼 수 있습니까?

신령한 열매 맺는 자들에게는 어떤 축복이 허락될까요?

참포도나무에 접붙여진 가지인 제자들과 우리가 받게 되는 은혜는 무엇이든지 원하는 대로 구하면 이루어지는 축복입니다.

할렐루야!

다만, 우리는 무엇이든지 구하면 이루어지는 축복에는 조건이 있음을 알아야 합니다. "내 말이 너희 안에 거하면", 즉 예수님께서 말씀하신 대로 사는 자들만 구하는 대로 받는 은혜의 사람이 될 수 있습니다. 우리 삶의 방식이 예수님의 말씀 안에서의 삶의 방식이 되어야 하는 것입니다.

구체적으로 무엇입니까?

하나님의 영광을 구하는 것이요, 예수님을 위해 생명을 드리는 삶입니다.

고린도전서 10장 31절과 로마서 14장 8절의 말씀입니다.

> ³¹ 그런즉 너희가 먹든지 마시든지 무엇을 하든지 다 하나님의 영광을 위하여 하라

> ⁸ 우리가 살아도 주를 위하여 살고 죽어도 주를 위하여 죽나니 그러므로 사나 죽으나 우리가 주의 것이로다

진실로 거듭나셨습니까?

예수님 안에 거하며 성령의 내주하심에 따라 살고 계십니까?

그런 우리가 하나님의 영광을 위해 살고 주를 위해 산다면, 구하는 대로 받는 축복을 누리게 될 줄을 믿으시길 바랍니다.

왜입니까?

하나님의 영광을 위해 살고 주를 위해 사는 자들은 하나님이 원치 않는 것을 구하지 않습니다. 세속적인 욕심과 탐심대로 구하지 않습니다.

그렇기 때문에, 예수님의 참된 제자로서 마땅히 구하여 받게 되는 것입니다. 그리하여 그들의 삶에 거룩한 열매와 신령한 열매가 가득할 것입니다.

마지막으로 오늘 본문인 요한복음 15장 8절의 말씀을 보시길 바랍니다.

⁸ 너희가 열매를 많이 맺으면 내 아버지께서 영광을 받으실 것이요 너희는 내 제자가 되리라

　예수님은 참포도나무가 되시기 때문에, 그의 제자들의 삶에 신령한 열매가 넘치게 되는 것은 자명한 사실입니다. 참포도나무의 가지로서 사명을 완수하는 자들에게는 거룩한 열매, 신령한 열매가 가득하게 되며 이 일을 통해 하나님께서 영광을 받으시는 것입니다.

　사랑하는 성도 여러분, 거듭난 여러분은 참포도나무이신 예수님과 그분의 말씀을 인생의 최우선으로 삼고 사시길 바랍니다. 우리가 신령한 열매를 많이 맺는다는 것은 우리가 예수님의 제자임을 증명하는 것입니다. 또 신령한 열매를 맺는 예수님의 제자들만이 하나님께서 영광을 받으시는 삶을 살아낼 수 있고, 하나님이 모든 인생에게 바라시는 삶의 목적을 이룰 수 있습니다.

　부디 바라옵기는, 우리를 통해 당신께서 영광 받으시길 바라는 우리 하나님의 간절한 소원을 이뤄드리는 여러분이 되시길 바랍니다. 예수님께서 제자들에게 당부하시며 확신을 갖길 바라신 모습은 '과연 이뤄질까?' 의심하는 마음과 염려가 아닙니다. 성경에 기록된 대로, 반드시 거듭난 자에게는 신령한 열매 맺는 삶이 있을 것이기에, 확신 있는 믿음으로 기뻐하라는 것입니다.

　예수님의 사랑 안에 머물며 기쁨과 소망이 가득한 자들, 신령한 열매가 가득한 성도들이 되시길 주님의 이름으로 축원합니다.

기도 제목

1. 진실되고 완전한 참포도나무이신 예수님 안에 거하며 그분의 말씀대로 살아갈 수 있도록

2. 하나님의 영광을 위해 주님을 위해 살고, 신령한 열매, 성령의 열매를 가득 맺을 수 있도록

3. 세속적인 욕심과 탐심을 구하지 말고 거듭난 자로서, 하나님 나라와 의를 구하는 자들이 되어 구한 대로 받는 은혜가 무엇인지 삶에서 증거할 수 있도록

20

세상을 이기는 승리를 얻으라
[요한일서 5장 4절]

4 무릇 하나님께로부터 난 자마다 세상을 이기느니라 세상을 이기는 승리는 이 것이니 우리의 믿음이니라

> 우리는 새로운 피조물입니다.
> 거듭난 자에게는 새로운 삶이 있습니다.
> 세상을 이기는 승리가 당신의 것입니다.

사랑하는 성도 여러분!

실패와 성공, 패배와 승리, 어떤 것을 바라십니까?

여기서 오해하지 말아야 할 것이 있습니다. 사실 성공과 승리의 반대말은 실패나 패배가 아닙니다. 인생이라는 경기에서, 성화라는 과정에서, 도전하지 않고 포기하는 것이 우리 인생의 실패요 패배입니다. 아무것도 시도하지 않는 인생, 내가 하고 싶은 것만 고집하면서 도전이라고 포장하는 인생이 실패이며 패배인 것입니다. 그저 남들이 이뤄놓은 것에 기대어 바라기만 하고 힘들면 포기해 버리는 인생이 실패한 인생이요, 패배라는 쓴 맛을 맛보게 되는 인생이 됩니다. 마치 성경 속 서른여덟 해 된 병자처럼, 베데스다 연못 물이 차오를 때 연못에 데려다 줄 사람만 하릴없이 기다리

고 있다면, 그의 인생에는 아무 일도 일어나지 않을 것입니다.

하지만, 그런 인생에도 별 들 날이 옵니다. 진정한 빛이요 생명 되신 예수님께서 서른여덟 해 된 병자에게 "일어나 걸어가라"고 하시면, 그 말씀에 따라 일어나기도 하고 걸어가기도 하는 것입니다.

나중에 이 사람이 성전에서 예수님을 다시 만나게 됩니다. 그 자리에서 예수님은 이렇게 말씀하십니다.

네가 나았으니, 더 심한 것이 생기지 않게 다시는 죄를 짓지 말아라.

예수 그리스도를 믿어 거듭난 우리는 믿음 안에서 세상을 이기는 승리의 삶을 살고 있는 줄 믿으시길 바랍니다. 그렇기에 죄악 된 옛 습성, 거듭나기 전의 믿음 없던 나로 돌아가서는 안 됩니다. 계속적으로 믿음에 붙들린 삶, 승리하는 인생을 살아야 하는 것입니다. 그런 우리에게 주님께서는 〈세상을 이기는 승리를 얻으라〉라는 제목으로 요한일서 5장 4절의 말씀을 허락하셨습니다.

우리 인생을 주관하시는 하나님께 무엇을 감사해야 할까요?

모든 것이 하나님의 은혜라는 고백과 함께, 우리를 구원하신 예수 그리스도, 그분으로 인해 얻게 된 생명과 믿음의 삶에 감사해야 합니다.

주님은 감사하게도, 우리가 믿음을 지키고 온전한 구원에 이르도록 도와주시며, 세상을 이기는 승리를 주십니다.

1. 승리의 원동력, 믿음

먼저 오늘 본문의 말씀인 요한일서 5장 4절의 말씀을 보시겠습니다.

> ⁴ 무릇 하나님께로부터 난 자마다 세상을 이기느니라 세상을 이기는 승리는 이것이니 우리의 믿음이니라

세상을 이기는 승리, 말만 들어도 좋지 않습니까?

전능하신 하나님, 만물을 창조하시고 주관하시는 하나님이 우리 아버지이십니다. 우리 아버지께서 모든 것을 아시고 자녀들의 머리털까지 세고 계실 정도로 귀하게 여겨주고 계십니다. 그 하나님의 자녀가 바로 우리입니다.

"무릇 하나님께로부터 난 자마다 세상을 이기느니라." 여기서 "하나님께로 난 자"는 예수님을 믿는 거듭난 자입니다. 그리고 거듭난 자들은 "세상을 이긴다"는 것입니다.

그렇다면, 거듭난 자들이 이기는 '세상'은 무엇입니까?

여기서 '세상'은 하나님을 대적하는 악한 영의 세력과 세속적인 사상과 가치관을 뜻합니다.

성경은 거듭난 자들이 하나님을 대적하는 악한 영의 세력과 세속적인 사상과 가치관을 이기는 삶을 산다고 증거하고 있습니다.

세상을 이기는 승리는 무엇으로 가능합니까?

승리의 원동력은 다름 아닌, 믿음입니다. 우리는 예수 그리스도 안에서 믿음을 지키며 최후 승리의 그날까지, 믿음의 선한 싸움을 계속할 것입니다. 우리는 믿음으로 주 안에서 하나님을 대적하는 세상을 상대로 결코 패배나 실패 없이 승리할 수 있습니다.

요한복음 16장 33절의 말씀입니다.

> ³³ 이것을 너희에게 이르는 것은 너희로 내 안에서 평안을 누리게 하려 함이라 세상에서는 너희가 환난을 당하나 담대하라 내가 세상을 이기었노라

예수 그리스도께서 이미 하나님을 대적하는 세상을 이기고 죄와 사망에 대해 승리하셨기 때문에 그리스도의 승리가 우리 모든 성도의 것이 되었습니다. 예수님을 믿는 자마다 그 아들의 생명이 그들 안에 있고, 다른 권력자들의 힘이 아니라, 오직 그리스도의 십자가 능력으로 악한 세상을 이기는 것입니다.

여러분은 진실로 거듭난 자입니까?

주의 능력으로 강건해졌음을 믿으시길 바랍니다. 거듭난 자들은 하늘의 신령한 은혜와 능력을 이미 경험한 자들로 하나님의 전신 갑주를 입고 세상을 주관하는 악한 영의 세력들을 상대해 승리하는 것입니다.

에베소서 6장 10-12절 말씀을 보시길 바랍니다.

> ¹⁰ 끝으로 너희가 주 안에서와 그 힘의 능력으로 강건하여지고
> ¹¹ 마귀의 간계를 능히 대적하기 위하여 하나님의 전신 갑주를 입으라
> ¹² 우리의 씨름은 혈과 육을 상대하는 것이 아니요 통치자들과 권세와 이 어둠의 세상 주관자들과 하늘에 있는 악의 영들을 상대함이라

사랑하는 여러분, 거듭난 자로서 하나님의 전신 갑주를 입고 매일의 삶 속에서 계속적인 승리를 이루고 살아가십니까?

오늘 본문인 요한일서 5장 4절에 '세상을 이기느니라'는 현재형입니다. '과거에 이겼다'가 아니라, '지금' 이기는 것입니다. 계속적인 승리를 이야기하고 있습니다. 예수 그리스도께서 이천 년 전 십자가에서 이루신 죄와 사망에 대한 승리는 현재 우리의 삶에 역사하는 현재적 승리이며, 한 번 승리하고 마는 단회적 승리가 아니라, 계속 이루고 성취될 승리입니다.

그렇다면 하루하루 살아가면서 매일 매 순간 그리스도의 십자가 승리를 온전히 나의 것으로 알고 경험하며 실제화시키고 계십니까?

쉽게 대답이 나오지 않을 것입니다. 확신이 잘 들지 않기 때문입니다.

그렇다면 왜 승리하지 못하는 것 같은 기분이 드는 것일까요?

그 이유는 우리가 살아가는 세상은 그렇게 만만한 곳이 아니기 때문입니다. 이 세상은 악한 영들의 세력이 판치고 있습니다. 하나님을 대적하는 영의 세력들은 어떻게 하면 성도들이 하나님을 떠나고, 주를 멸시하게 될지에 집중하며, 한 영혼이라도 더 지옥으로 끌어들이려고 혈안이 되어 있습니다.

사실상, 우리도 한때는 허물과 죄로 죽었고, 세상 풍조와 공중의 권세 잡은 자를 따라 살던 자들이었습니다.

에베소서 2장 1-2절의 말씀입니다.

> ¹ 그는 허물과 죄로 죽었던 너희를 살리셨도다
> ² 그 때에 너희는 그 가운데서 행하여 이 세상 풍조를 따르고 공중의 권세 잡은 자를 따랐으니 곧 지금 불순종의 아들들 가운데서 역사하는 영이라

이제는 예수 그리스도를 믿는 믿음으로 거듭나, 하늘의 법칙과 말씀을 따라 주 안에서 살아가고 있습니다. 하지만, 이 세상은 우리와 다릅니다.

여전히 세상에는 무엇이 더 득세합니까?

세상 풍조, 공중의 권세 잡은 자, 하나님을 대적하는 악한 영들의 세력과 영역입니다. 죄악 된 세상에는 허물과 죄로 죽은 자들, 세상 풍조를 따르고 공중의 권세 잡은 자를 따라 사는 자들이 중심이 되어 그들의 세속적인 자랑과 우월한 지위로 거들먹거리고 있습니다. 세상 풍조와 공중의 권세 잡은 자를 따르는 자들이 주류를 이룬 곳이 바로 우리 삶의 터전이 되는 '악한 세상'입니다.

세상은 하늘의 법칙을 따라 살아가는 거듭난 자들과 이 땅에서 선량하게 말씀으로 살아가는 성도를 유혹합니다. 거듭난 자들이 믿음을 지키며 살아가기 어렵게 만드는 것이 세상이고, 악한 영의 세력들입니다.

2. 주님으로부터 우리를 멀어지게 하는 것들

세상과 악한 영의 세력들이 어떤 말들로 우리를 점점 더 예수님께로부터 멀어지게 만듭니까?
어떻게 우리를 주님에게서 점점 멀어지게 합니까?

첫째, 세상의 사상과 가치관의 우월성을 주장합니다. 툭하면 세상의 사상과 가치관이 더 낫다고 선전하며, 예수님을 믿으며 잘 살아가고 있는 우리들의 삶에 틈타고 들어옵니다. 우리가 말씀 중심으로 살지 못하도록 성도들의 기독교적 가치관과 세계관을 흔들어 놓습니다. 때로 "너희들이 믿는 예수님, 그래 다 좋다, 그래 열심히 믿어! 하지만, 믿음이 전부는 아니야!"라며 우리를 혼란스럽게 만들고 세상의 자랑을 내밀며 유혹합니다.
시편 97편 7절의 말씀을 보시길 바랍니다. 세상의 사상과 가치관을 자랑하는 자들의 결국은 수치뿐입니다.

> ⁷ 조각한 신상을 섬기며 허무한 것으로 자랑하는 자는 다 수치를 당할 것이라 너희 신들아 여호와께 경배할지어다

둘째, 우상 숭배와 종교 혼합주의로 유혹합니다.
하나님 외에 다른 것을 섬기는 것이 우상 숭배 아닙니까?

하나님을 아예 섬기지 말라는 것은 아니지만, 하나님도 섬기고 세상도 섬기라고 유혹합니다. 세상과 벗하며 하나님과 겸하여 섬길 것을 제안합니다. 한 번 교회 빠졌다고 믿음이 떨어지는 것은 아니며, 어디에 있든 예수님은 함께하실 것이니 마음의 중심만 잘 잡으면 신앙에서 멀어질 일은 없다고 장담합니다. 주님 밖의 세상을 홍보하기에 바쁘고, 세상을 찬양하며 경배하는 모습을 근사하게 포장하면서, 세상과 악한 영의 세력들을 매혹적이고 편안한 느낌을 주는 것으로 착각하게 만듭니다.

마태복음 6장 24절의 말씀입니다.

> [24] 한 사람이 두 주인을 섬기지 못할 것이니 혹 이를 미워하고 저를 사랑하거나 혹 이를 중히 여기고 저를 경히 여김이라 너희가 하나님과 재물을 겸하여 섬기지 못하느니라

셋째, 신앙의 안일함과 적당주의를 심습니다. 믿는 것은 좋지만, 어느 정도 선을 지키라고 합니다. 왜 그렇게 광신도처럼 매일 성경을 보고 찬양을 부르냐고 의아해합니다. 헌금을 뭐 하러 내냐면서 한심하게 바라봅니다. 좋은 수익률을 자랑하는 투자처가 있으니, 교회에 헌금을 갖다 바치는 어리석은 일은 그만두라고 합니다. 그러면서 이렇게 말합니다.

> 그 헌금 하나님이 가져가시지 않아, 헌금하면 그건 교회 좋은 일만 시키는 것이야!

안 그래도 돈이 필요한 세상에서 쪼들리며 사는 우리에게 현실의 눈을 갖게 하며 정신과 마음을 죄다 흔들어 놓습니다. 그래서 교회에 반, 세상에 반 적당히 걸치고 살면서 믿음에서 멀어지는 자신을 발견해도 '괜찮겠지'라는 안일한 마음이 들게 합니다. '힘들면 쉬자. 몸도 생각해야지. 게으름이 죄는 아니잖아' 라며 자신의 안일함을 발견해도 그것이 무엇이 대수

고, 문제냐고 생각하게 만듭니다.

요한계시록 3장 15-16절의 말씀입니다.

> 15 내가 네 행위를 아노니 네가 차지도 아니하고 뜨겁지도 아니하도다 네가 차든지 뜨겁든지 하기를 원하노라
> 16 네가 이같이 미지근하여 뜨겁지도 아니하고 차지도 아니하니 내 입에서 너를 토하여 버리리라

그렇습니다. 미지근한 신앙으로 살아가라는 죄악 된 세상의 유혹이 점점 거세집니다. 주위를 살펴보니, 세상과 예수님께 반반 걸쳐 미지근한 신앙을 유지하는 자들이 떳떳하게 아무 탈 없이 살아가는 것이 보입니다.

> 나도 그래도 되지 않을까?
> 저들은 교회를 개인 이익을 창출할 수익 모델로 여기고 좋은 투자처로 삼아 이득을 남기고 있음에도 멸망한 것은 아니잖아.
> 나도 저들처럼 교회 안에서 장사를 좀 해 볼까?

무사안일주의 신앙이 괜찮아 보이는 것입니다. 하지만, 하나님은 회색지대에 있는 사람들을 토해 버리신다고 말씀하십니다.

3. 이 세상을 직시하고! 맞서 싸워라!

지금까지 살펴본 대로, 우리가 발붙이고 숨 쉬고 활동하는 이 사회와 세상은 성도들이 살아가기에 매우 퍽퍽합니다. 이것을 인정해야 합니다. 세상을 형형색색 찬란한 빛이 드는 꿈동산이라 여겨서는 안 됩니다. 죄악 된

세상에는 성도들이 믿음을 지키고, 그 믿음을 성장시키고 고양시키는 방향으로 나아가는 데 많은 걸림돌이 있습니다.

안타깝게도, 세상은 하나님의 원수인 사탄이 지배하고 있습니다. 그뿐만 아니라, 한 성령 안에서 믿음으로 살아가는 자들보다 그렇지 못한 자들이 더 많습니다. 우리가 매일 마주치는 사람들을 떠올려 보시길 바랍니다. 선하고 의로운 자들이 많지 않습니다. 예수님에 대한 관심보다는 사탄의 지배하에서 '어떻게 하면 더 잘 먹고 잘 살지'에만 관심이 있습니다. 세상에 속한 자들은 약한 자를 억압하고 강한 자들에게 비굴하며, 선악이 모호한 삶을 살아갑니다. 자기의 권리를 침해 당하면 으르렁거리고, 이기적이고 시기심으로 가득 차 있습니다. 무한 경쟁 세계에서 외로움과 소외감을 느끼며 살아갑니다.

이 세상이 어떤 곳이며 어떤 자들이 살고 있는지에 대한 인정과 인식이 중요하다고 말씀드렸습니다.

그러면 그다음에는 무엇을 해야 합니까?
할 수 없다고 포기해야 합니까?
'내가 무엇을 해 봤자 결과는 뻔하지'라며 손 놓고 있어야 합니까?

아닙니다. 가만히 있으면 우리 신앙과 믿음은 유지되는 것이 아니라, 퇴보하고 떨어지게 됩니다. 우리의 구원을 완성하실 때까지 주께서 우리를 안전하게 견인하시기 때문에 우리가 지옥에 간다거나 한 번 받은 구원에서 탈락되는 것은 결코 아닙니다.

하지만, 계속 죄를 짓고 세상과 하나님을 겸하여 섬기라고 우리가 구원받은 것은 아닙니다. 성도는 악으로 물든 모든 것과 싸워야 합니다.

야고보서 4장 4-5절의 말씀입니다.

> ⁴ 간음한 여인들아 세상과 벗된 것이 하나님과 원수 됨을 알지 못하느냐 그런즉 누구든지 세상과 벗이 되고자 하는 자는 스스로 하나님과 원수 되는 것이니라
> ⁵ 너희는 하나님이 우리 속에 거하게 하신 성령이 시기하기까지 사모한다 하신 말씀을 헛된 줄로 생각하느냐

거듭난 우리 안에 무엇이 있습니까?
성령님이 내주하고 계심을 믿습니까?
성령을 소유하고 있음에도 불구하고 세상과 싸우기를 두려워하거나 거절하면 되겠습니까?

세상과 하나님을 동시에 친구 삼을 수 없습니다. 취사선택의 권한이 있다고 착각해서는 안 됩니다. 세상과 벗하면, 하나님과 원수 되는 것입니다. 세상과 벗하면 우리는 사탄과 절친이 되겠지요. 하지만, 하나님과는 멀어지는 것입니다. 주님의 말씀과 신앙, 믿음과는 작별하게 되는 것입니다.

그러니 거듭난 자들은 세상과 싸워야 합니다. 악으로 물든 도덕적 체계나 사탄의 영향을 받는 모든 것을 상대로 싸워야 합니다. 세상의 악습을 알고, 적극적으로 상대하며 '하나님의 군사'로서 싸워 승리해야 합니다.

디모데후서 2장 3-5절의 말씀을 보시길 바랍니다.

> ³ 너는 그리스도 예수의 좋은 병사로 나와 함께 고난을 받으라
> ⁴ 병사로 복무하는 자는 자기 생활에 얽매이는 자가 하나도 없나니 이는 병사로 모집한 자를 기쁘게 하려 함이라
> ⁵ 경기하는 자가 법대로 경기하지 아니하면 승리자의 관을 얻지 못할 것이며

우리가 예수의 좋은 병사라면, 누구의 지시를 따라야 합니까?
누구를 위해 충성하고 목숨을 걸고 싸워야 합니까?

예수 그리스도입니다. 예수 그리스도를 믿어 성령으로 거듭난 자들은 세상을 이기신 예수님의 승리가 우리의 승리가 되도록 세상과 맞서 싸워 주님을 기쁘시게 할 수 있어야 합니다.

그러기 위해서는 주님이 정하신 방법대로, 주님이 주시는 능력대로 싸워야 승리할 수 있습니다. 다른 데서 승리의 모본을 따오지 않아도 됩니다. 그분이 이미 '승리'의 모델을 주셨습니다.

고린도전서 15장 57절의 말씀을 보시길 바랍니다.

> [57] 우리 주 예수 그리스도로 말미암아 우리에게 승리를 주시는 하나님께 감사하노니

그리스도께서 죄와 사망에 대한 승리와 부활은 거듭난 자들이 세상의 죄악과 맞서 싸울 때 사탄의 유혹과 도전을 이기고 승리하게 만드는 보증 수표임을 기억하시길 바랍니다. 예수 그리스도만 믿고 따르는 자들이 되어, 이미 이긴 죄악을 삶에 끌어들이는 어리석은 자들이 되면 안 됩니다.

여전히 악한 세상 속에 있을지라도 두려워하지 않고 담대하게 죄악과 싸울 수 있는 것은 사탄의 영향력보다 더 큰 그리스도 동행하심과 성령님의 보호와 도우심 속에 있기 때문입니다. 그러니 우리는 세상을 이기는 승리를 확신하며 오직 주님을 믿는 믿음 안에 굳게 서 있어야 합니다.

베드로전서 5장 8-9절의 말씀입니다.

> [8] 근신하라 깨어라 너희 대적 마귀가 우는 사자 같이 두루 다니며 삼킬 자를 찾나니
> [9] 너희는 믿음을 굳건하게 하여 그를 대적하라 이는 세상에 있는 너희 형제들도 동일한 고난을 당하는 줄을 앎이라

사랑하는 성도 여러분, 우리의 대장 되시는 예수 그리스도 안에 승리가 있습니다. 거듭난 우리가 싸워야 할 대상은 죄악 된 세상이요 악한 세력의

영역입니다. 승리의 비결은 오직 믿음입니다. 승리의 본이자 이미 승리를 이루신 예수님을 믿는 믿음을 지키는 자들이 이 세상에서 진정한 승리자가 되는 것입니다.

그렇기 때문에 세상의 어떤 권세와 능력도 겁내지 말고, 믿음의 선한 싸움을 지속하기를 바랍니다. 예수께서 이미 세상을 이기셨습니다. 실패가 예견된 사탄의 영역과 세속적인 가치관에 우리의 시간과 열정을 쏟아서는 안 됩니다. 승리의 모델인 예수님을 따르지 않으면 싸움에서 계속 패배할 뿐 아니라, 하나님을 대적하는 자리에 서게 됩니다.

우리에게는 그리스도의 남은 고난을 채우며 최후 승리를 얻을 그날까지, 남은 싸움이 있습니다. 끝까지 긴장감을 늦추지 말고 말씀과 기도에 깨어 믿음을 굳건하게 지킴으로 그리스도의 승리가 우리 삶 곳곳에서 일어날 수 있기를, 그리하여 우리를 주의 군사로 모집한 예수님의 기쁨과 칭찬이 되는 모든 성도님이 되시길 주님의 이름으로 축원합니다.

기도 제목

1. 악한 세대를 분별하여 말씀과 기도로 깨어 있어 굳건한 믿음으로 살아가도록

2. 예수 그리스도의 십자가에서 이루신 죄와 사망의 승리를 우리의 것이 될 수 있게 죄와 싸우고 세상의 유혹에 당당히 맞서는 삶을 살도록

3. 사망의 몸에서 건져주신 예수 그리스도를 푯대 삼아 믿음의 성숙과 성장을 이루도록

21

그리스도 안에서 새로운 삶을 살라
[로마서 6장 4-11절]

⁴ 그러므로 우리가 그의 죽으심과 합하여 세례를 받음으로 그와 함께 장사되었나니 이는 아버지의 영광으로 말미암아 그리스도를 죽은 자 가운데서 살리심과 같이 우리로 또한 새 생명 가운데서 행하게 하려 함이라

⁵ 만일 우리가 그의 죽으심과 같은 모양으로 연합한 자가 되었으면 또한 그의 부활과 같은 모양으로 연합한 자도 되리라

⁶ 우리가 알거니와 우리의 옛 사람이 예수와 함께 십자가에 못 박힌 것은 죄의 몸이 죽어 다시는 우리가 죄에게 종 노릇 하지 아니하려 함이니

⁷ 이는 죽은 자가 죄에서 벗어나 의롭다 하심을 얻었음이라

⁸ 만일 우리가 그리스도와 함께 죽었으면 또한 그와 함께 살 줄을 믿노니

⁹ 이는 그리스도께서 죽은 자 가운데서 살아나셨으매 다시 죽지 아니하시고 사망이 다시 그를 주장하지 못할 줄을 앎이로라

¹⁰ 그가 죽으심은 죄에 대하여 단번에 죽으심이요 그가 살아 계심은 하나님께 대하여 살아 계심이니

¹¹ 이와 같이 너희도 너희 자신을 죄에 대하여는 죽은 자요 그리스도 예수 안에서 하나님께 대하여는 살아 있는 자로 여길지어다

우리는 새로운 피조물입니다. 거듭난 자에게는 새로운 삶이 있습니다. 사랑하는 성도 여러분, 우리에게 새로운 삶이 있음을 믿습니까?

요사이 은퇴하는 연령이 낮아지면서 '신중년층의 인생 이모작'을 꿈꾸는 사람도 늘고 있습니다. 신중년층은 50-64세 연령층을 말하고, '인생 이모작'이란 은퇴 전후에 새로운 인생을 위해 준비하거나 성공적인 노후 생활을 위한 활동을 의미합니다. 즉, 50-60대 은퇴자들의 인생 2막을 위한 준비나 활동이 바로 신중년층의 인생 이모작인 것입니다. 그래서인지 재기와 도약, 도전, 재취업과 창업과 같은 말들이 언론에 자주 등장하고 '은퇴 후가 더 빛나는 삶'은 하나의 사회 트렌드로 자리 잡게 되었습니다. 본체보다 토핑이 주목받듯이 본래 직업보다 은퇴 후 화려한 변신을 꾀하며 성공한 사례들이 생기고 있고, 이에 대해 많은 관심을 갖고 있는 것이 요즘 추세입니다.

우리 그리스도인들도 '예수님을 믿기 전과 후가 다른 이모작 인생'을 살고 있으며, 예수 안에서 변화된 새로운 삶을 이미 살고 있습니다. 그리스도 안에 우리가 이전에 경험하지 못하는 새로운 성화의 과정이 있기 때문입니다. 거룩을 추구하며 생명력 넘치는 주 안에 거하는 삶이 거듭난 자들의 인생입니다.

우리 주님은 거듭난 자들에게 <그리스도 안에서 새로운 삶을 살라>는 제목으로 로마서 6장 4절에서 11절까지의 말씀을 허락하셨습니다.

그중에 로마서 6장 4-5절의 말씀을 먼저 보겠습니다.

> 4 그러므로 우리가 그의 죽으심과 합하여 세례를 받음으로 그와 함께 장사되었나니 이는 아버지의 영광으로 말미암아 그리스도를 죽은 자 가운데서 살리심과 같이 우리로 또한 새 생명 가운데서 행하게 하려 함이라
> 5 만일 우리가 그의 죽으심과 같은 모양으로 연합한 자가 되었으면 또한 그의 부활과 같은 모양으로 연합한 자도 되리라

1. 오직 그리스도 안에서 살아야 한다

그리스도 안에서 새로운 삶을 살기 위해서는, 먼저 우리가 그리스도 안에 있어야 합니다. 성도는 오직 그리스도 안에서 살아야 합니다.

로마서 6장 4-5절, 이 두 구절은 예수 그리스도를 믿어 성령으로 거듭난 성도의 정체성을 정의합니다. 거듭난 성도는 그리스도와 연합해 세례를 받은 자로서, 죄에 대해 죽은 자입니다. '우리가 죄에 대해 죽었다는 것'은 예수 그리스도께서 십자가에서 이루신 대속의 죽음으로 인해, '죄와 사망에 대해 승리하신 예수님 안에서 우리의 옛 사람이 죽은 사실'을 말해줍니다. 우리가 그리스도와 함께 연합한 자로서 죄에 대해 죽었기 때문에, 더 이상 죄의 세력과 상관없는 자들이 된 것입니다.

전에 본질상 진노의 자녀로 육체의 욕심을 따라 살며 타락하고 무능했던 우리가 이제는 그리스도 안에서 성령을 좇아 행하며 빛의 자녀들로 믿음을 가지고 권능의 삶을 살고 있는 것입니다.

갈라디아서 2장 20절의 말씀을 보시길 바랍니다.

> [20] 내가 그리스도와 함께 십자가에 못 박혔나니 그런즉 이제는 내가 사는 것이 아니요 오직 내 안에 그리스도께서 사시는 것이라 이제 내가 육체 가운데 사는 것은 나를 사랑하사 나를 위하여 자기 자신을 버리신 하나님의 아들을 믿는 믿음 안에서 사는 것이라

우리가 그리스도와 연합하여 죄에 대해 죽었다면, 단순히 우리의 옛 사람이 장사되는 것으로 끝나지 않고 부활에 동참하는 단계까지 나아가야 합니다. 그리스도가 장사한 지 사흘 만에 다시 살아나셨듯이 '거듭난 성도들 역시 새 생명으로 부활하는 것'입니다.

로마서 6장 4절에 "우리로 또한 새 생명 가운데서 행하게 하려 함이라"에서 '새 생명'은 '그리스도 안에 감추어져 있던 생명'을 의미합니다. 이 세

상에서 그리스도와 함께 죽지 않고 새로운 생명을 덧입는 경우는 결코 없습니다. 모든 인간은 '한 번 태어나면 죽는다'는 것은 기정사실입니다. '태어나고 살다가 죽는다.' 이것이 이 땅에서 인간이 평생 동안 이루고 성취한 모습의 결과입니다.

하지만, '태어나고 죽는 것'이 끝이 아닌 자들이 있습니다. 하나님께서 선택하시고 부르신 자들에게는 한 번 태어나지만 영원히 죽지 않고 살 수 있는 부활이 기다리고 있습니다. 부르심의 은혜를 입은 우리는 예수 안에 있는 새 생명을 받게 됩니다.

요한일서 5장 12절의 말씀을 보시길 바랍니다.

> 12 아들이 있는 자에게는 생명이 있고 하나님의 아들이 없는 자에게는 생명이 없느니라

예수님을 믿고 예수 안에 거해야 하는 이유가 바로 여기에 있습니다. "아들이 있는 자는 생명이 있고", "아들이 없는 자는 생명이 없기 때문"입니다.

삶에 회의를 느끼며 '나는 왜 태어났을까'라고 자책하는 분이 주위에 있습니까?

그들이 낙담하고 회의감과 자책에 자꾸 빠지는 이유는 무엇입니까?

소망과 자유를 허락하시는 예수님의 생명이 그들 안에 없기 때문입니다.

하지만, 거듭난 자는 다릅니다. 성령으로 거듭난 우리 안에는 그리스도의 생명이 충만하게 넘쳐 흐릅니다. 그래서 예수 그리스도 안에 있는 생명을 소유한 자들은 예수님이 부활하셨듯이 마땅히 생명의 부활로 나아갈 수 있는 것입니다.

요한복음 11장 25-26절의 말씀입니다.

> 25 예수께서 이르시되 나는 부활이요 생명이니 나를 믿는 자는 죽어도 살겠고

²⁶ 무릇 살아서 나를 믿는 자는 영원히 죽지 아니하리니 이것을 네가 믿느냐

부활이요 생명이신 예수님을 믿는 자들은 영원히 죽지 않습니다.
이것을 믿으십니까?

영원히 죽지 않고 산다는 이 진리가 이 땅에서 먹고 마시는 일상적인 삶을 영위하는 자들에게 어떤 교훈을 줍니까?

한 번 살다 죽는 인생처럼 막 살거나, 이왕 살다 가는 것 먹고 싶은 것, 하고 싶은 것 다 하고 살아서는 안 됩니다. 우리는 이 땅에서 나그네처럼 살다가 본향인 하늘 나라에서 영원히 주님과 함께 살아가야 할 자들이기 때문에, '물 들어올 때 노 젓자!', '노세 노세 젊어서 노세!' 같은 마음으로 인생의 전성기와 황금기 때 바짝 수완을 발휘해 고생한 다음, 남은 생을 누리고 살자는 가치관으로 살아서는 안 됩니다.

우리에게는 "연수가 칠십이요 강건하면 팔십"인 이 땅의 삶만 있는 것이 아니라(시 90:10), 신속히 날아가는 현생의 삶 이후에 영원한 천국이 기다리고 있음을 직시해야 합니다. 그때를 준비하는 인생이 되어야 합니다.

그렇기 때문에 거듭난 자들에게 이 땅에서의 인생은 천국과 영생을 준비하는 과정이라고 해도 과언이 아닙니다.

로마서 6장 6-9절의 말씀입니다.

⁶ 우리가 알거니와 우리의 옛 사람이 예수와 함께 십자가에 못 박힌 것은 죄의 몸이 죽어 다시는 우리가 죄에게 종 노릇 하지 아니하려 함이니

⁷ 이는 죽은 자가 죄에서 벗어나 의롭다 하심을 얻었음이라

⁸ 만일 우리가 그리스도와 함께 죽었으면 또한 그와 함께 살 줄을 믿노니

⁹ 이는 그리스도께서 죽은 자 가운데서 살아나셨으매 다시 죽지 아니하시고 사망이 다시 그를 주장하지 못할 줄을 앎이로라

주 예수 그리스도와 함께 십자가에 못 박힌 사람들은 죄에게 종노릇하지 않아야 합니다. 죄가 주장하는 대로 우리의 몸이 사리사욕과 탐심의 도구로 사용되지 않도록 해야 하는 것입니다. 죄에서 벗어나 칭의함을 입은 성도들이 그리스도와 함께 죽고 다시 살아났다는 진리를 믿는다고 하면서도 사망과 멸망을 부르는 죄악을 쌓아간다면, 이것은 큰 모순입니다.

"다시 죽지 아니하시고 사망이 다시 그를 주장하지 못할 줄을 앎이로라"(롬 6:9)는 말씀의 정확한 의미가 무엇입니까?

우리의 옛 사람은 그리스도와 함께 이미 죽었기 때문에 그리스도의 생명이 주장하는 삶을 살아야 한다는 것입니다. 주님의 부활은 사망을 무력화시키셨습니다. 무력화시킨다는 것은 힘이 없게 만드는 것입니다.

주님이 부활하셨기 때문에 성도들을 사망으로 이끄는 사탄의 힘은 다 빠져버린 상태입니다. 우리를 죽이려고 으르렁대는 사탄은 실상 허깨비에 불과합니다. 그럼에도 우리가 무기력에 빠진다는 것은 사망이 부활한 우리를 무력화하고 있음을 증명하는 것과 다름없습니다.

그리스도의 부활은 사망을 무력화하고, 사탄은 우리 안에 있는 예수의 생명을 무력화하려 한다는 것을 반드시 기억하시길 바랍니다. 그러니 무기력해지거나 의욕을 상실한 채로 내버려두지 마시길 바랍니다.

우리가 생기 없이 살면 누가 제일 좋아합니까?

사탄입니다. 사탄은 언제나 우리의 생명을 위협하고 있음을 분별하고, 그리스도의 생명을 소유한 자들답게, 새로운 삶을 살아야 합니다. 그 삶은 하나님의 뜻을 이루기 위해 이 땅에 오신 예수 그리스도와 같이 사는 삶입니다. 예수께서 하나님의 뜻대로 행하셨기 때문에 예수의 생명이 있는 우리도 하나님의 뜻대로 행하며 살아야 합니다.

2. 새로운 삶은 하나님의 뜻대로 행하는 삶이다

사탄은 우리를 하나님의 뜻대로 살지 못하게 합니다. 생명이 아닌 사망의 길에 서게 함으로, 생명에서 멀리 떨어진 삶을 이어가게 합니다. 무기력한 생활을 계속하게 합니다.

그러나 주님이 우리에게 원하는 새로운 삶은 거룩하고 생명력이 넘치는 삶입니다.

데살로니가전서 4장 3절의 말씀입니다.

> ³ 하나님의 뜻은 이것이니 너희의 거룩함이라 곧 음란을 버리고

하나님의 뜻은 거듭난 자들이 거룩하게 살며 거룩한 백성답게 천국을 소망하며 살아가는 것입니다. 그런데도 그리스도인들은 '도대체 나를 향한 하나님의 뜻은 무엇입니까?'라는 질문을 늘 안고 삽니다.

주를 닮아 하나님 나라 백성답게, 거룩한 삶을 사는 것이 하나님의 뜻이라고 기록되어 있는데 왜 하나님의 뜻을 모르겠다고 하는 것일까요?

거룩하게 살려면 세상과 타협하면 안 되기 때문입니다. 쉽게 가는 길을 버리고 십자가의 좁은 길, 고난의 길을 가야 하는 것을 알기에 이를 피하고자 하나님의 뜻을 운운하는 것입니다.

하지만, 우리가 기억해야 하는 사실이 있습니다. 죄가 없으신 예수 그리스도조차 자신의 뜻이 아니라 하나님의 뜻을 이루기 위해 이 땅에 성육신하여 오시고, 모진 고초와 고난을 받고 십자가에서 처참하게 죽으셨다는 사실입니다. 하나님과 동등하신 그리스도는 우리에게 예수 안에 있는 영생을 주시고 우리를 거룩한 주의 나라 일꾼으로 삼기 위해 십자가의 고난을 마다하지 않으셨습니다.

요한복음 6장 38-40절의 말씀입니다.

> ³⁸ 내가 하늘에서 내려온 것은 내 뜻을 행하려 함이 아니요 나를 보내신 이의 뜻을 행하려 함이니라
> ³⁹ 나를 보내신 이의 뜻은 내게 주신 자 중에 내가 하나도 잃어버리지 아니하고 마지막 날에 다시 살리는 이것이니라
> ⁴⁰ 내 아버지의 뜻은 아들을 보고 믿는 자마다 영생을 얻는 이것이니 마지막 날에 내가 이를 다시 살리리라 하시니라

예수 그리스도께서 하나님의 뜻을 따라 십자가에서 단번에 자기를 드리심으로 우리 모든 죄인이 거룩함을 입을 수 있도록 해 주셨습니다(히 10:9-10). 그분이 모든 형벌을 대신 짊어지고 죽으셨기에 우리는 멸망과 저주의 형벌로부터 벗어날 수 있게 되었습니다. 주님의 대속은 영원하며 한 번 죽으심 또한 영원한 죽으심이기 때문에, 다시 죽지 않으셔도 됩니다. 예수님께서 십자가에서 죽으신 것은 완전합니다. 모든 인류의 죄악을 단 한 번의 죽으심으로 말끔하게 해결해 주셨습니다.

그렇기에 생명과 상관없는 죄와 사망, 저주와 멸망이 우리의 것이 아님을 알아야 합니다. 부활의 첫 열매 되신 예수님을 따라 생명의 부활로 나아가야 합니다.

3. 다시 사는 것은 부활의 생명으로 사는 것이다

로마서 6장 10-11절의 말씀입니다.

> ¹⁰ 그가 죽으심은 죄에 대하여 단번에 죽으심이요 그가 살아 계심은 하나님께 대하여 살아 계심이니

> ¹¹ 이와 같이 너희도 너희 자신을 죄에 대하여는 죽은 자요 그리스도 예수 안에서 하나님께 대하여는 살아 있는 자로 여길지어다

'모순'이라는 말을 아실 것입니다. 모순(矛盾)은 창 모(矛), 방패 순(盾)을 써서, 앞뒤가 맞지 않는 말이나 행동을 가리킵니다.

그리스도 안에서 새로운 피조물로 거듭나 영생을 소유한 자가 부활의 생명으로 살지 못한다면 이는 모순입니다. 성도는 방탕한 생활을 끊어내야 합니다. 정욕대로 살면 안됩니다. 음란과 정욕, 술취함과 방탕, 우상 숭배는 예수님을 믿기 전 이방인처럼 살던 때로 족합니다(벧전 4:3).

산 자와 죽은 자를 심판하실 하나님이 두렵지 않으십니까?

이 땅에서의 나그네 삶이 얼마나 남아 있다고 생각하십니까?

천년만년 남아 있는 줄 착각하며, 세월아 네월아 하며 소중한 시간을 무의미하게 흘려보내면 안 됩니다. 유유자적 여유 부리며 하고 싶은 것 마음대로 하고 살면 큰일납니다.

육체의 남은 때를 그리스도의 남은 고난으로 채우며 살아가는 자들이 되어야 합니다.

베드로전서 4장 2절의 말씀을 보시길 바랍니다.

> ² 그 후로는 다시 사람의 정욕을 따르지 않고 하나님의 뜻을 따라 육체의 남은 때를 살게 하려 함이라

우리가 그리스도의 부활을 우리의 것으로 실제화시키지 못한다면, 우리가 고난과 핍박 없이 꽃길만 걸으려고 한다면, 아마도 예수님은 우리를 나 몰라라 할 수도 있을 것입니다.

예수님은 '누구든지 하나님의 뜻대로 행하는 자가 내 형제요 자매' (막 3:35)라고 말씀하지 않으셨습니까?

우리의 정체성을 분명히 해야 합니다.

우리는 사탄의 주구(走狗), 죄의 종입니까?

아니면 거룩한 하나님 나라 백성, 주의 군사입니까?

성도는 칭의함을 받아 거룩한 성화의 과정을 밟아가는 예수님의 수련생이요 제자들입니다. 그렇기에 살면서 죄를 지을 가능성은 있다 해도 죄짓는 일을 당연히 여겨서는 안 됩니다. 성령님의 인도하심을 따라, 주의 발자취를 따라, 죄와 사망과 싸우기를 부단히 반복해야 합니다.

선을 행하다 받는 고난도 하나님의 뜻으로 알고 순종하시길 바랍니다(벧전 3:17). 그리고 할 수만 있다면 우리의 매일의 삶을 기뻐하고 기도하며 감사하시길 바랍니다.

데살로니가전서 5장 16-18절까지의 말씀입니다.

> [16] 항상 기뻐하라
> [17] 쉬지 말고 기도하라
> [18] 범사에 감사하라 이것이 그리스도 예수 안에서 너희를 향하신 하나님의 뜻이니라

이렇게 질문하실 수 있습니다.

목사님, 하나님의 뜻 다 좋습니다. 고난도 마다하지 않겠습니다. 기도하겠습니다. 기뻐하고 감사하겠습니다.

그런데 저는 왜 이렇게 영생을 소유했다는 것이 믿어지지 않을까요?

그렇다면 저는 반대로 이렇게 묻고 싶습니다.

순간에 허무하게 지나가는 것들을 붙드시겠습니까, 영원한 것을 붙드시겠습니까?

참된 가치와 의미를 지닌 것들은 모두 영원에 속했습니다.

영원한 구원(사 45:17)과 영원한 의(시 119:142), 영원한 언약(시 105:10)과 영원한 반석(사 26:4), 영원한 평안과 안전(사 32:17), 영원한 아름다움(사 60:15)과 영원한 분깃(시 73:26), 영원한 제사장(시 110:4)과 영원한 속죄(히 9:12), 영원한 빛(사 60:19)과 영원한 위로(살후 2:16), 영원한 자비(사 54:8)와 영원한 기쁨(사 51:11), 영원한 권능(딤전 6:16)과 영원한 권세(단 7:14), 영원한 길(시 139:24)과 영원한 집(고후 5:1), 영원한 나라(벧후 1:11)와 영원한 기업의 약속(히 9:15), 영원한 복음(계 14:6)과 영원한 영광(딤후 2:10)이 모두 주님의 것입니다.

우리 주님께 속한 것은 모두 영원합니다. 그러니 주를 믿음으로 영생을 소유한 우리는 하늘 아버지의 뜻을 적극적으로 행함으로 영원히 하늘 나라에 거할 것을 확신하며 약속한 모든 것을 받을 줄 알고 믿어야 합니다.

요한일서 2장 17절과 히브리서 10장 36절의 말씀을 보시겠습니다.

> 17 이 세상도, 그 정욕도 지나가되 오직 하나님의 뜻을 행하는 자는 영원히 거하느니라

> 36 너희에게 인내가 필요함은 너희가 하나님의 뜻을 행한 후에 약속하신 것을 받기 위함이라

우리는 지난 21주간 『Rebirth: 만물을 새롭게』 시리즈를 통해 많은 은혜를 받았습니다. 매 주일 강단에서 선포되는 하나님의 말씀이 우리에게 주어졌다는 사실 하나만으로 큰 축복이고 행복이었습니다.

거듭난 자에게 합당한 새로운 삶, 하나님의 뜻대로 살아가는 거룩하고 성결한 삶, 의로운 삶, 죄와 멀리하는 삶을 살아가는 여러분이 되시길 바랍니다.

폿대이신 예수 그리스도는 언제나 우리와 함께하시며, 살아 있는 생명력으로 우리의 삶에 활기와 기쁨 소망이 가득한 모든 순간을 예비해 두시고, 세상이 알지 못하는 은혜를 허락하십니다. 그러니 오직 예수 안에서 부활의 생명으로 하나님의 뜻을 실천하며 살아가시길 바랍니다.

인내로 순종하는 믿음의 길에 하나님의 놀라운 사랑과 그리스도의 은혜가 여러분의 삶에 가득하시길 주님의 이름으로 축원합니다.

기도 제목

1. 예수님의 생명을 소유한 자답게, 육신의 정욕과 탐심을 멀리하고 하나님이 중심 된 가치관과 기독교적 세계관을 따라 살도록

2. 예수님을 나의 구주로 삼아, 천국에 가기까지 이 땅에서 사는 동안 늘 거룩과 성결을 추구할 수 있도록

3. 부활의 생명으로 다시 사는 것에 감사하며 말씀과 기도로 깨어 있는 분별력 있는 신앙인이 될 수 있도록

에필로그

'거듭남'의 주제는 매우 방대합니다. 한 권의 책으로 담기에 거듭남의 정의와 성경적 용어들, 필요성과 동인, 특성과 변화의 요소, 결과 등 관련된 내용과 지식의 폭이 다양하고 넓습니다.

거듭남은 단순한 문학적 표현이 아닙니다. 인간이 태어나면 부모로부터 생명을 얻어 살게 되듯이, 성도는 하나님의 은혜로 말씀과 성령을 통해 영적으로 다시 태어나는 '거듭남'을 경험하게 됩니다.

거듭나지 않으면 하나님 나라를 볼 수 없으며, 영생을 선물로 받는 일도 없습니다. 오직 거듭난 자라야, 죄로 죽을 수밖에 없는 운명에서 하나님의 자녀가 되는 놀라운 특권을 누릴 수 있습니다.

하나님의 새 창조 사역인 '거듭남'은 인간이 거부하거나 취소할 수 없는 불가항력적인 변화와 성령의 역사하심에 의한 초자연적인 변화를 가져옵니다. 전적으로 무능하고 완전히 부패한 인간이 새 생명을 얻고 신령한 열매를 맺으며 그리스도 안에서 새로운 삶을 살 수 있는 것은 오직 주께 거듭남의 은혜를 받았기 때문입니다.

새롭게 거듭나 그리스도의 생명을 부여받지 않으면, 우리는 어떤 선함이나 거룩함을 회복할 수 없고 구원에 이를 수도 없습니다.

영생을 얻기 위해 요청되는 '거듭남'으로 영적 부활과 회복을 경험할 모든 그리스도인의 새로운 출발을 위해 기도합니다.

『Rebirth: 만물을 새롭게』가 독자 여러분들이 걸어가는 믿음의 여정에 작은 도움이 되었기를 바라는 마음입니다.

주님의 한량없는 은혜와 사랑이 여러분의 삶 속에 가득 넘치길 소망합니다.

| CLC 추천 도서 |

- **언약과 구원론**
  마이클 호튼 지음 | 김찬영, 정성국 옮김 | 신국판 | 600면

- **성경적 구원론** (성경신학으로의 여행 시리즈 4)
  로버트 A. 피터슨 지음 | 심성민 옮김 | 신국판 | 360면

- **구원의 확신과 경주**
  토마스 R. 슈라이너 지음 | 조호형 옮김 | 신국판 | 200면

- **로마서 강해 제6권 성도의 견인** (8:17~39)
  D. M. 로이드 존스 지음 | 서문 강 옮김 | 국판 양장 | 622면

- **로이드 존스의 구원론** (신학박사 논문 시리즈 27)
  최훈배 지음 | 신국판 | 360면

- **구원 얻는 신앙이란 무엇인가?**
  임덕규 지음 | 신국판 양장 | 264면

- **거듭남의 길**
  김필식 지음 | 신국판 | 344면

- **거듭남, 새로운 시작**
  강문진 지음 | 사륙변형 | 184면

- **구원의 두 기둥: 칭의와 성화** (신학박사 논문시리즈 18)
  이순홍 지음 | 신국판 | 238면

- **천국 복음 CEO 로마서**
  나용화 지음 | 신국판 | 248면

- **천국의 나침반: 기독교 복음의 핵심**
  김만열 지음 | 신국판 | 592면